全国高校电子商务及法律专业核心课程教材

Electronic Commerce Law

全国高校“电子商务及法律”专业联盟推荐教材

电子商务法

主　编　何培育
副主编　李　仪　娄必县　王　阳
参　编　谷景志　杨　芳　雷朝霞　杨宇静

WUHAN UNIVERSITY PRESS
武汉大学出版社

图书在版编目(CIP)数据

电子商务法/何培育主编．—武汉:武汉大学出版社,2021.11(2024.8重印)
全国高校电子商务及法律专业核心课程教材
ISBN 978-7-307-22595-4

Ⅰ.电…　Ⅱ.何…　Ⅲ.电子商务—法规—中国—高等学校—教材
Ⅳ.D922.294

中国版本图书馆 CIP 数据核字(2021)第 195711 号

责任编辑:詹　蜜　　　责任校对:汪欣怡　　　版式设计:马　佳

出版发行:**武汉大学出版社**　(430072　武昌　珞珈山)
(电子邮箱:cbs22@whu.edu.cn 网址:www.wdp.com.cn)
印刷:武汉邮科印务有限公司
开本:720×1000　1/16　印张:15　字数:300 千字　插页:2
版次:2021 年 11 月第 1 版　2024 年 8 月第 4 次印刷
ISBN 978-7-307-22595-4　定价:45.00 元

作者简介

何培育

男，1983年12月生，博士，教授，硕士生导师，重庆理工大学重庆知识产权学院党委副书记、副院长，西南政法大学博士后，英国伦敦玛丽女王大学商法研究中心访问学者，巴渝学者青年学者，中国知识产权法学会会员，重庆市知识产权学会理事。主持国家社科基金项目1项，省部级课题8项，横向课题5项；发表科研论文60余篇，其中在《法商研究》《知识产权》《改革》等“中文社会科学引文索引库”（CSSCI）期刊发表32篇，中文核心期刊发表5篇；参编专著2部，教材1部。

总　　序

张李义

近年来，我国电子商务发展迅速。据商务部发布的《中国电子商务报告2019》，2019年电子商务零售额突破10万亿元人民币，占社会消费品零售总额比例超过20%，电子商务从业人数超过5000万人，同时微商、直播电商等电子商务新模式和新业态不断涌现。在2020年年初的新型冠状病毒肺炎疫情期间，电子商务对居民生活保障起到了决定性作用。但是随着电子商务的发展，出现的法律问题也越来越多，存在刷单、删除差评、泄露消费者信息、侵犯知识产权等涉嫌违法问题，这些行为在《中华人民共和国电子商务法》中均有明确的界定和处罚措施，国家市场监督管理总局也出台了相应的监管指导意见，但尚有许多电子商务从业者对这些法律法规和监管指导意见缺乏相应的知识，违法现象时有发生，因此需要编写电子商务法律方向的教材，指导其学习相关的法律法规。

教育部2012年颁布的专业目录(《普通高等学校本科专业目录(2012年)》)中增加了电子商务及法律本科专业(专业代码：120802T)，归属于电子商务类(代码1208)，目前已经有18所学校开设本专业。2015年，北京邮电大学、西北政法大学、湖北大学、重庆理工大学等4所高校在西北政法大学成立了电子商务法律联盟，秘书处设在西北政法大学，其宗旨是对该专业的教学进行相应的指导，并初步提出了教材出版计划。2016年，在湖北大学举行的联盟第二次年会上，武汉大学出版社对教材的出版计划给予了大力支持，联盟成员会议决定由武汉大学出版社进行教材的组织工作。2017年的联盟第三次年会上，武汉大学出版社王雅红副总编辑对教材的编写要求进行了具体布置，并初步形成了教材编写规范和相应的教材目录，包括《电子商务概论》《电子商务法》《电子商务与民法》《电子商务与商法》《网店运营》《网络调查与数据整合分析》《供应链与企业信息化管理》《网络销售原理与实务》《电子商务安全管理》《电子支付与网络金融》等。这套教材结合互联网与电子商务的发展，体现跨学科的知识体系特色，融合了电子商务与法律方面的理论与应用案例。教材编写得到了有关高校的大力支持，作者、出版社以及编委会克服了2020年年初疫情带来的种种困难，教材作者陆续向出版社提交书稿，系列教材已经逐步进入出版程序，相信会陆续和读者见面。

这套教材不仅可以作为电子商务及法律专业的课程教学教材，也可以作为电子商务监管部门、相关企业进行互联网和电子商务方面的法律培训的教材。我们希望通过这套教材，提高电子商务从业者的法律素养，促进中国电子商务的健康有序发展。

前言

2018年8月31日，第十三届全国人大常委会第五次会议表决通过了《电子商务法》，该法于2019年1月1日起正式施行。《电子商务法》历经全国人大常委会4次审议、3次公开征求意见、历时5年出台，是我国电子商务法发展历史上重要的里程碑，对于规范我国电子商务行业秩序，从而实现长期、快速、可持续发展具有重要意义。二十大报告指出，到2035年，我国发展的总体目标之一是基本实现国家治理体系和治理能力现代化，全过程人民民主制度更加健全，基本建成法治国家、法治政府、法治社会。《电子商务法》的颁布使电子商务领域各类案件的审判有了更加清晰、完善的法律依据，对于促进法治国家建设、数字经济发展具有重要意义。

近年来，我国电商行业持续保持快速发展的态势，2023年网上零售额15.43万亿元，比上年增长11%，连续11年成为全球第一大网络零售市场。同时，网络交易中依然存在例如强制捆绑搭售、退还押金困难、微商假货横行、消费者个人信息泄露等突出问题。电子商务法旨在调整网络交易中涉及的各类法律问题，具体包括电子商务主体市场准入与权利义务、电子合同、电子支付、知识产权、电子税收、消费者权益保护、市场监管、网络广告、电子商务争端解决等内容，涵盖了民事、行政、刑事及程序法规范，是电子商务领域的综合性法律。此外，电子商务法还重点关注消费者权益的保护，并系统规定了电子商务经营者对消费者保护的法律义务，明确了电子商务平台经营者的法律义务与责任，强调了用户的个人隐私安全。《电子商务法》主要适用于从事境内电子商务活动的电子商务经营者，从而鼓励发展电子商务新业态，创新商业模式，促进电子商务技术研发和推广应用，推进电子商务诚信体系建设，营造有利于电子商务创新发展的市场环境，充分发挥电子商务在推动高质量发展、满足人民日益增长的美好生活需要、构建开放型经济方面的重要作用。

本教材主要应用于电子商务类本科专业“电子商务法”课程，共分为十章：

第一章主要介绍了电子商务的起源及发展、电子商务法的概念与特征、我国电子商务法的立法过程、世界主要国家电子商务法立法概况；以及电子商务法的调整对象和适用范围；电子商务法的基本原则等内容。

第二章主要介绍了电子商务经营者的定义和具体类型、电子商务消费者的定义、电子商务经营者市场主体登记豁免的具体情形等。

第三章主要介绍了在线自然人用户作为买方和卖方分别享有的特殊权利；电子商务经营者的一般性义务；电子商务平台经营者的特殊义务；电子商务平台经营者的法律责任等。

第四章主要介绍了电子商务合同的概念与特征、电子商务合同的订立、电子商务合同的效力、电子签名的概念、可靠电子签名的认定条件、电子认证服务机构的义务与责任、电子支付法律关系的主体、电子支付服务提供者的义务等内容。

第五章主要介绍了电子商务环境下的知识产权问题；电子商务域名保护的相关法律规定；电子商务版权保护的相关法律规定；电子商务商标权保护的相关规定；电子商务专利权保护的相关规定等内容。

第六章主要介绍了我国电子商务法税收的基本前提、电子商务中课税对象的界定，电子商务经营者纳税登记义务、平台经营者税收协助义务及电子商务税法体系的构建，跨境电商税收规则；传统税法的概念和特征、税收的分类以及电子商务税收国际立法概况等。

第七章主要介绍了电子商务消费者权益的概念与分类；电子商务消费者知情权的内涵、性质、内容、保障和救济；电子商务消费者选择权的内涵、性质、内容和实施；电子商务消费者个人信息权的内涵、性质、内容、分类和必要性；电子商务消费者的其他权利等内容。

第八章主要介绍了电子商务广告的概念和特征；电子商务广告的主要类型、电子商务广告的主要法律问题；我国电子商务广告法律制度的完善等内容。

第九章主要介绍了电子商务纠纷解决的基本方式，包括和解、调解、仲裁和诉讼的基本要求，电子商务纠纷案件诉讼的地域管辖与级别管辖，电子证据的概念、内涵和外延等内容。

第十章主要介绍了电子商务消费者权益保护、电子商务经营者不正当竞争行为的监管、产品质量监管机制、消费者个人信息安全的监管机制以及电子商务行政监管的制度等内容。

尽管上述内容基本涵盖了《电子商务法》的主要内容，但是电子商务发展日新月异，对于行业不断产生的新问题难以面面俱到，文中如有不妥之处也恳请读者不吝赐教。

何培育

2024 年 8 月

目　录

第一章　电子商务法概述

【学习目的】

掌握电子商务的起源及发展、电子商务法的概念与特征、我国电子商务法的立法过程、世界主要国家电子商务法立法概况；掌握电子商务法的调整对象和适用范围；掌握电子商务法的四个基本原则。

【知识结构】

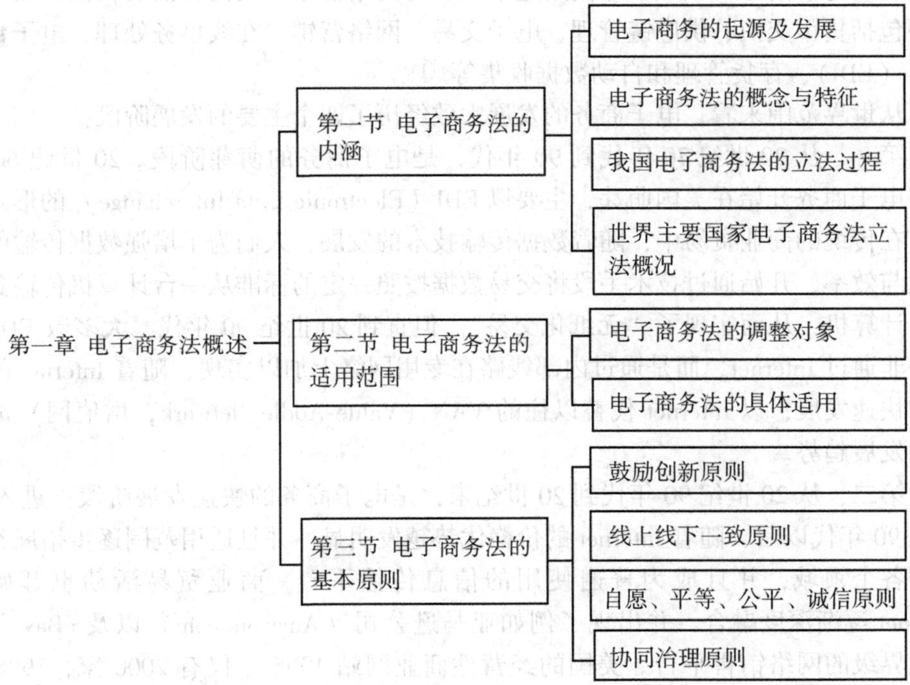

【导语】

从20世纪90年代中期开始，世界各国都在制定新的法案，解决电子商务的法律地位，承认电子合同的效力、电子文件的证据力，这无疑推动了电子商务的发展。电子签名、交易认证制度又为电子商务的交易安全性提供了保障。我国电子商务已经蓬勃发展起来，同时有关诉讼的数量也飞速增长。因而，如何规范电子商务，将其纳入法制轨道，促进其健康有序地发展，成为我国立法工作的当务之急。

第一节　电子商务法的内涵

一、电子商务的起源与发展

电子商务是互联网技术与传统商业模式相互结合的产物。电子商务在不同的国家有着不同的定义方式，我国《电子商务法》第2条规定，“本法所称电子商务，是指通过互联网等信息网络销售商品或者提供服务的经营活动”。广义的电子商务（Electronic Business）活动泛指一切以电子手段开展的、一切与商业有关的活动。狭义的电子商务（Electronic Commerce）是指通过互联网的信息网络开展的商事交易互动。电子商务的核心在于使用电子设备与网络技术开展商务活动，商务活动的类型包括货币交换、供应链管理、电子交易、网络营销、在线事务处理、电子数据交换（EDI）、存货管理和自动数据收集等。①

从世界范围来看，电子商务的发展大致经历了四个主要的发展阶段：

第一，从20世纪70年代到90年代，是电子商务的萌芽阶段。20世纪60年代，电子商务开始在美国萌芽，主要以EDI（Electronic Data Interchange）的形式出现。在传统的商业贸易中，随着数据传输技术的发展，人们为了增强数据传输的准确性与效率，开始通过技术手段将交易数据按照一定的标准从一台计算机传输到另一台计算机，从而实现了“无纸化交易”。但直到20世纪90年代，大多数EDI传输并非通过Internet，而是通过内部线路在专用网络上加以实现，随着Internet的产生与快速发展，以Internet代替以往的VAN（Value-Addle Network，增值网）成为新的发展趋势。

第二，从20世纪90年代到20世纪末，是电子商务的快速发展阶段。进入20世纪90年代以后，随着Internet的价格优势越发明显，并且适用范围逐步拓展到社会的各个领域，并且成为普遍使用的信息传播平台。商业贸易活动也开始与Internet逐渐深度融合，并出现了例如亚马逊公司（Amazon. com）以及eBay公司等世界级的网络销售平台。美国的经营性商业网站1995年仅有2000家，1998年已经快速超过42万家。1996年12月，联合国第八十五次全体会议颁布了《贸易法委员会电子商务示范法》（Model Law on Electronic Commerce），为各国制定电子商务法提供了参考。欧盟随后亦颁布了《关于建立有关电子签名共同法律框架的

① 曲永栋，邢金山，朱付长．网店运营理论与实操［M］．北京：中国农业科学技术出版社，2016：2.

指令》《关于内部市场中与信息社会的服务特别是电子商务有关的若干法律问题的指令》等文件，对欧洲各国电子商务产业的规范起到了重要推动作用。①

第三，21世纪初前十年的调整过渡阶段。随着2000年互联网经济泡沫的破灭，一批电子商务企业纷纷破产，世界各国电子商务产业遭遇严重打击。为了平稳度过该次危机，联合国贸易简化和商务促进中心（UN/CEFACT）以及结构化信息标准组织（OASIS）成立了专门的工作组，尝试探索一项电子商务全球化标准，从而实现全球范围内安全、透明、可持续发展的交易环境。该标准在2001年5月由联合国第60届会议正式通过，各国也纷纷出台相应政策支持电子商务产业的发展。2005年12月，联合国进一步通过了《联合国国际合同使用电子通信公约》，加速了世界范围电子商务产业的快速复苏，给这一商业模式注入了强劲的发展动力。

第四，2010年至今的多样化发展阶段。随着大数据、云计算、人工智能、物联网等技术的快速发展，电子商务与新技术不断融合并逐渐克服了数据处理、交易安全、人力成本等方面的局限性，以更加方便、快捷、高效、安全的商业模式迅速获得了巨大成功，并涌现出了一大批具有世界影响力的电子商务企业。近年来，通过社交媒体从事电子商务成为新的趋势，微商经济、网红经济成为新的经济形态，并显示出极强的生命力。

我国的电子商务产业起步较晚，但是发展迅速，大体可以分为三个阶段。

第一个阶段是20世纪90年代到21世纪初。20世纪90年代，我国电子商务刚刚萌芽，在这个阶段，中国的电子商务主要是作为企业与个人之间优化商务互动的工具，其作用主要体现在信息检索与邮件往来等，以中国黄页为代表。随后8848、携程网、易趣网、阿里巴巴、当当等网站相继建立，逐渐迎来了电子商务发展的高潮。

第二个阶段是21世纪初到2007年的恢复发展阶段。随着2000年互联网经济泡沫破裂，中国的电子商务产业也受到巨大打击，8848等一大批电子商务企业破产倒闭。但随着2003年“非典”的肆虐，线上交易迎来新的历史机遇。2003年5月，阿里巴巴集团成立淘宝网，布局C2C市场。2004年，京东开始在电商领域发力。国家为了支持电子商务产业的发展，相继出台了一系列政策文件。2005年1月，国务院办公厅下发了《关于加快电子商务发展的若干意见》。2007年6月，国家发改委、国务院信息化工作办公室联合发布了《电子商务发展“十一五”规划》，首次将发展电子商务上升为国家战略任务。2007年，商务部又发布了《关于网上交易的指导意见（暂行）》《商务部关于促进电子商务规范发展的意见》，不断完善相应的政策体系。

第三个阶段是2008年至今的转型发展阶段。截至2008年6月底，根据中国互

① 濮小金主编．电子商务理论与实践［M］．北京：机械工业出版社，2008：27-28.

联网信息中心（CNNIC）的统计，中国网民数量达到了2.53亿人，首次超过美国，跃居世界第一位。中国电子商务的发展也拥有了坚实的市场基础。2010年12月，当当网在美国纽约证券交易所挂牌上市。随后2012年，品牌折扣垂直电商唯品会在纽交所挂牌上市。2013年，中国超越美国，成为全球第一大网络零售交易市场。2015年5月，国务院印发了《关于大力发展电子商务加快培育经济新动力的意见》（国发［2015］24号），加大对电子商务产业发展的支持力度。①

从不同角度来看，电子商务可以有不同的分类。

第一，以电子手段在电子商务中应用的程度不同，电子商务可以分为完全电子商务与不完全电子商务。电子商务的交易流程主要包括网络下单及支付、产品配送。如果全部环节均在网络完成，则是完全电子商务；如果部分环节通过网络完成，则是不完全电子商务。

第二，以电子商务参与主体的角度进行分类，电子商务可以分为商事主体之间的电子商务、商事主体与消费者之间的电子商务、自然人之间的电子商务。商事主体之间的电子商务通常表现为企业之间的电子商务B2B（Business to Business）。商事主体与消费者之间的电子商务通常被概括为B2C（Business to Consumer），是在网络零售领域的主要交易模式。自然人之间的电子商务，通常被概括为C2C（Consumer to Consumer），主要是指自然人以及个人工商户、农村承包经营户等主体之间从事的在线交易活动。除了上述传统的商业模式之外，还包括更加复杂的“供应商—电商企业—顾客”（B2B2C）以及“商家—渠道—顾客”（B2C2C）等新型商业模式。

第三，以交易信息网络范围为标准进行分类，电子商务可以分为本地电商、远程国内电商与跨境电子商务。本地电商主要是指在本区域完成的电子商务交易活动。远程国内电商是指国内跨区域的电子商务活动，跨境电子商务是指分属于不同关境的交易主体通过网络交易平台进行交易活动。境内的电子商务纠纷通常适用一国国内法加以解决，跨境电子商务则需要依据国际私法的相关规则确定纠纷解决的准据法。②

二、电子商务法的概念与特征

电子商务法的概念可以从形式意义与实质意义两个角度来阐释，形式意义的电子商务法是指以《中华人民共和国电子商务法》（以下简称《电子商务法》）为代表的，由全国人大及其常委会颁布的专门调整电子商务活动的法律规范。实质意

① 中国电子商务研究中心．电子商务发展四个阶段六大驱动因素及趋势［EB/OL］．网经社，http：//www.100ec.cn.

② 朱晓娟．电子商务法［M］．北京：中国人民大学出版社，2019：8.

义上的电子商务法是指调整电子商务活动的各类法律规范的总和，具体包括法律、法规、国际条约等内容，例如《民法典》《消费者权益保护法》以及《民事诉讼法》等法律中可以适用于电子商务法律纠纷的各类法律规范。电子商务法亦可以划分为广义与狭义的概念，广义的电子商务法是指调整一切以电子形式开展的商务活动的法律法规，包括以电子商务为交易形式的规范与以电子信息为交易内容的规范。狭义的电子商务法仅调整以互联网等信息网络为平台开展的网络交易活动。本书重点探讨形式意义与狭义的电子商务法。

电子商务法旨在调整网络交易中涉及的各类法律问题，具体包括电子商务主体市场准入与权利义务、电子合同、电子支付、知识产权、电子税收、消费者权益保护、市场监管、网络广告、电子商务争端解决等内容，涵盖了民事、行政、刑事及程序法规范，因此是电子商务领域的综合性法律。但电子商务法涉及的相关部分中，最为核心的是关于电子合同、知识产权保护等民事法律关系，因此《民法典》中涉及的民事法律基本原则与相关规范在电子商务领域同样适用。同时，为了规范交易主体的经营行为，亦存在大量的行政法、竞争法以及刑法规范，这些规范对于保障电子商务产业健康、持续发展起到了重要保障作用。

电子商务法具备以下特点：

第一，电子商务法具有开放性特征。

电子商务法的内容体系随着电子商务产业的发展而不断调整、扩展。电子商务目前仍主要以 B2B、B2C、C2C 为主，但其商业模式发展迅速，新技术、新业态、新方式层出不穷。电子商务作为一种不断发展演化的商业形态，法律不宜对其加以过多、过严限制。我国《电子商务法》第 3 条规定，“国家鼓励发展电子商务新业态，创新商业模式，促进电子商务技术研发和推广应用，推进电子商务诚信体系建设，营造有利于电子商务创新发展的市场环境，充分发挥电子商务在推动高质量发展、满足人民日益增长的美好生活需要、构建开放型经济方面的重要作用”。由此可见，《电子商务法》为电子商务行业的创新发展提供了较为宽松的政策法律环境，有利于促进技术不断更新迭代，实现电子商务的跨越式发展。

第二，电子商务法具有多功能性特征。

电子商务法首先是电子商务促进法，其首要目的在于保障并支持电子商务产业的创新发展，我国《电子商务法》在第五章专章规定了电子商务促进，并明确了电子商务发展规划和产业政策、电子商务绿色发展、技术设施建设、统计制度和标准体系建设、电子商务与各产业融合发展、农村电子商务与精准扶贫、电子商务交易安全与公共数据共享等内容。此外，电子商务法还重点关注消费者权益的保护，并系统规定了电子商务经营者对消费者保护的法律义务，明确了电子商务平台经营者的法律义务与责任，强调了用户的个人隐私安全。

第三，电子商务法具有国际性特征。

鉴于互联网的无国界性，电子商务法与传统法律相比具有鲜明的无国界性特征，加之跨境电商的发展日新月异，关注跨国电子商务中产生的法律问题，也是电子商务法发展完善的题中之意。此外，更好地与电子商务国际规则接轨，不断借鉴、吸收电子商务国际规则中的先进经验，对于我国不断扩大对外经贸往来，推动电子商务国际化具有重要意义。

三、我国电子商务法的立法过程

电子商务法律关系涉及的领域较为广泛，在《电子商务法》出台之前，由散见于其他立法中的相关条款对电子商务活动进行法律规范。例如关于电子合同效力的认定方面，主要由《电子商务法》《合同法》进行调整。在消费者保护方面，主要由《消费者权益保护法》进行调整，在人身权、财产权、知识产权保护方面，主要由《侵权责任法》《著作权法》《商标法》《专利法》等立法进行调整，除此之外，一些专门领域的法律如金融、物流、网络安全等在电子商务领域也可以适用。① 但是随着电子商务的飞速发展，逐渐产生出一些新的问题，传统立法在应对的过程中遇到了显著的障碍。例如在法律价值方面，传统《合同法》更加强调交易安全，而《电子商务法》则旨在平衡效率与安全之间的关系，在交易中大量出现格式合同、电子数据，由于无法同线下交易一样，合同当事人可以进行面对面的充分沟通，因而电子合同在效力认定以及格式合同条款的理解适用上往往存在较大争议。此外，电子商务中对于个人信息的收集与使用极为普遍，如何界定用户个人信息收集与使用的合法性边界也是立法需要面临的难题。为了解决上述问题，制定专门的《电子商务法》就显得尤为必要。但是由于电子商务参与的主体众多，除了消费者之外还包括平台经营者以及平台内经营者，不同主体之间的价值取向存在一定的冲突，如何更好地平衡各主体之间的利益关系，确保电子商务在合法、合规的前提下能够长期、健康发展是《电子商务法》的重要任务。

经过多年酝酿准备，2013 年，第十二届全国人大常委会将《电子商务法》纳入立法规划，由全国人大财政经济委员会牵头组织起草。经过近 3 年的全面深入研究与调研，并广泛征求国务院有关部门、地方人大、地方政府、代表性电商企业、专家学者以及人大代表意见，拟定了《电子商务法（草案）》（简称“草案（一审稿）”），之后在继续征集社会各界意见并不断完善的基础上，又先后形成了“草案（二审稿）”与“草案（三审稿）”“草案（四审稿）”，直至 2018 年 8 月 31 日《电子商务法》获得第十三届全国人大常委会第五次会议正式通过，中华人

① 王融. 关于我国《电子商务法》立法定位的思考与建议［J］. 现代电信科技，2015（2）.

民共和国主席习近平签署中华人民共和国主席令（第七号）予以颁布。①

四、世界主要国家电子商务法立法概况

立法是促进电子商务的通行做法。联合国国际贸易法委员会1996年颁布的《电子商务示范法》、2001年颁布的《电子签名示范法》、2005年颁布的《国际合同使用电子通信公约》，为各国及各地区电子商务立法提供了一整套国际通行规则。在联合国国际贸易法委员会的主持和推动下，目前世界上已经有几十个国家和地区制定了电子商务法，形成了电子商务全球化的立法现象。在纷纷进行电子商务立法的各国中，有的国家颁布了电子商务法或者交易法，有的国家颁布了电子签名法或者数字签名法，也有的国家兼采两种立法模式。每个国家的电子商务相关法律不仅名称不同，内容也有差异。

美国是最早颁发世界上第一部专门规范电子商务法律的国家。美国是联邦制国家，联邦和州都有立法权，很多电子商务立法都在州层面进行。1975年美国犹他州颁布的《犹他州数字签名法》已于2006年被废止。1999年美国统一州法全国委员会颁布了《统一电子交易法》（UETA）作为示范法供各州立法采纳，截至2017年12月24日，美国绝大多数州均采纳了UETA。《统一电子交易法》吸收了国际电子商务公约规定的不歧视原则与功能等同方法，规定了电子记录和电子签名的归属，还规定了电子记录、电子形式的法律效力或执行力，允许公证机构以电子形式进行公证，目的在于使所有交易中使用电子记录及电子签名成为可能，并赋予电子签名与手写签名相同的法律效力，促进电子记录的证据化。②《统一电子交易法》在美国电子商务领域是最为重要的法律。此外，美国还出台了一些与电子商务相关的法律和政策，比如，1996年《电子信息自由法》，1997年《全球电子商务框架》，1998年《儿童在线隐私保护法》，1998年《数字千年版权法》，2001年《网络安全研究和发展法》，2002年《网级空间安全强化法》，2002年《联邦信息安全管理法》，2002年《电子政务法》，2003年《禁止垃圾邮件法》，2005年《个人数据隐私与安全法》，2010年《急速改变时代的消费者隐私保护报告》，2012年2月23日，奥巴马政府公布了《全球数字经济隐私保护的创新推动的框架》，重点阐明了政府将敦促国会通过消费者在线隐私保护法案，大力推进电子商务环境下消费者个人信息保护制度实施。

德国联邦下议院1997年6月颁布的《为信息与典型服务确立基本规范的联邦法》，首次构建了互联网的应用与行为规范的单一法律框架，使有关电子商务和互

① 郭锋，等．中华人民共和国电子商务法法律适用与案例指引［M］．北京：人民法院出版社，2018：65．

② 朱晓娟，等．电子商务法［M］．北京：中国人民大学出版社，2019：16．

联网的法律成为独立的部门法，该法同时还是一部综合性立法的典范，内容涵盖电子签名、电子合同、网络著作权、电信服务等电子商务活动以及刑法和其他公法性电子商务法律规定，因而被称为电子商务领域的一个模范性立法。

新加坡作为世界上最早响应联合国国际贸易法委员会《电子商务示范法》，制定国内电子商务立法的国家之一，早在1998年就制定了《电子交易法》和《电子交易（认证机构）规则》，后又在吸取2005年《国际合同使用电子通信公约》成果的基础上，对1998年《电子交易法》和《电子交易（认证机构）规则》进行了一定的修正，最终于2010年出台了《电子交易法》。该法由7部分39节组成，内容包括：序言；电子记录；签名和合同；安全电子记录和签名；制定安全程序规则和制定安全程序提供者规则；公共机构使用电子记录和签名；服务提供者的责任；一般规定。此外，该法还有4个附件作为对正文的补充。作为统领新加坡电子商务领域的基本法，《电子交易法》从宏观上构建电子商务法制框架，有利于全盘把握和指导电子商务发展的趋势，引导和鼓励电子商务所依赖的信息技术的发展。《电子交易法》侧重于对电子商务活动以及相关制度发展进行宏观指导，而对于这些电子交易中的消费者权益保护、个人数据保护、电子支付、电子知识产权等可由传统法律调整的问题，则交给传统法律解决，这种电子商务基本法与传统法律相结合的模式，共同构成了新加坡系统的电子商务法律体系①。

第二节 电子商务法的适用范围

课程思政主题：遵守法律义务，维护消费者正当权利

案例主题：电子商务平台经营者虚假宣传，以PU材质代替牛皮

一、电子商务法的调整对象

电子商务法律关系是电子商务法的调整对象。电子商务法律关系是指由电子商务法及其他法律法规所调整的，在电子商务活动中形成的以权利和义务为内容的社会关系。我国《电子商务法》重点调整在我国境内发生的电子商务交易活动，但

① 李静．新加坡电子交易法的前瞻表征及启示［J］．东南亚研究，2010（3）：28-34.

是金融类产品及服务，以及利用信息网络提供新闻信息、音视频节目、出版及文化产品等内容方面的服务，由相应的专门立法调整，不受《电子商务法》调整。

电子商务法律关系具有以下特征：第一，电子商务法律关系以电子商务交易活动为基础。电子商务活动的本质是合同交易行为，但是电子商务不同于普通的交易合同，具有显著的特殊性。因此，《电子商务法》对其给予专门的规制，电子商务交易的内容主要由当事人之间进行约定，同时应当受到强制性法律、法规的约束。第二，电子商务法律关系是调整在虚拟空间的交易行为。电子商务活动不同于线下的交易活动，而是在虚拟空间完成的。因此，对于交易安全有更高的要求，包括对交易主体身份的审核、对于网络安全的保障以及在线纠纷解决机制的制定与完善等。第三，电子商务法律关系的内容具有多样性。在电子商务活动中，既会涉及传统的合同纠纷，亦会产生知识产权法律纠纷，以及用户个人数据保护、电商平台审查义务与监管责任等内容，法律关系的内容非常丰富，并且随着电子商务交易形式的不断升级迭代，未来可能涉及更多的法律关系的内容。

（一）电子商务法律关系的主体

按照法律关系内容的不同，电子商务法律关系的主体分为网络交易法律关系的主体、电子商务服务法律关系的主体以及电子商务监管法律关系的主体。网络交易法律关系的主体是指在商品或者服务交易的过程中的交易双方。《电子商务法》第9条规定，“本法所称电子商务经营者，是指通过互联网等信息网络从事销售商品或者提供服务的经营活动的自然人、法人和非法人组织，包括电子商务平台经营者、平台内经营者以及通过自建网站、其他网络服务销售商品或者提供服务的电子商务经营者”。关于电子商务服务法律关系的主体，主要包括电子商务平台服务提供者（ISP）与电子商务相关基础服务与配套服务提供者。电子商务平台服务提供者主要是指在电子商务中为交易双方或多方提供网络经营场所、交易撮合、信息发布等服务，供交易双方或多方独立开展交易活动的法人或非法人组织，包括B2B交易平台、C2C交易平台、B2C交易平台等。电商监管法律关系主体主要是涉及围绕电子商务交易活动的行政监管所引发法律关系的相关主体。电子商务交易活动关系到诸多领域的行政监管，例如市场监管、海关、税务、金融监管、网络监管、邮政等，相关领域均有专门的行政机关确保交易行为合法合规。《电子商务法》第6条规定，“国务院有关部门按照职责分工负责电子商务发展促进、监督管理等工作。县级以上各级人民政府可以根据本行政区域的实际情况，确定本行政区域内电子商务的部门职责划分”。在行政监管方面，除了前述部门之外，还有一些其他部门也起到了重要作用，例如国家发展和改革委员会负责拟定电子商务产业发展政策，协调电子商务产业发展的重大问题，拟定现代物流业发展战略与规划等。国家工业和信息化部负责制定并组织实施工业、通信业的行业规划、计划和产业政策，组织制定相关政策并协调信息化建设中的重大问题。商务部负责推动商务领域信用体系建设，推动流通标准化与制定执行对外技术贸易、进出口管制及相关贸易政策等。中国人民银行负责组织制定金融业发展规划以及金融标准化的组织管理协调工作等，会同有关部门制定支付结算规则，保障全国支付、清算体系的正常运行。① 为了保障对电子商务产业的协同管理与市场共治，国家建立符合电子商务特点的协同管理体系，推动形成有关部门、电子商务行业组织、电子商务经营者、消费者共同参与的电子商务市场治理体系。

（二）电子商务法律关系的客体

电子商务法律关系的客体主要是指电子商务主体享有的权利和承担的义务所指向的具体对象，具体包括有体物、智力成果、数据及虚拟财产和行为。有体物是最常见的客体类型，也即有形商品，包括动产与不动产。智力成果是指通过智力活动所取得的作品、域名、商标、发明创造等无形财产。数据是指具有商业价值的信息，例如围绕某一个行业领域所收集到的相关数据。虚拟财产是指存在于网络空间的具有商业价值的无形财产，例如虚拟货币、虚拟物品及装备、游戏账号等。

（三）电子商务法律关系的内容

电子商务法律关系的内容主要是指相关电子商务经营者的权利与义务。主要的电子商务经营者的类别包括电子商务普通经营者、电子商务平台经营者、快递物流服务提供者以及电子支付服务提供者。

第一，电子商务普通经营者的权利义务。电子商务普通经营者开展电子商务交易活动并获取商业利益，其主要的权利体现为按照约定收取相应的服务费，《电子商务法》更多关注了电子商务经营者的法律义务。按照《电子商务法》第二章第一节的规定，所有电子商务经营者都应当承担依法办理主体登记、依法纳税、依法获取经营许可、保障消费者人身与财产安全和保护环境、依法出具购货凭证或服务单据的义务。此外，电子商务经营者应当明确展示其经营执照及依法获得的行政许可，如果即将歇业应当提前告知，同时详细披露商品或服务的信息，开展精准营销与广告推送的过程中应当依照法律规定的程序要求。电子商务经营者搭售商品或服务、收取押金均要受到法律限制，不得滥用市场支配地位，不得非法收集、使用用户个人信息，对用户信息查询、更正、删除及账户注销不得设置非法限制，应当积极配合行政机关并提供相关数据信息。

第二，电子商务平台经营者的权利义务。电子商务平台经营者与平台内经营者及用户之间分别形成了网络服务合同法律关系，平台内经营者与消费者之间形成了网络交易合同法律关系。电子商务平台经营者的主要法律义务包括对平台内经营者

---

① 电子商务法起草组. 中华人民共和国电子商务法条文释义［M］. 北京：法律出版社，2018：39-40.

信息的核验、配合行政机关报送相关信息、对平台内的违法行为依照法律与平台规则进行处理，并对平台内经营者的处罚情况及时予以公示。平台经营者应当依法制定、公示、修改服务协议和交易规则，不得滥用平台地位不合理对待平台内经营者，要明确区分自营业务与他营业务，对竞价排名要明确标注“广告”标识，在存在过错的情况下与平台内经营者承担连带责任或相应责任，应当加强知识产权保护义务等。

第三，快递物流服务提供者的权利义务。快递物流是电子商务产业链的重要一环，发挥着至关重要的作用。快递物流服务提供者主要与电子商务平台内经营者形成了服务合同法律关系。按照《电子商务法》第 52 条的规定，快递物流服务提供者的主要法律义务为电子商务提供快递物流服务，应当遵守法律行政法规，并应符合承诺的服务规范和时限。其在交付商品时，应提示收货人当面查验；交由他人代收的，应经收货人同意；应按规定使用环保包装材料，实现包装材料的减量化和再利用；在提供快递物流服务的同时，可接受经营者委托提供代收货款服务。

第四，电子支付服务提供者的权利义务。电子支付是指付款人与收款人通过电子形式的支付指令实现货币资金转移的行为。电子支付服务提供者是指依法提供电子支付的商业银行和非银行支付机构。根据《电子商务法》第 53~56 条规定，电子支付服务提供者为电子商务提供电子支付服务，应遵守国家规定，电子支付服务提供者必须依法设立、合法经营，告知用户电子支付服务的功能、使用方法、注意事项、相关风险和收费标准等事项，提供服务时不得附加不合理交易条件。其应确保电子支付指令的完整性、一致性、可跟踪稽核和不可篡改。应向用户免费提供对账服务及最近 3 年的交易记录。其提供电子支付服务不符合国家有关支付安全管理要求，造成用户损失的，应承担赔偿责任。支付指令发生错误的，其应当及时查找原因，并采相关措施任纠纷案予以纠正；造成用户损失的，其应承担赔偿责任，但能证明支付错误非自身原因造成的除外。完成电子支付后，应及时准确地向用户提供符合约定方式的确认支付的信息。

二、电子商务法的具体适用

（一）对事效力

《电子商务法》主要适用于电子商务活动，电子商务活动类型多样，随着技术与商业模式的创新，其内涵在不断地发展变化当中。联合国国际贸易法委员会《电子商务示范法》就“商业”一词进行了广义解释，包括但不限于“供应或交换货物的任何贸易交易；分销协议；商业代表或代理；客账代理；租赁；工厂建造；咨询；工业设计；许可贸易；投资；银行业务；保险；开发协议或特许；合营或其他形式的工业或商业合作；空中、海上、铁路或公路的客、货运”。商务部发布的

《网络购物服务规范》第 3.1 条将网络购物界定为“发生在互联网中企业之间、企业和消费者之间、个人之间、政府和企业之间通过网络通信手段缔结的商品和服务交易”。《电子商务法》第 2 条第 2 款规定，“本法所称电子商务，是指通过互联网等信息网络销售商品或者提供服务的经营活动”。相较于普通的网络交易，一些特殊领域例如金融类与出版类涉及金融安全与文化传播领域，有一定的特殊性，因此被排除在《电子商务法》的调整范围之外。《电子商务法》第 2 条第 2 款规定，“法律、行政法规对销售商品或者提供服务有规定的，适用其规定。金融类产品和服务，利用信息网络提供新闻信息、音视频节目、出版以及文化产品等内容方面的服务，不适用本法”。根据中国人民银行等 10 个部门于 2015 年发布的《关于促进互联网金融健康发展的指导意见》，互联网金融的主要业态包括互联网支付、网络借贷、股权众筹融资、互联网基金销售、互联网保险、互联网信托和互联网消费金融等。值得注意的是，电子支付虽然属于广义的互联网金融，但是属于电子商务交易必不可少的一个重要环节，因此依然属于《电子商务法》的调整范围，并且在第三章“电子商务合同的订立与履行”部分做了专门的规定。此外，关于提供网络音视频节目的经营活动主要依据《互联网等信息网络传播试听节目管理办法》进行调整，网络出版主要根据《网络出版服务管理规定》进行调整，互联网文化产品例如网络游戏、网络表演、网络艺术品、网络原创音乐等内容主要适用《互联网文化管理暂行规定》，网络新闻信息则主要适用《互联网信息服务管理规定》的相关条款。

（二）调整对象

《电子商务法》主要适用于从事境内电子商务活动的电子商务经营者。电子商务经营者包括电子商务平台经营者、平台内经营者以及通过自建网站、其他网络服务销售商品或者提供服务的电子商务经营者。具体而言，电子商务经营者的类型包括经过我国相关部门完成市场主体登记、取得我国相关行政许可的法人、非法人组织或者自然人。在我国设立的外资企业、中外合资企业、中外合作企业（三资企业），其性质属于根据我国法律成立的企业。根据我国《外资企业法》《中外合资经营企业法》《中外合作经营企业法》等法律，外资企业、中外合资企业为中国法人。《中外合作经营企业法》规定，合作企业符合中国法律关于法人条件的规定的，依法取得中国法人资格。因此，三资企业与我国公民、法人、其他组织之间或者相互之间开展电子商务活动的，属于我国境内的电子商务活动，受到《电子商务法》调整。

境外法人或者非法人组织利用我国电子商务平台开展经营活动的，即使未在我国进行市场主体登记，仍应当受到我国《电子商务法》的管辖，除非境外的经营者与我国平台经营者明确协议约定排除我国法律的适用。

（三）空间效力

关于《电子商务法》在适用于境内电子商务活动的基础上，能否适用于跨境电子商务活动，存在一定的争议。在最初的电子商务法审议草案中，适用范围规定为"在中华人民共和国境内发生或有境内电子商务主体参与的电子商务活动"，随后在审议的过程中，将《电子商务法》的适用范围确定为"境内的电子商务活动"，因此当前我国《电子商务法》主要适用于境内发生的电子商务活动。但如果我国与其他国家、地区所缔结或参加的国际条约、规定适用我国电子商务法的，应当适用我国电子商务法。

第三节 电子商务法的基本原则

《电子商务法》第1条规定，"为了保障电子商务各方主体的合法权益，规范电子商务行为，规范市场秩序，促进电子商务持续健康发展，制定本法"。由此可以看出，电子商务法的宗旨在于保护各方主体，特别是消费者的合法权益，同时致力于维护良好的市场竞争秩序，促进经济社会发展。

一、鼓励创新原则

创新是商业发展的不竭动力源泉。《电子商务法》第3条规定，"国家鼓励发展电子商务新业态，创新商业模式，促进电子商务技术研发和推广应用，推进电子商务诚信体系建设，营造有利于电子商务创新发展的市场环境，充分发挥电子商务在推动高质量发展、满足人民日益增长的美好生活需要、构建开放型市场经济方面的重要作用。"电子商务法旗帜鲜明地鼓励创新，电子商务领域的创新主要表现为新技术、新业态、新模式的创新。随着云计算、大数据、人工智能、物联网等新技术的不断发展与应用，推动了传统产业与互联网的融合发展，同时也促进了直播经济、分享经济、智慧新零售等新的经营业态不断推陈出新，进而引发了企业之间、企业与客户之间交易关系与交易形式的不断发展变革。随着近年来数字经济的发展步伐越来越快，以数字革命为引领的改革创新正在影响社会生活的方方面面，并成为推动我国经济结构转型升级的重要引擎之一。

二、线上线下一致原则

《电子商务法》第4条规定，"国家平等对待线上线下商务活动，促进线上线下融合发展，各级人民政府和有关部门不得采取歧视性的政策措施，不得滥用行政权力排除、限制市场竞争"。由于电子商务产业总体而言发展的时间还不长，且发展变化速度较快，且交易活动主要在网络空间完成，因此给行政管理带来了一定的困难。基于上述原因，在电子商务发展的早期阶段，针对线上与线下交易活动的行政监管存在一定的差异性，特别是针对线上的监管存在一些不足，例如针对个体卖家的缴税问题，从而在一定程度上造成了差异化的监管格局，这不利于构建长期的、健康的、有序的市场竞争秩序。党的十九大报告提出要转变政府职能，深化简政放权，创新监管方式，增强政府公信力和执行力，建设人民满意的服务型政府。为了构建更加统一、开放、竞争、有序的市场竞争环境，坚持线上线下相一致原则就尤为必要。具体而言，需要做到以下几点：

1. 坚持技术中立

“技术中立”原则又称“非歧视”原则，是指国家制定法律、政策和标准时，应当对各种技术同等对待，由电子商务经营和自主选择各种技术手段，国家鼓励各种新技术的应用和推广，给予各种电子商务技术公平竞争的机会。① 该原则是一项电子商务领域同行的国际规则。联合国国际贸易法委员会《电子商务示范法》第5条规定，“不得仅仅以某项信息采用数据电文形式为理由而否定其法律效力、有效性或可执行性。”联合国国际贸易法委员会《国际合同使用电子通信公约》第8条规定，“对于一项通信或一项合同，不得仅以其为电子通信形式为由而否定其效力或可执行性。”按照技术中立原则，电子商务的发展应当对技术坚持开放、包容的态度，政府部门无正当理由不得以任何形式限定电子商务经营者的技术选择，从而保持电子商务行业的发展活力，防止因技术垄断而阻碍电子商务的发展。

2. 坚持平等对待

与“技术中立”原则主要围绕电子商务经营者的技术应用不同，“平等对待”原则主要是指各级政府部门在行使行政职权的过程中，应当平等对待线上线下经营活动，既不能歧视电子商务，也不应该将电子商务列为法外之地而赋予相应的特权。这就要求行政机关不断创新监管方式，克服传统监管方式针对线上交易时的局限与不足，通过利用区块链、大数据等方式，解决电子商务领域的诚信问题，不断完善企业与个人的征信系统，扩大征信范围和应用领域，完善社会信用体系。

三、自愿、平等、公平、诚信原则

良好的市场竞争秩序是开展一切商业活动的前提和基础。由于电子商务活动是在网络虚拟空间完成，更需要加强诚信体系建设，确保交易安全。《电子商务法》第5条规定，“电子商务经营者从事经营活动，应当遵循自愿、平等、公平、诚信的原则，遵守法律和商业道德，公平参与市场竞争，履行消费者权益保护、环境保护、知识产权保护、网络安全与个人信息保护等方面的义务，承担产品和服务质量

① 电子商务法起草组．中华人民共和国电子商务法条文释义［M］．北京：法律出版社，2018：35.

责任，接受政府和社会的监督。”该条规定与我国《民法典》的相关规定高度一致，《民法典》第 4 条规定，“民事主体在民事活动中的法律地位一律平等”；第 5 条规定，“民事主体从事民事活动，应当遵循自愿原则，按照自己的意思设立、变更、终止民事法律关系”；第 6 条规定，“民事主体从事民事活动，应当遵循公平原则，合理确定各方的权利和义务”；第 7 条规定，“民事主体从事民事活动，应当遵循诚实信用原则，秉持诚实，恪守承诺”。上述规定分别就平等、自愿、公平、诚实信用原则进行了规定。《电子商务法》与《民法典》的规定相互呼应，为电子商务经营者开展相关商业活动提供了指引。除此之外，电子商务经营者还应当特别注重消费者保护，积极履行环境保护义务、知识产权保护义务、网络安全和个人信息保护义务，承担产品和服务质量责任，并切实履行企业社会责任，遵守法律与商业道德。在消费者权益保护方面，应当保护消费者的知情权、自主选择权、公平交易权、监督批评权以及其他人身及财产权利，通过技术手段与内部管理机制确保消费者个人信息安全，严格履行消费者七天无理由退货规则，保障消费者合法权益。我国的网络交易曾经一度假货泛滥，经过多年的综合治理成效显著，但是鼓励创新、保护知识产权是一项长期而艰巨的任务。电子商务平台经营者要与行政管理部门密切配合，通过科学、完善的平台知识产权保护规则与纠纷处理规则促使平台内经营者严格履行知识产权保护义务，杜绝和防止知识产权侵权行为的发生。

四、协同治理原则

电子商务涉及技术、商业与法律等不同领域，以网络为纽带紧密联系各个行业，涉及的法律关系纷繁复杂；对电子商务进行行政监管的部门也数量繁多，因而需要构建科学、合理的协同治理体系。《电子商务法》第 6 条规定，“国务院有关部门按照职责分工负责电子商务发展促进、监督管理等工作。县级以上地方各级人民政府可以根据本行政区域的实际情况，确定本行政区域内电子商务的部门职责划分”。当前我国参与电子商务监管的行政部门主要包括国家发展和改革委员会、工业和信息化部、公安部、交通运输部、商务部、文化和旅游部、中国人民银行、国家市场监督管理总局、国家税务总局、海关总署、国家互联网信息办公室、国家邮政局等部门。

国家发展和改革委员会主要负责制定电子商务产业政策以及与电子商务相关的产业发展、技术进步相关的战略、规划与重大政策。工业和信息化部主要负责统筹国家信息化建设工作，促进不同行业、部门之间信息的互联互通以及重要信息资源的开发与利用，特别是维护网络安全以及国家信息安全保障体系建设，协调处理网络与信息安全重大事件。商务部主要负责推进流通产业结构调整，指导流通企业改革、商贸服务业和社区商业发展，推动流通标准化和连锁经营、商业特许经营、物流配送、电子商务等现代物流方式的发展。商务部电子商务和信息化司主要负责制定我国电子商务发展规划，拟定推动企业信息化、运用电子商务开拓国内外市场的相关政策措施并组织实施，支持中小企业电子商务应用，促进网络购物等面向消费者的电子商务的健康发展，推动电子商务服务体系建设，建立电子商务统计和评价体系，拟定电子商务相关标准、规则，推动电子商务国际合作。① 中国人民银行主要负责完善相关金融机构的运行规范，组织制定金融业信息化与支付体系发展规划，指导金融业信息安全领域的思想工作，建设社会信息用体系。国家市场监督管理总局主要负责市场主体的注册登记、市场竞争秩序的规范与维护，依法监督管理市场交易、网络商品交易及服务，并对各类广告活动进行监督和管理，对各类市场经营中的违法违规行为进行查处等事宜。国家互联网信息办公室主要负责落实互联网信息传播方针政策和推动互联网信息传播法制建设，指导、协调、督促有关部门加强互联网信息内容管理，依法查处违法违规网站，指导有关部门督促电信运营企业、接入服务企业、域名注册管理和服务机构等做好域名注册、互联网 IP 地址分配、网站登记备案和接入等互联网基础工作。海关总署主要负责进出境监管、征收关税，拟定进出口食品、化妆品安全和检验检疫，承担进口食品企业备案注册和进口食品、化妆品的检验检疫、监督管理工作，按分工实施风险分析缝隙和紧急预防措施等。② 国家邮政局主要负责提出邮政行业的发展战略、规划、标准和政策，起草邮政行业法律法规和部门规章草案，依法监管邮政市场，实施快递等邮政业务的市场准入制度，指导邮政行业安全生产管理工作，承担邮政行业运行安全的检测、预警和应急管理工作，拟定邮政行业安全生产监督管理办法并监督实施。③

电子商务活动的行政监管涉及多个部门，各个部门之间需要相互配合，共同构建协同管理体系。《电子商务法》第 7 条规定，“国家建立符合电子商务特点的协同管理体系，推动形成有关部门、电子商务行业、电子商务经营者、消费者共同参与的电子商务市场治理体系”。《国务院办公厅关于加快电子商务发展的若干意见》(国办发［2005］2 号）提出“建立健全相互协调、紧密配合的组织保障体系和工作机制”；《国务院关于大力发展电子商务加快培育经济新动力的意见》（国发［2015］24 号）提出国家发展改革委、中央网信办、商务部、工业化和信息化部、财政部、人力资源和社会保障部、人民银行、海关总署、税务总局、工商总局、质检总局等部门要完善电子商务跨部门协调工作机制，研究重大问题，加强指导和服务。

2016 年，由国家发展改革委、中央网信办、商务部等 32 个部门组成了电子商

① 中华人民共和国商务部官网［EB/OL］. http：//www. mofcom. gov. cn.
② 海关总署官网［EB/OL］. http：//www. customs. gov. cn.
③ 国家邮政局官网［EB/OL］. http：//www. spb. gov. cn.

务发展部际综合协调工作组，旨在统筹协调我国电子商务发展过程中出现的突出问题。此外，《网络交易管理办法》规定了跨部门协调联动机制：在网络商品交易及有关服务中违反工商行政管理法律法规规定，情节严重，需要采取措施制止违法网站从事违法活动的，工商行政管理部门可以依照有关规定，提请网站许可或者备案地管理部门依法责令暂时屏蔽或者停止该违法网站接入服务；工商行政管理部门对网站违法行为做出行政处罚后，需要关闭违法网站的，可以依照有关规定，提请网站许可或者备案地通信管理部门依法关闭该违法网站；工商行政管理部门在对网络商品交易及有关服务活动的监督管理中发现应当由其他部门查处的违法行为的，应当依法移交相关部门。

除了加强行政监管之外，电子商务领域的行业自律也尤为重要。目前我国电子商务行业组织还存在影响力较弱、自身机制不健全等问题，其作用发挥还有待进一步加强。电子商务行业组织的主要定位在于制定行业标准或规范，指导和监督电子商务经营者依法开展生产经营、公平竞争活动，保障经营者与消费者的合法权益。行业组织应当加强与地方政府的沟通与合作，发挥其在政府与企业之间的沟通桥梁作用，同时重点打造电子商务信用评价机制，为会员提供信息、管理、技术等方面的咨询服务，引导企业遵守法律、法规及相关政策要求，构建良好的电商生态。

【案例阅读】

李某某诉酒仙网电子商务股份有限公司网购合同纠纷案①

基本案情：2012 年 8 月 9 日，李某某在淘宝网购买了酒仙网电子商务股份有限公司（以下简称酒仙公司）销售的白酒 6 瓶，网上商品页面描述为（白酒中国名牌 52 度五粮液（1618）500ml 特价），成交价为 8349 元。交易完成后李某某查询上述网页发现，其购买的白酒在酒仙公司的淘宝店铺中标注的商品“特价和原价”相等，于是向北京市价格举报中心举报。之后，李某某与酒仙公司达成《谅解协议书》，约定双方于协议签订后 5 日内完成退货、退款手续，酒仙公司赔偿李某某 8394 元，如一方违约，承担总金额 20% 的违约金。因酒仙公司未履行该协议，李某某诉至江苏省滨海县人民法院，请求酒仙公司赔偿 8394 元并承担违约金 1678. 8 元。

裁判结果：受诉法院认为，经营者与消费者进行交易，应当遵循自愿、平等、公平、诚实信用的原则。经营者在交易过程中，应当向消费者提供有关商品的真实信息，不得做虚假宣传。在本案网络交易过程中，酒仙公司以网上销

① 李某某诉酒仙网电子商务股份有限公司网购合同纠纷案［EB/OL］.［2020-12-06］. 中国法院网，https：//www. chinacourt. org/article/detail/2015/06/id/1650490. shtml.

售的是特价商品来误导消费者，其行为已构成欺诈。李某某在请求赔偿过程中与酒仙公司达成了谅解协议，因酒仙公司未能按照该协议约定义务履行，其行为已构成违约，应当承担违约责任。因此，李某某要求酒仙公司按照协议履行赔偿义务的诉讼请求，符合法律规定，依法应予支持。经受诉法院合法传唤，酒仙公司无正当理由拒不到庭参加诉讼，视为放弃其抗辩权，应当承担对其不利的法律后果。受诉法院判决酒仙公司给付李某某赔偿款 8394 元，并承担违约金 1678.8 元，共计 10072.8 元。酒仙公司未上诉。

典型意义：本案是网购引起的消费者权益纠纷，涉及买卖合同关系和赔偿协议关系，受诉法院在查明事实的基础上，确认两份合同有效，维护了消费者合法权益。首先，在认定网购案件事实方面，确认“特价不特”即为欺诈，为法院审理此类提供了裁判规则，对于利用网上购物侵害消费者权益的行为依法进行制裁，维护了市场诚信。其次，法院按《谅解协议书》约定的价款 1 倍赔偿另加 20%的违约金作出判决，把法律规定的价款 1 倍赔偿和当事人约定的违约金一并计赔，加大了惩治恶意违约的力度，符合合法自愿原则。

◎ 思考与讨论

1. 我国电子商务法的调整对象有哪些？
2. 简述电子商务法的基本原则。
3. 简述电子商务法的概念。
4. 简述电子商务法的特征。

第二章　电子商务主体概述

【学习目的】

掌握电子商务经营者的定义和具体类型、电子商务消费者的定义、电子商务经营者市场主体登记豁免的具体情形。

【知识结构】

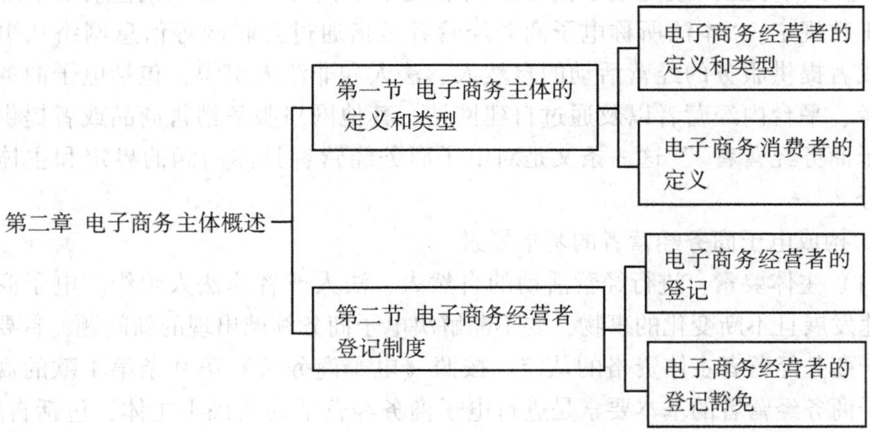

【导语】

关于电子商务经营者的类型历经数次修改，最终划分为“电子商务平台经营者”“平台内电子商务经营者”“通过自建网站经营的电子商务经营者”以及“通过其他网络服务销售商品或者提供服务的电子商务经营者”。该分类是如何得来？该分类中每一经营者的内涵如何理解？电子商务平台经营者和电子商务消费者之间关系如何界定？因此本章第一节针对电子商务主体作出一般性解释，主要是电子商务经营者的定义和具体类型、电子商务消费者的定义以及两者之间的关系。其次，《电子商务法》规定市场主体登记是电子商务经营者的法定义务，并规定部分符合条件的小规模经营者免于登记，其中市场主体登记制度的内容是什么？登记豁免遵循的依据和具体情形是什么？本章第二节对此进行阐述。

第一节　电子商务主体的定义与类型

《电子商务法》第 1 条规定："为了保障电子商务各方主体的合法权益，规范电子商务行为，维护市场秩序，促进电子商务持续健康发展，制定本法。"这一条文中"电子商务各方主体"包括电子商务经营者和电子商务消费者。这两个概念构成电子商务主体的基本范畴。

一、电子商务经营者的定义和类型

（一）电子商务经营者的定义

1. 电子商务经营者

《电子商务法》规定电子商务经营者是电子商务法律关系的主体，该法第 9 条第 1 款规定："本法所称电子商务经营者是指通过互联网等信息网络从事销售商品或者提供服务的经营活动的自然人、法人和非法人组织，包括电子商务平台经营者、平台内经营者以及通过自建网站、其他网络服务销售商品或者提供服务的电子商务经营者。"这一条文是对电子商务经营者具体内涵的界定和主体类型的划分。

2. 构成电子商务经营者的基本要素

（1）主体要素：进行经营活动的自然人、法人或者非法人组织。电子商务作为快速发展且不断变化的事物，要不断解决电子商务领域出现的新问题，首要任务是电子商务经营者主体资格的认定。按照《电子商务法》第 9 条第 1 款的规定构成电子商务经营者的基本要素是进行电子商务经营活动的民事主体，包括自然人、法人和非法人组织。这一要素概括起来就是电子商务经营者概念中的"经营者"一词。

由于电子商务经营者的类型不同，对民事主体资格的要求也有所不同。对电子商务平台经营者主体资格的要求，须为法人和非法人组织，自然人不能成为电子商务平台经营者。平台内经营者可以是法人、非法人组织或者自然人。①自然人的主体资格。自然人为电子商务经营者时，其民事权利能力首先应符合《民法典》的规定，其次应满足《电子商务法》规定的电子商务经营者主体资格的获得程序，如提交身份和经营信息、签署交易协议及工商登记等。《电子商务法》第 48 条第 2 款规定："在电子商务中推定当事人具有相应的民事行为能力。但是，有相反证据足以推翻的除外。""有相反证据足以推翻的除外"，是指在电子商务交易领域发生主体资格和行为能力争议时，或者一方主张行为主体不具有独立从事交易的行为能力时，应当按照《民法典》的规定，举证说明是否为限制民事行为能力人、无民事行为能力人，如举证成功，其交易行为应予撤销，除非其法定代理人代理或者经其法定代理人同意、追认①。②法人的主体资格。电子商务经营者为法人时，第一，必须符合《民法典》规定的法人一般条件。即应当依法成立，有自己的名称、组织机构、住所、财产或者经费。法人成立的具体条件和程序依照法律、行政法规的规定。第二，营利法人的组织形式需符合公司法等法律规定。以取得利润并分配给股东等出资人为目的成立的法人为营利法人，并且法人需以其全部财产独立承担民事责任。第三，法定代表人因执行职务造成他人损害的，由法人承担民事责任。依照法律或者法人章程的规定，代表法人从事民事活动的负责人，为法人的法定代表人。法人章程或者法人权力机构对法定代表人代表权的限制，不得对抗善意相对人。法人承担民事责任后，依照法律或者法人章程的规定，可以向有过错的法定代表人追偿。第四，电子商务经营者从事经营活动，应当遵守职业道德，维护消费者权益，接受政府和社会的监督，承担社会责任。② ③非法人组织的主体资格。符合非法人组织特征的电子商务经营者，包括民法总则列举的个人独资企业、合伙企业、不具有法人资格的专业服务机构，以及实际生活中存在的其他组织体如不具备法人资格的农村集体经济组织、合作经济组织，但不包括自然人经营者。③ 第一，非法人组织的电子商务经营者一般都有自己的名称、商号或字号。第二，非法人组织有自己的组织机构。一般设置委员会、理事会、负责人等机构。第三，非法人组织，要开展经营活动，必然存在固定的经营场所。第四，非法人组织应当依法办理市场主体登记。

（2）媒介要素：互联网等信息网络。这是根据电子商务赖以生存的媒介手段来界定。电子商务的特点就在于交易过程中借助于电子化、网络化的媒介进行信息的交流和互动。交易双方不在同一现场，而是通过已经注册的网络账号进行互动。交易互动全程会产生电子数据，消费者主要借助于经营者以文字、图片、视频等方式获得交易所涉及商品或服务的信息。④ 电子商务经营者中的“电子”一词，概括的是互联网等信息网络。

（3）内容要素：销售商品或者提供服务。电子商务经营者概念的第三个要素是交易内容，即销售商品和提供服务。我国电子商务立法采取了比较宽泛的电子商务的概念，既包括网络商品零售，也包括了通过网络提供诸如交通出行、文化娱

---

① 郭峰，等．中华人民共和国电子商务法法律适用与案例指引［M］．北京：人民法院出版社，2018：138.

② 郭峰，等．中华人民共和国电子商务法法律适用与案例指引［M］．北京：人民法院出版社，2018：139.

③ 郭峰，等．中华人民共和国电子商务法法律适用与案例指引［M］．北京：人民法院出版社，2018：142.

④ 电子商务法起草组．中华人民共和国电子商务法条文释义［M］．北京：法律出版社，2018：49.

乐、餐饮外卖、教育培训等各种形态的服务。

3. 电子商务经营者的法律特征

（1）在经营媒介上，"通过互联网等信息网络"从事经营活动。《电子商务法》为适应科技发展，并未将电子商务经营局限于"互联网"方式，通过互联网之外的其他"信息网络"媒介方式从事经营活动，也将被纳入电子商务经营者之列。

（2）从经营行为上看，是指"从事销售商品或提供服务"的经营活动。经营业态不仅包括商品销售类电商，还包括服务类电商。商品销售类电商主要包括零售与批发的电子商务经营活动。服务类电商主要指出行服务、外卖餐饮（如美团外卖）、在线教育（如网易云课堂）、旅游电商（如携程）、在线医疗、在线家政等以信息网络方式提供服务的电商。但是，根据《电子商务法》第2条的规定，对于金融类产品和服务以及利用信息网络提供新闻信息、音视频节目、出版以及文化产品等内容方面的服务，不在《电子商务法》的调整范围之列，即"从事销售商品或提供服务"不包括上述产品和服务。

（3）从活动性质上看，从事的是"经营活动"，不包括非经营活动。例如通过网上售卖自用的二手货，具有偶发性，不能认定为经营行为，不需要遵守《电子商务法》关于电子商务经营者的相关合规要求，但是为上述行为提供平台服务的另当别论。

（二）电子商务经营者的类型

1. 电子商务平台经营者

（1）电子商务平台经营者的概念与特征。以前的法律称电子商务平台经营者为网络交易平台提供者①，与网络服务提供者相对应②。《电子商务法》对有关电子商务经营者的概念做了系统整理，规定了明确的定义和种类，也统一了称谓。《电子商务法》第9条第2款规定："本法所称电子商务平台经营者，是指在电子商务中为交易双方或者多方提供网络经营场所、交易撮合、信息发布等服务，供交易双方或者多方独立开展交易活动的法人或者非法人组织。"在立法过程中对于说电子商务平台经营者，最初的表述是"第三方平台"，以此强调其在交易过程中的第三方身份。在实质上平台经营者就是第三方平台经营者，这两个概念的内涵是一致的。关于电子商务平台经营者，在立法过程中有人主张对其进行详细的分类列举。由于大数据和互联网技术的飞速发展，电子商务平台经营者呈现的形态会越来越多元化。如果立法中对电子商务平台经营者的类型进行明确界定，很可能导致未来出现的新形态的电子商务平台经营者无法纳入《电子商务法》规范的范围。因

① 《中华人民共和国消费者权益保护法》第44条规定的是"网络交易平台提供者"。

② 《中华人民共和国侵权责任法》第36条规定的是"网络服务提供者"。

此，按照《电子商务法》第9条第2款的规定界定电子商务平台经营者这个概念，显然更为准确。

（2）电子商务平台经营者的特点。①电子商务平台经营者是电子商务平台的所有者。电子商务平台是从事电子商务活动的网络信息网站。电子商务平台经营者首先必须是电子商务平台的所有者，才能够占有、使用电子商务平台进行电子商务活动，并从中获得收益，甚至按照自己的意愿处分自己所有的电子商务平台。②电子商务平台经营者是利用电子商务平台为电子商务活动提供服务的经营者，服务的方法是提供电子商务交易的经营场所、进行交易撮合和信息发布，促使交易顺利完成，并保障电子商务平台上进行交易的安全。电子商务平台还同于社交媒体平台。因为在社交媒体平台上从事活动的主要的目的是社交性行为而不是经营性行为，不能因为在现实生活中有少数人利用社交媒体来从事经营性活动，就认为在这种应用场景下社交媒体本身就成为电子商务平台。如果社交媒体平台同时兼容了类似的经营者入驻功能，允许这些经营者稳定地开展经营活动，成为平台内经营者，那么在这种应用场景下，也可以认为社交媒体兼具了电子商务平台的属性。③电子商务平台经营者，最主要的内涵在于搭建网络交易平台，供他人独立开展交易活动，使利用电子商务平台进行交易的双方或者多方，在电子商务平台上独立开展交易活动。一般情况下，电子商务平台经营者自己并不直接介入交易活动，但是在特定情况下，电子商务平台经营者也可能直接以一方当事人的身份，直接参与到相关的经营活动（为当事人提供支付服务，提供商品或服务的广告服务，提供物流服务等）之中。④电子商务平台经营者应该是法人或非法人组织，而不能是自然人。因为建设和运营电子商务平台必须具备特别的资格，即成立公司或者合伙企业、独资企业等，取得法人或者非法人组织的资格。

2. 平台内经营者

（1）平台内经营者的概念。《电子商务法》第9条第3款规定："本法所称平台内经营者，是指通过电子商务平台销售商品或者提供服务的电子商务经营者。"这一规定给平台内经营者的概念作了准确的定义。在以往的法律中，平台内经营者被称为在网络交易平台上进行交易的"销售者、服务者"不够准确，因为它没有表达电子商务的特点；但是将其定义为"与网络交易平台提供者签订网络交易平台服务合同，以营利为目的，在网络交易平台上销售商品或者提供服务，并与购买商品或者接 受服务的消费者构成网络买卖合同、网络服务合同关系的经营者"①，还是比较准确的。

（2）平台内经营者的特点。①平台内经营者是利用电子商务平台进行交易活动的经营者。平台内经营者占据了电子商务经营者中的绝大多数，绝大多数的电子

① 杨立新．网络交易民法规制［M］．北京：法律出版社，2018：103.

商务经营者必须入驻到某个大型的电子商务平台上去，由于平台内经营者依托于他人搭建的平台来进行经营活动，因此其相应的经营自主权在很大程度上受到电子商务平台经营者的约束。电子商务平台不属于平台内经营者所有，平台内经营者要通过与电子商务平台经营者订立服务合同，取得电子商务平台的部分虚拟空间（网络店铺）的占有、使用权，才能在电子商务平台上进行交易活动。它不是通过占有平台空间获得利益，而是通过利用电子商务平台的空间进行经营活动，通过经营活动而获得利益。②平台内经营者的主体性质是电子商务经营者，自然人、法人或者非法人组织均可为之。在 B2B 平台上进行经营活动的平台内经营者，须为法人或者非法人组织；在 C2C 平台上进行经营活动的平台内经营者，可以是自然人；在 B2C 平台上进行经营活动的平台内经营者，B 为法人或者非法人组织，而 C 是消费者则可以是自然人。③平台内经营者在电子商务平台上的交易行为必须接受电子商务平台经营者提供的服务和管理才得以进行。由于电子商务平台经营者与平台内经营者是建立在电子商务平台服务的合同关系之上，因而平台内经营者在平台上进行经营活动，享有自己的权利，履行自己的义务，承担应当承担的责任；同时，还应当遵守电子商务平台经营者制定的服务协议，服从电子商务平台经营者的管理，遵守交易规则。法律上对于这种新的组织形式需要特别予以关注，一方面要认可平台经营者对平台内经营者的组织管理权限，另一方面也要注意平台经营者滥用其优势地位来过度限制平台内经营者的经营自主权以及其他合法权益的问题。

3. 其他电子商务经营者

其他电子商务经营者，是指除了电子商务平台经营者和平台内经营者之外，通过自建网站、其他网络服务销售商品或者提供服务的电子商务经营者。《电子商务法》第 9 条第 1 款在规定电子商务经营者的概念时，规定了这种电子商务经营者，但是在下文却没有对其内涵进行界定，只是规定了两种不同形式的其他电子商务经营者。

（1）自建网站经营者。自建网站，通过自己建设的网站销售商品或者提供服务的经营者，尽管也属于电子商务经营者，但与典型的电子商务经营活动相比较，这种电子商务平台属于销售商品或者提供服务的经营者所有，即销售商品或者提供服务的经营者通过自己的电子商务网站与消费者进行交易活动，而不是利用他人的电子商务平台进行交易活动。因此，通过自建网站销售商品或者提供服务的电子商务经营者进行的电子商务交易行为，没有提供电子商务平台的第三方，只有进行交易的双方当事人。自建网站经营的其他电子商务经营者自建的网站，应当具有交易中的下单功能，即能够通过网站订立电子合同，进行交易。如果仅仅是企业建立门户网站或者官网，只介绍自己的产品而无下单功能的，不能认为是自建网站的其他电子商务经营者①。这里值得注意的是，随着移动互联网的兴起，电子商务活动从以前的依托网站转向 App 的形式展开，虽然 App 都必须依托于一个大的应用软件系统（如 iOS 或 Android）而开发，但是从法律属性上看，App 本身仍然是一种自建网站的形式②。

（2）通过其他网络服务销售商品或者提供服务的电子商务经营者。之所以规定这种其他电子商务经营者的类型，是因为随着电子商务模式和渠道的发展变化，很多人依托于社交网络来从事商品销售或服务的提供，被称为“社交电商”。③ 其基本特点是“其他网络服务+销售商品或者提供服务”。其他网络服务，就是非专业的电子商务网络服务，例如在微信上进行的交易行为，就是利用微信的“朋友圈”发布商品或者服务信息，他人接受该信息，在线下用其他方式进行交易④。这种类型的主体进行电子商务活动时既不是通过自己建立的网站，也不是通过入驻电子商务平台从而成为平台内经营者，而是依托于其他本质上不是商业而是社交或者娱乐性质的网络平台来事实上从事电子商务活动。上述中提到利用 App 本身从事电子商务活动的经营者，应该被界定为自建网站经营者。但是如果是利用内嵌的小程序（微信小程序）来从事电子商务活动，那么小程序的基础架构的供应者（微信）应该被视为电子商务平台。

二、电子商务消费者的定义

应当注意的是，电子商务法没有使用电子商务消费者的概念，而是使用了三个概念，一是电子商务当事人，二是用户，三是消费者。

（一）电子商务当事人

电子商务当事人的概念，包括电子商务经营者和电子商务消费者。在电子商务平台进行交易活动，必须有电子商务消费者，否则无法成立电子商务交易法律关系。《电子商务法》第 47、48、52、53 条等使用了“电子商务当事人”的概念，其中包含电子商务经营者和电子商务消费者。

（二）用户

《电子商务法》主要是在第 49、50、53、54、55、56、57 条中使用了“用户”

---

① 电子商务法起草组．中华人民共和国电子商务法解读［M］．北京：中国法制出版社，2018：49.

② 电子商务法起草组．中华人民共和国电子商务法解读［M］．北京：中国法制出版社，2018：51.

③ 电子商务法起草组．中华人民共和国电子商务法解读［M］．北京：中国法制出版社，2018：67.

④ 杨立新．网络媒介平台的性质转化及其提供者的责任承担［J］．法治研究，2016，3：16-26.

这一概念。在电子商务领域中，用户相当于电子商务消费者的概念。

（三）消费者

《电子商务法》第 49 条第 2 款规定："电子商务经营者不得以格式条款等方式约定消费者支付价款后合同不成立；格式条款等含有该内容的，其内容无效。"其中的消费者概念就是电子商务消费者，而不是一般的消费者。电子商务消费者在消费者权益保护法中就称为消费者，没有加电子商务的定语。《电子商务法》是调整电子商务法律关系的专门法，又由于消费者进入电子商务领域进行消费，而与一般的消费者有所不同，是指通过互联网等信息网络即电子商务平台购买商品或者接受服务的消费者。

《电子商务法》之所以在多数情况下不使用消费者的概念，是因为消费者的概念在消费者权益保护法中界定得比较窄①，不能包括自然人之外的其他民事主体，也不能包括非为生活需要而购买、使用商品或者接受服务的民事主体。法人、非法人组织以及自然人在电子商务平台上购买商品或者接受服务不属于为生活需要，不属于严格意义上的消费者，因而本书使用的"电子商务消费者"概念，并不等同于一般意义上的消费者概念，而是泛指在电子商务平台购买商品或者接受服务的自然人、法人和非法人组织。

（四）电子商务消费者与电子商务经营者之间的关系

首先，电子商务消费者针对的是平台内经营者而言，在平台内经营者通过电子商务平台进行的销售商品或者提供服务的经营活动中，与平台内经营者缔结交易合同关系，购买商品或者接受服务，取得电子商务消费者的身份。

其次，电子商务消费者与电子商务平台经营者之间也发生交易关系。这种交易关系的特点是：①交易关系的性质是电子商务平台的服务合同关系，即消费者取得这个资格之后，可以在电子商务平台上进行交易活动。②这种交易关系的性质是无偿的，即电子商务消费者进入电子商务平台上接受平台服务，无须支付对价，电子商务平台经营者并不通过收取平台服务价金的方式营利，而是通过电子商务消费者加入电子商务平台与平台内经营者进行交易活动，而使其增加流量等获得利益。③电子商务消费者利用电子商务平台进行交易，应当遵守电子商务平台的交易规则和用户协议，接受电子商务平台经营者对交易活动的管理，如果违反交易规则和用户协议，电子商务平台经营者有权依照交易规则和用户协议对其进行处罚。②

---

① 马一德．解构与重构："消费者"概念再出发［J］．法学评论，2015（6）：30-41.

② 杨立新．电子商务法规定的电子商务交易法律关系主体及类型［J］．山东大学学报：哲学社会科学版，2019，2：112-113.

第二节 电子商务经营者登记制度

课程思政主题：七天无理由退货的例外，经营者应以醒目方式标注

案例主题：商家明示激活后的电脑不予退货的 不适用无理由退货

一、电子商务经营者的登记

《电子商务法》第10条规定："电子商务经营者应当依法办理市场主体登记。"实行登记制，将电子商务平台经营者、平台内经营者纳入监督管理范围，有利于规范电子商务市场秩序，有利于经营者之间公平竞争，有利于维护消费者权益，有利于工商部门掌握经营者信息，实现线上线下双监管。电子商务经营者市场主体登记制度之基本内容有以下两个方面：

（一）电子商务经营者登记行为性质的确立

以往商事登记行为的功能体现于其创设效力之中，即商事登记具有创设商事主体资格的权能。"通过商业登记就可以使其取得合法的商事主体资格，登记后即具有在法律规定和确认的范围内独立从事商事活动的主体资格"①，"确认和取得商主体身份，这是商事登记制度的首要功能"②。目前，我国商事制度正处于大改革之中，市场主体登记的准入制、许可制的色彩趋于淡化，其功能主要体现在对主体资格的确认。李建伟学者明确提出，"工商登记是对其主体资格和营业权的确认"③ 其论述否认了工商登记的主体创设功能与营业许可制度具有重大的进步意义。汪青松等学者亦认为，基于社会主体从事市场活动的自由，政府不应该过多干涉，应该致力于将登记由传统的行政许可转变为一种具有为商主体确认身份进而公示信息的私法服务机制。④ 实践中亦有案件佐证：如"杜××与辽宁省工商行政管

① 任先行．商法总论［M］．北京：中国林业出版社，2007：172.

② 叶林，黎建飞．商法学原理和案例教程［M］．北京：中国人民大学出版社，2011：127.

③ 李建伟．对我国商个人立法的分析与反思［J］．政法论坛，2009，5：68.

④ 汪青松．主体制度民商合一的中国路径［J］．法学研究，2016（2）：64-66.

理局工商登记纠纷案”① 和 “王维祺与辽宁省工商行政管理局工商登记纠纷一案”中，法院认为，“工商登记实为登记机关对于企业公司法人资格的确认”②。据此，通过对电子商务经营者的经营行为和主体信息进行确认（而非赋予商主体身份），并且对外公示，使得与之进行交易之人皆可了解经营者的情况，进而保护市场的交易秩序，此正是小规模的经营者得以免于登记的初衷，因为其身份不由登记取得，其交易对市场的影响不大，没必要对其实施强制性登记行为。③

因此针对电子商务经营者不需要建立特别的市场准入制度。《电子商务法》第10条所谓的市场主体登记是指从事电子商务经营活动的经营者应当办理市场主体登记，而不是针对电子商务经营活动这种特殊的经营方式进行的营业方式登记。如果有关的主体开始从事电子商务经营活动，而此前没有办理市场主体登记，则需要办理市场主体登记。如果相关的经营者此前没有从事电子商务活动，而只是进行传统的线下经营活动，但已经办理了市场主体登记。在这种情况下，如果该经营者决定从事电子商务，则无须另外再办理市场主体登记，先前的登记可继续沿用至线上。总之，《电子商务法》第10条第一句是对任何经营者从事经营活动应当办理市场主体登记这一原则的确认，并非对电子商务经营者施加的特别规定。

（二）自然人网店市场主体登记的必要性

自然人网店是否需要登记，一直存在不同观点。一方认为，公平公正是市场经济的基本原则之一，不管是线上的网店，还是线下的实体店，应当接受同等的监管。另一方认为，自然人网店在进驻电子商务平台的时候，平台经营者会对其身份信息进行登记备案。这种程度的登记对于规范平台内经营者的相关经营行为就已经足够，并不需要对自然人网店进行市场主体登记。强制要求自然人网店普遍进行登记不但会产生额外的经营成本，而且不利于电子商务创新创业的发展。在我国商事制度大改革的背景之下，自然人网店进行市场主体登记仍然具有其必要性。对自然人网店所进行的身份信息收集和市场主体登记是国家必要的监管措施。电子商务平台经营者为了吸引更多的经营者入驻自己的平台，增加市场影响力和获取更多的利润，往往对进入平台内从事经营活动的主体的身份审查往往流于形式。譬如有从事餐饮外卖服务的自然人网店根本没有正规的营业场所，采取家庭小作坊的形式进行餐饮外卖服务。这种家庭小作坊的食品卫生安全令人担忧。但是平台经营者为了吸引更多的餐饮外卖经营者入驻其平台，有可能纵容甚至变相地帮助他们造假，以达到在形式上满足国家对餐饮行业所设定的特别要求。由此可见，要求自然人网店进行市场主体登记有其现实的必要性。平台经营者自己建立的平台内经营者的登记和

---

① 辽宁省沈阳市中级人民法院（2017）辽01行终388号.

② 辽宁省沈阳市中级人民法院（2017）辽01行终391号.

③ 梁莹．电子商务经营者市场主体登记制度研究［D］. 武汉：中南财经政法大学，2019.

管理制度，并不能取代国家层面上的市场主体登记制度。

二、电子商务经营者的登记豁免

（一）电子商务经营者登记豁免的依据

1. 国内现状

现有的商事登记程序给自然人市场主体登记带来较高成本。例如，对于工商登记的经营场所问题，国务院和工商总局都强调要尽量放宽限制，并把放宽登记手续的权限放给了各省、区、市人民政府，但实际上各地的步伐依然不大，也不统一，在界定符合要求的经营场所时，大多数地区仍将住宅排除在外。"一址多照"的做法也只限制在特定区域和特定企业才被允许。对绝大部分自然人经营主体而言，由于不存在自有的营业场所，必须采用租赁或挂靠的形式来获取。仅以挂靠论，挂靠有真实地址的营业场所费用，广州、北京为4000~6000元每年。同时，登记后所产生的合规费用（记账、年报等）一般也会超过3000元每年。这个规模的成本对于自然人经营者是较高的。①

自然人网店大部分属于兼职或偶然经营，要求所有自然人网店进行市场主体登记并无必要。按照工商总局的现行规定，部分电子商务经营者也并不需要办理工商登记，仅需要由第三方平台核验真实身份信息即可，另外，要求上千万的自然人网店全部办理工商登记实际上也难以操作。从税收角度看，首先，虽然自然人网店经营者偷税漏税的现象的确存在，但是税收流失情况并不像通常认为那样严重。其次，按照2014年财政部、税务总局的通知，对月销售额3万元以下的增值税小规模纳税人免征增值税，大部分自然人网店都是在免征增值税范围的。再次，我国对部分经营者是有税收免征政策的，如《增值税暂行条例》规定，"农业生产者销售的自产农产品"属于免征增值税的项目。

2. 国外立法

从域外经验来看，德国《商法典》中曾经规定小商人制度，是为保护小规模经营者。使其既能享有商主体的某些权利，但又不必完全适用商法规定的严格义务；现今德国《商法典》规定了自由登记商人，就是法律赋予某些商主体是否进行商事登记的自由选择权。在英国，其根据商事主体不同，将商事登记分为公司登记和非公司登记。除了普通合伙企业外，都由成立于1844年的公司署负责登记。换言之，除公司以外的商事主体抑或是秉持自愿登记原则，亦或是依据已有的法律规定进行登记。在韩国，自然人经营者是由其个人向其所在的市政府进行申报的，则相应的个人网络商品经营者也要向其对应的机关申报其营业额，当卖家的半年销

① 电子商务法起草组．中华人民共和国电子商务法解读［M］．北京：中国法制出版社，2018：56.

售额达600万韩元（约4万元人民币）时，该卖家就被认为是规模较大，属于真正意义上的专业经营者，此部分经营者必须进行登记而方能持有相应的营业执照。换言之，若未达此项标准，则无须进行登记。①

综合国内情况和域外经验来看，市场主体登记是电子商务经营者的法定义务，但鉴于我国的国情和现实做法，按照线上线下一致原则，可以对一部分小规模经营者免予登记。《电子商务法》关于电子商务经营者登记豁免的规定符合我国国情，顺应时代要求。在以国内大循环为主体、国内国际双循环相互促进的新发展格局下，我国正在进一步深化推进商事制度改革，激发创业创新的内在动力，促进就业。2016年10月14日召开的国务院常务会议就持续深化商事制度改革，更大降低创业创新制度性成本进行了部署。会议提出，要更加便利群众办事创业，运用"互联网+"，在全国推进企业登记网上办理，鼓励有条件的地方对企业登记全程电子化先行先试，创新事中事后监管，推动企业信息共享交换和互认互用。相信随着改革的深化，商事登记将更加便利，自然人网店登记的问题也将随着改革和市场化的进程逐步解决。②

（二）电子商务经营者登记豁免的具体情形

电子商务经营者应当依法办理市场主体登记。但是，个人销售自产农副产品、家庭手工业产品，利用自己的技能从事依法无须取得许可的便民劳务活动和零星小额交易活动，以及依照法律、行政法规不需要进行登记的除外。根据《电子商务法》第10条的规定，登记豁免主要分为以下几类：

1. 个人销售自产农副产品、家庭手工业产品

首先，这类行为的主体必须是必须是自然人，不能是法人和非法人组织。其次，销售的是自己生产的农副产品以及家庭手工业产品，而不能是从其他农户那里收购过来的农副产品和家庭手工业产品通过互联网等信息网络进行再次销售。由于以上的经营活动数额不大，而且有利于帮助困难户解决实际困难、增收创收。因此基于立法政策的考虑，不要求此类经营者进行市场主体登记。

2. 个人利用自己的技能从事依法无须取得许可的便民劳务活动

首先，这种类型的活动必须属于依法无须取得许可的便民劳务活动，包括钟点工、修理工、生活护理、老年人照顾、餐饮服务、出行服务等各种形式的便民劳务活动。其次，这种类型的活动也必须是通过网络来提供。如果依据有关法律的规定，从事相关的活动必须要取得许可，如幼儿教育等，就必须要以取得相关的许可为前提条件。

---

① 梁莹．电子商务经营者市场主体登记制度研究［D］．武汉：中南财经政法大学，2019.

② 电子商务法起草组．中华人民共和国电子商务法解读［M］．北京：中国法制出版社，2018：5.

3. 个人从事零星小额交易活动

“零星小额交易”的认定标准在实践中并不容易掌握，将这一种类型的行为列入登记豁免，在立法讨论中存在较大的争议。本条最终将其纳入，主要还是考虑到对于偶发的、非持续性的在网络上从事小额商品销售和提供服务的主体，强制要求市场主体登记并无必要。在实践中如何把握零星小额的认定标准，需要立法进一步明确。有观点将小额的界定与小规模纳税人的标准相统一，也就是月销售额在3万元以下为小额。关于“零星”的认定，市场监管总局可以同财政、税务部门，以国家的税收政策为依据，综合考虑电子商务交易商品（或提供服务）的种类、频次、累计数额等，确定较为细化的、可操作性较强的零星小额交易界定标准。

最后一种类型是依照法律、行政法规不需要进行市场主体登记的，也不需要办理市场主体登记。这一规定主要是针对依照相关的诸如《无证无照经营管理办法》等不需要进行市场主体登记的情形。

【案例阅读】

北京菲林律师事务所与北京百度网讯科技有限公司侵害署名权、保护作品完整权、信息网络传播权纠纷案①

基本案情：北京菲林律师事务所系涉案文章的著作权人，涉案文章系法人作品，于2018年9月9日首次在该律所微信公众号上发表。2018年9月10日，“点金圣手”未经许可在被告经营的百家号平台上发布被诉侵权文章，侵害了原告的信息网络传播权。被告删除了涉案文章的引言、检索概况、电影行业案件数量年度趋势图和结尾的“注”部分，侵害了原告的保护作品完整权。被告删除了涉案文章的署名，侵害了原告的署名权。被告的侵权行为对原告造成了经济损失。涉案文章系文字作品和图形作品，文字共计4511字，图形共计15个。根据《使用文字作品支付报酬办法》第5条的规定，每千字300元的标准（不足千字部分按千字计算），文字部分的稿酬为1500元。图形按照每个200元的标准计算，为3000元。因此，涉案文章的稿酬共计为4500元。根据惩罚性赔偿的有关规定，原告要求应按照稿酬标准的5倍计算赔偿金额，但在本案中仅主张被告赔偿经济损失10000元。另外，原告为本案诉讼支出的相应合理费用，也应由被告负担。北京菲林律师事务所诉北京百度网讯科技有限公司侵害署名权、保护作品完整权、信息网络传播权纠纷一案，法院经审理

① 2019年度电子商务法十大典型案例［EB/OL］. 中国裁判文书网，https://wenshu.court.gov.cn/.

认为，涉案文章并非威科先行数据库“可视化”功能自动生成，而是原告主持创作的法人作品，被告侵害了原告的信息网络传播权和署名权。

本案的争议焦点为：（一）菲林律师事务所是否为适格的主体；（二）百度公司是否实施了被诉侵权行为；（三）百度公司主张不构成侵权的抗辩是否成立。

（一）涉案文章是系法人作品。我国《著作权法》规定，创作作品的公民是作者。由法人或其他组织主持，代表法人或其他组织意志创作，并由法人或者其他组织承担责任的作品，法人或者其他组织视为作者。在无相反证据的情况下，可以根据作品的署名情况推定权利归属。本案中，菲林律师事务所主张涉案文章系法人作品，著作权由其享有。一审法院认为，根据查明的事实，涉案文章在菲林律师事务所经营的微信公众号首次发表，发表时署名为菲林律师事务所，并未提及涉案文章还有其他参与创作的主体；涉案文章系菲林律师事务所策划的系列报告的首篇，在该系列报告的序言、预告部分亦说明涉案文章系菲林律师事务所已完成的工作成果，涉案文章的内容亦是以菲林律师事务所的视角进行的分析、评价。菲林律师事务所提交了创作过程中形成的多份文档，虽然部分文档保存时间在涉案文章发表之后，但从总体上看能够体现该律所对涉案文章的创作过程。故在无相反证据的情况下，一审法院认定涉案文章是菲林律师事务所主持创作的法人作品，菲林律师事务所是本案适格的主体，有权针对侵权行为提起民事诉讼。

（二）被告是否侵害原告享有的权利。被告未经许可，在其经营的百家号平台上向公众提供了被诉侵权文章内容，供公众在选定的时间、选定的地点获得，侵害了原告享有的信息网络传播权，应承担相应的民事责任。故原告要求被告赔偿经济损失的主张，本院予以支持。关于赔偿数额，本院将根据涉案文章的性质、被告主观过错、侵权情节等因素予以判定。涉案文章文字内容涉及司法分析内容，专业程度较高，字数较多；被告作为业内知名公司，经营的百家号平台服务范围较广；涉案文章在原告微信公众号上发布后次日，被告即向公众提供被诉侵权文章；原告主张对涉案文章中图形享有权利，本院未予支持。综上，原告主张的赔偿数额过高，本院不予全额支持；原告为制止侵权行为支出的合理开支，亦应由被告负担。原告主张被告侵害了其享有的署名权。本院认为，署名权即表明作者身份，在作品上署名的权利。本案中，原告创作完成涉案文章后，在文章中标注了名称，并注明原创；而在被告提供的被诉侵权文章中，删除了其署名，且出现了“点金圣手”的字样，足以导致相关公众误认为“点金圣手”系作者，侵害了原告享有的署名权。被告应以合理的方式向原告赔礼道歉、消除影响。

典型意义：自然人创作完成是作品受著作权法保护的必要条件，故人工智能生成内容不构成作品；但这并不意味着人工智能生成内容可被公众自由使用，软件使用者等相关主体对其享有的相关权益应得到保护。本案体现了著作权法体系的稳定性与人工智能产业发展之间的平衡。

◎ 思考与讨论

1. 电子商务经营者的具体类型有哪些?
2. 简述电子商务经营者市场主体登记的行为性质。
3. 简述电子商务经营者进行登记的必要性。
4. 简述电子商务经营者登记豁免的依据。

第三章　电子商务主体的权利与义务

【学习目的】

理解在线自然人用户作为买方和卖方分别享有的特殊权利；掌握电子商务经营者的一般性义务；掌握电子商务平台经营者的特殊义务；理解电子商务平台经营者的法律责任。

【知识结构】

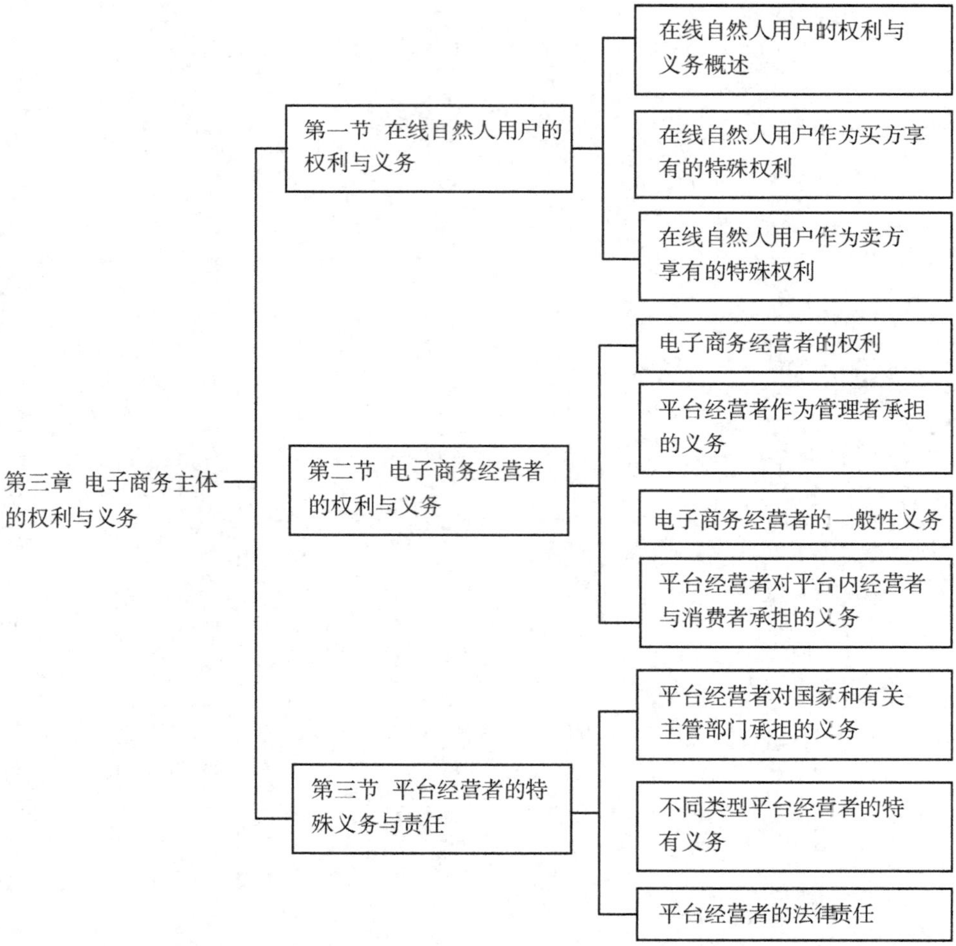

【导语】

权利与义务是法学体系中最基本的一对范畴。法律关系主体所享有的权利和承担的义务是法律关系的关键要素，是法律关系的内容。权利是指法律所保护的某种利益，它表现为法律关系主体可以怎样行为；义务是指法律关系主体必须承担的某种负担，它表现为必须怎样行为或不得怎样行为。电子商务法律关系的内容表现为电子商务各方主体的权利与义务。这些权利与义务均发生在平等主体之间，其性质为民事权利和民事义务。厘清和明确电子商务各方主体享有的权利和承担的义务，对于促进电子商务持续健康发展意义重大。

第一节 在线自然人用户的权利与义务

“在线自然人用户是指借助电子化手段参与电子商务法律关系的成立、变更或者消灭的自然人。”① “在电子商务中，最普遍的自然人主体是以用户的身份出现，是登录互联网，或者在电子商务中接受商品或者服务的人。”②

一、在线自然人用户的权利与义务概述

在线自然人用户本质上是自然人，其参与电子商务活动，既可以成为买方，也可以成为卖方。

如果在线自然人用户作为买方，向商业机构购买商品或者服务，其就拥有消费者的法律地位，因为消费者是相对于商业机构而言的买方，此时双方的权利与义务可以适用《消费者权益保护法》和《电子商务法》的有关规定。《电子商务法》未设专章明确规定消费者的权利，而是通过规定电子商务经营者的义务和责任来实现电子商务消费者的权利，此内容本书将在第七章“电子商务消费者权益保护”一章详加阐述。如果在线自然人用户作为买方，向另一位在线自然人用户购买商品或者服务，双方都不是消费者，双方订立与履行电子商务合同的过程中所享有的权利及承担的义务可依据《电子商务法》第三章“电子商务合同的订立与履行”以及《民法典》“合同编”的规则来确定，在此不再赘述。

如果在线自然人用户作为卖方，向其他电子商务主体提供商品或者服务，其就属于电子商务经营者，双方订立与履行电子商务合同的过程中所享有的权利及承担的义务可依据《电子商务法》第三章“电子商务合同的订立与履行”来确定，其所承担的法定义务适用《电子商务法》第二章“电子商务经营者”的规定（详见本章第二节）。因此，本节重点阐述在线自然人用户作为买方和卖方所享有的特殊

① 张楚．电子商务法［M］．4版．北京：中国人民大学出版社，2016：25.

② 齐爱民．电子商务法原论［M］．武汉：武汉大学出版社，2010：38.

权利。

二、在线自然人用户作为买方享有的特殊权利

在线自然人用户作为买方享有的特殊权利主要包括网络隐私权和网络虚拟财产权。

（一）网络隐私权

1. 网络隐私权的概念

《民法典》第 110 条规定：“自然人享有生命权、身体权、健康权、姓名权、肖像权、名誉权、荣誉权、隐私权、婚姻自主权等权利”；《民法典》第 1032 条规定：“自然人享有隐私权。任何组织或者个人不得以刺探、侵扰、泄露、公开等方式侵害他人的隐私权。隐私是自然人的私人生活安宁和不愿为他人知晓的私密空间、私密活动、私密信息。”“隐私权是自然人对其私人生活安宁和不愿为他人知晓的私密空间、私密活动、私密信息所享有的权利。”① 在网络环境下，隐私权被赋予了新的内涵。网络隐私权是指自然人在网络上享有的私人信息、私人活动和私人空间等私人生活安宁依法受到保护，不被他人非法侵犯、知悉、搜集、复制、公开和利用的一种人格权。② 网络隐私权实质上是为了适应社会生活网络化的实际需要，立法者将对隐私权的保护延伸到了网络环境中。

2. 网络隐私权的内容

网络隐私权是绝对权，“绝对权包含两方面的内容：一是积极权能，即权利人享有行使或不行使的选择权及其采取具体的行为方式的选择权，二是消极权能，即权利人在其权利受到不当限制或者侵害时，依法享有排除该不当限制或者侵害的权利，包括采取自助行为和自卫行为以及请求行政与司法救济等方式”③。因此，网络隐私权的内容具有积极权能和消极权能两个方面。从积极权能来看，权利人享有隐私利用权和隐私公开权；从消极权能来看，权利人享有隐私维护权。④

（1）隐私利用权。隐私利用权是指隐私权人有权利用自己的隐私，以满足自己精神和物质上的需要，也包括允许他人利用其隐私。在利用隐私的过程中，可能会带来经济利益。随着人格权商业化利用实践的开展，隐私权的商业利用价值会日益凸显，权利人可以通过许可他人利用自己的隐私，从而获取合理的报酬。所以，

---

① 王利明，程啸．中国民法典释评·人格权编［M］．北京：中国人民大学出版社，2020：396.

② 参见张楚．电子商务法（第四版）［M］．北京：中国人民大学出版社，2016：27.

③ 齐爱民．知识产权法总论［M］．北京：北京大学出版社，2010：177.

④ 参见王利明，程啸．中国民法典释评·人格权编［M］．北京：中国人民大学出版社，2020：398-399.

隐私权的利用权能会日益突出。但隐私利用权要受到一定的限制，隐私利用行为不能违反法律和社会公共道德。

（2）隐私公开权。隐私公开权是指隐私权人有权公开自己的隐私，此种公开可以是向特定人公开，也可以是向不特定的多数人公开，可以是自己公开，也可以是允许他人公开。①

（3）隐私维护权。隐私维护权是指隐私权人对自己的隐私享有维护其不受侵犯的权利。隐私维护权通常是在隐私权受到外来侵害之后才会发挥其作用。在隐私权受到外来侵害之后，隐私权人有权直接向侵权人提出请求，要求其停止侵害、排除妨碍等，也有权采取司法救济措施。

3. 侵害网络隐私权的类型

目前，侵害网络隐私权的现象层出不穷，侵权行为多种多样，要对网络隐私权侵权现象进行一一列举存在很大难度，结合《民法典》第1033条②的规定，网络隐私权被侵害的情形大致可以分为以下6种：

（1）侵扰他人的私人生活安宁。随着信息技术的发展，许多商家利用新型的信息技术、借助现代的通信手段进行大规模营销，例如：通过群发电子邮件、通过网络推送广告、通过即时通信工具（如QQ、MSN、微信等）等方式，不加选择地向人们大量传播垃圾信息，打搅他人的正常生活，使他人的私人生活安宁受到严重威胁。

（2）非法侵入他人的网络空间。在现实生活中，住宅、宾馆房间是最典型的私密空间。随着互联网的发展，出现了网络虚拟空间。凡是私人支配的空间场所，无论是物理空间还是虚拟空间，都属于个人隐私的范围，所以个人的网络空间也是私密空间的重要组成部分。非法侵入他人的网络空间是指未经授权或者超越授权进入他人的网络空间，例如：非法侵入他人的终端设备、应用程序、采用非法手段访问他人电脑系统和数据资料库，以及非法侵入到他人博客、网盘等网络空间等。对这些网络虚拟空间的侵犯，所产生的心理后果和精神损害与对有形空间的侵犯是一样的。因此，这些行为属于侵犯网络隐私权的行为。《网络安全法》第27条规定：“任何个人和组织不得从事非法侵入他人网络、干扰他人网络正常功能、窃取网络数据等危害网络安全的活动；不得提供专门用于从事侵入网络、干

① 参见张革新．隐私权的法律保护及其价值基础［J］．甘肃理论学刊，2004（2）：69-72.

② 《民法典》第1033条规定：除法律另有规定或者权利人明确同意外，任何组织或者个人不得实施下列行为：（1）以电话、短信、即时通信工具、电子邮件、传单等方式侵扰他人的私人生活安宁；（2）进入、拍摄、窥视他人的住宅、宾馆房间等私密空间；（3）拍摄、窥视、窃听、公开他人的私密活动；（4）拍摄、窥视他人身体的私密部位；（5）处理他人的私密信息；（6）以其他方式侵害他人的隐私权。

扰网络正常功能及防护措施、窃取网络数据等危害网络安全活动的程序、工具；明知他人从事危害网络安全的活动的，不得为其提供技术支持、广告推广、支付结算等帮助。”

（3）侵害他人的私密活动。“私密活动是一切个人的、与公共利益无关的活动。”① 层出不穷的偷拍偷窥网站大量出现；电脑芯片对网民在互联网上的浏览、交易进行窥探和监视②；制作、买卖并使用一些具备破解、侵入他人监控设备并进行偷窥等功能的软件，偷窥他人的私密活动，这些行为都是违背他人意愿而使他人的私密活动被其他人所了解，都属于侵害他人私密活动的行为。

（4）侵害他人身体的私密部位。身体的隐私是私人生活中最私密、最敏感的领域。例如：我国很多地方曝出的联网型针孔摄像头，利用配套的手机 App 等客户端通过互联网远程控制摄像头，偷拍偷窥他人身体的隐私，侵害他人身体的私密部位。

（5）非法处理他人的私密信息。未经权利人明确同意，非法收集、加工、使用、提供、传输或公开权利人私密信息的行为，构成对他人网络隐私权的侵害。例如：很多网站利用 cookies 程序，追踪访问者在网站的活动情况、捕捉用户的 IP 地址、所在地区等信息，并通过出售这些信息牟取利益；网络搜索引擎的强大搜索功能也会将使用者的私密信息公之于众；以电子邮件附件形式发出或捆绑到其他软件中的木马程序，侵入到网络用户的电脑中，通过一定的方式把入侵主机的 IP 地址、木马程序植入的端口等发送给攻击者，里应外合地控制被攻击的主机；在各种购物网站上，用户必须提供真实的姓名、地址、联系方式甚至银行账号，才能顺利完成电子商务交易；一些网络服务商在未征得在线自然人用户同意的情况下，与其他网站共享或者向第三方提供在线自然人用户的个人资料等。③

（6）以其他方式侵害他人的隐私权。侵害隐私权的行为形形色色，很难一一列举出来，而且伴随社会的不断发展，新的侵害隐私权的方式将不断出现，为了防止法律的不周严性，适应社会情势的变迁，所以《民法典》第 1033 条在第 6 项中设置了兜底条款，将所有其他条款没有包括的，或者难以包括的，或者立法时预测不到的，都包括在这个条款中，肯定了以其他方式侵害隐私权的可能，为法律适用留下了一定的空间。

---

① 杨立新.《中华人民共和国民法典》条文精释与实案全析（下）[M]. 北京：中国人民大学出版社，2020：69.

② 世界最大的电脑芯片供应商——英特尔公司 1999 年生产的 Pentium III 处理器，任何一台计算机只要使用这种处理器，网民在互联网上的浏览、交易很容易就会被这些芯片序列号而辨认出来，并据此对网民进行窥探和监视，网民在网上的一举一动都逃不掉监视。杨金丹. 网络隐私权的私法保护 [D]. 长春：吉林大学，2010：68-69.

③ 张楚. 电子商务法（第 4 版）[M]. 北京：中国人民大学出版社，2016：28.

综上，《民法典》在第110条、第1032条第1款确定了自然人享有隐私权，即：先从逻辑上进行了正面确权，然后在第1033条对典型的侵害隐私权的方式做了列举式的规定，第1033条与第1032条第2款是密切联系的，第1033条列举的各种方式分别对应第1032条第2款中隐私的相应范围，即：从反面规定了隐私权的不可侵害性，通过列举侵害隐私权的方式，从而为他人设定了不得侵害隐私权的义务，违反此种义务，将承担相应的法律责任。① 即：《民法典》采取正面确权和反面列举侵害隐私权的方式，正反结合，前后呼应，形成了对隐私权的周密保护。

（二）网络虚拟财产权

1. 网络虚拟财产的法律保护

网络虚拟财产是相对于一般财产而言的，是伴随互联网的发展而产生的新的财产，② 例如：游戏账号、虚拟金币、网络游戏中的虚拟装备（武器、装甲、药剂等，即item）、虚拟动植物（宠物、盆景等）和虚拟角色（游戏等级）③、微信豆等，这些财产都具有一定的价值，可以在一定范围内流通。网络虚拟财产因稀缺性、价值性、排他性，使其具备了与现实财产的共同特征，因而被纳入财产权利体系、受现实法律规则的调整。④《民法典》对网络虚拟财产的保护做出了原则性的规定，《民法典》第127条规定："法律对数据、网络虚拟财产的保护有规定的，依照其规定。"

2. 网络虚拟财产权的性质之争

《民法典》将网络虚拟财产纳入民事权利保护的范围，但并未就其权利性质做进一步的定位。网络虚拟财产权具体属于何种民事权利，目前还存在较大争议、有不同观点：一是物权说。这种观点认为网络虚拟财产权物权定位下的救济比债权定位下的救济更优。⑤ 二是债权说。这种观点认为网络虚拟财产的存在以当事人之间存在网络服务协议为前提，故其应当属于债权。⑥ 三是无体财产权说。这种观点认为将网络虚拟财产界定为物权或债权的客体均面临一定的困难，网络虚拟财产在性

---

① 王利明，程啸．中国民法典释评·人格权编［M］．北京：中国人民大学出版社，2020：399，405.

② 王利明，程啸．中国民法典释评·总则编［M］．北京：中国人民大学出版社，2020：304.

③ 张楚．电子商务法（第4版）［M］．北京：中国人民大学出版社，2016：29.

④ 林旭霞．虚拟财产权研究（修订版）［M］．北京：法律出版社，2018：81.

⑤ 许可．网络虚拟财产物权定位的证立——一个后果论的进路［J］．政法论坛，2016（5）：47-57.

⑥ 王利明，程啸．中国民法典释评·总则编［M］．北京：中国人民大学出版社，2020：305.

质上应当属于无体财产权的客体。① 四是独立权利说。这种观点认为网络虚拟财产权独立于物权、债权、知识产权，应单独立法保护。②

《民法典》第127条虽然规定了网络虚拟财产的保护，但只是解决了网络虚拟财产的定位问题，该规定过于原则，我们无法以该条为依据推导出任何有实践价值的结论。“法律对……有规定的”，这种表述意味着立法对于网络虚拟财产的保护还将有进一步的发展。

三、在线自然人用户作为卖方享有的特殊权利

《电子商务法》第9条规定：“本法所称电子商务经营者，是指通过互联网等信息网络从事销售商品或者提供服务的经营活动的自然人、法人和非法人组织，包括电子商务平台经营者、平台内经营者以及通过自建网站、其他网络服务销售商品或者提供服务的电子商务经营者。”因此，在线自然人用户可以作为电子商务活动中的卖方，其属于通过其他网络服务销售商品或者提供服务的电子商务经营者，例如：大众比较熟悉的微商、代购等，《电子商务法》关于电子商务经营者的相关规定对其均适用，但在线自然人用户作为卖方享有特殊权利。

《电子商务法》第10条规定：“电子商务经营者应当依法办理市场主体登记。但是，个人销售自产农副产品、家庭手工业产品，个人利用自己的技能从事依法无须取得许可的便民劳务活动和零星小额交易活动，以及依照法律、行政法规不需要进行登记的除外。”任何经营者从事经营活动，都应当进行市场主体登记，不管是线下还是线上，所以这并不是对电子商务经营者施加的特殊限制、提出的额外要求，但是在线自然人用户在特定情况下享有市场主体登记豁免权。特定情况主要包括以下4种情形：

（1）个人销售自产农副产品、家庭手工业产品。这类行为的主体必须是自然人；必须是通过互联网等信息网络进行销售；销售的必须是自己生产的农副产品、家庭手工业产品，不能是从其他农户那里收购过来然后集中通过网络进行转卖。③ 符合这三个条件的行为也可能是一种持续性的经营活动，但因是小规模，为了保障这类经营者的生存权和发展权，基于立法政策的考量，赋予其市场主体登记豁免权。

（2）个人利用自己的技能从事依法无须取得许可的便民劳务活动。这类活动

---

① 李国强．网络虚拟财产权利在民事权利体系中的定位［J］．政法论丛，2016（5）：17-24.

② 孙山．网络虚拟财产权单独立法保护的可行性初探［J］．河北法学，2019（8）：2-18.

③ 电子商务法起草组．中华人民共和国电子商务法条文释义［M］．北京：法律出版社，2018：54.

要获得登记豁免，必须满足以下条件：其一，必须通过网络来提供；其二，必须是个人利用自己的技能提供的劳务活动，不得雇佣他人实施；其三，从事的劳务活动不属于必须取得行政许可的范畴，典型的如钟点工、修理工、老年人照顾、生活护理、出行服务等便民劳务活动。这类便民劳务活动不仅为个人生计提供了来源，而且方便了群众生活，从提供劳务的便利性以及降低成本考虑，对自然人用户从事的这类活动赋予登记豁免权，确有必要且可行。① 如果从事相关活动必须要取得许可(如幼儿教育等)，就不适用市场主体登记豁免。

(3) 个人从事零星小额交易活动。零星小额交易活动主要是指偶发的、非持续性的在网络上从事小额商品销售和提供服务，对于这类不具有规模性、持续性和稳定性的活动强制要求主体登记过于严苛，既无必要也不经济。但第10条中对于“小额”的具体数额并没有做出规定，根据国家税务总局《企业所得税税前凭证扣除管理办法》第9条第2款的规定，小额零星经营业务的判断标准是个人从事应税项目经营业务的销售额不超过增值税相关政策规定的起征点，该规章中判断小额零星的标准可为日后与《电子商务法》配套的相关规章所参考。

(4) 依照法律、行政法规不需要进行登记的。“这一规定主要是针对依照相关的诸如《无证无照经营查处办法》等不需要进行市场主体登记的情形。”②

具有以上4种情形之一的在线自然人用户享有市场主体登记豁免权，如果不具有以上情形，那么必须按照法律规定进行市场主体登记。

第二节　电子商务经营者的权利与义务

根据《电子商务法》第9条的规定，电子商务经营者可分为电子商务平台经营者（以下简称平台经营者）和其他电子商务经营者（平台内经营者、自建网站经营者、通过其他网络从事电子商务经营者)，这是电子商务活动中的重要参与主体，他们在从事电子商务活动时，既享有相应的权利，又承担相应的义务。

一、电子商务经营者的权利③

《电子商务法》第二章专章规定了电子商务经营者应当承担的一系列义务，但并没有明确规定其依法应当享有的权利。唯有清晰界定电子商务经营者的义务，才能更好地保护电子商务消费者的权益。“一般情况下，无经营者的配合，消费者的

---

① 崔聪聪．电子商务法［M］．北京：知识产权出版社，2019：28.

② 电子商务法起草组．中华人民共和国电子商务法条文释义［M］．北京：法律出版社，2019：55.

③ 本书对电子商务经营者享有的权利仅作简单介绍，不进行详细阐述。

权益将难以保障。也正是出于这个原因，《韩国电子商务消费者保护法》几乎通篇是关于电子商务经营者的义务规定。”① 根据权利与义务具有一致性的基本法理，没有无义务的权利，也没有无权利的义务，与电子商务经营者之间产生法律关系的相关当事人承担的义务就是电子商务经营者应该享有的权利。

电子商务经营者享有的一般性权利有：依法经营受保护的权利；依法享受税收优惠的权利。

平台经营者对平台内经营者享有的权利有：制定平台服务协议和交易规则的权利；定期核验平台内经营者真实身份信息等材料的权利。平台经营者对消费者享有的权利有：允许消费者以用户名注册的权利；对收集的消费者数据信息享有所有权。②

平台内经营者享有的权利有：明确约定消费者权益保证金条款的权利（《电子商务法》第58条第2款）；退出平台的权利（《电子商务法》第34条）；要求平台经营者承担民事责任的权利。

自建网站经营者与通过其他网络从事电子商务经营者都是直接与用户或消费者产生电子商务法律关系，因此这两者在享有的具体权利上也具有相似性。具体而言，两者享有：自由设立网站或采用其他网络的权利；自行发布信息或开设端口由用户直接发布信息的权利；依法收集并合法使用用户相关信息的权利；对经营中的大数据信息享有所有权与使用权；基于用户的不同属性设定注册条件的权利。③

二、电子商务经营者的一般性义务

《消费者权益保护法》第三章对经营者的义务做了明确规定，这些规定同样适用于电子商务经营者。电子商务线上经营的特殊性决定了其经营者比传统的线下经营者承担更多的义务，《电子商务法》中对电子商务经营者的义务也做了明确规定。平台经营者和其他电子商务经营者（平台内经营者、自建网站经营者、通过其他网络从事电子商务经营者）承担的义务有许多共同之处，为避免重复，本节对二者承担的一般性义务（共同义务）进行梳理，第三节对平台经营者承担的特殊义务进行阐释。

《电子商务法》在第一章“总则”第5条规定，电子商务经营者应当履行消费者权益保护、环境保护、知识产权保护、网络安全与个人信息保护等方面的义务，该条是对电子商务经营者义务的原则性、概括性规定。除此之外，在第二章“电子商务经营者”第一节“一般规定”中具体规定了电子商务经营者应该承担的一

① 齐爱民．电子商务法原论［M］．武汉：武汉大学出版社，2010：249.
② 朱晓娟．电子商务法［M］．北京：中国人民大学出版社，2019：58-59.
③ 朱晓娟．电子商务法［M］．北京：中国人民大学出版社，2019：44-46.

般性义务，这些义务包括：

（一）市场主体登记义务

《电子商务法》第10条规定："电子商务经营者应当依法办理市场主体登记。"这是国家出于管理、税收等目的对电子商务经营者的主体身份管理制度。电子商务经营者与线下的普通经营者一样，在从事经营行为时，应当办理相应的市场主体登记，这是经营者必须履行的基本义务。如果经营者此前没有从事电子商务活动，只是进行传统的线下经营活动，但已经办理了市场主体登记，在这种情况下，如果该经营者决定从事电子商务，则无须另外再办理市场主体登记，先前的登记已经足够；如果有关的主体决定开始从事电子商务活动，而此前没有办理过市场主体登记，那么这时则需要办理市场主体登记后才可以从事电子商务活动。市场主体登记不是针对电子商务经营活动这种特殊的经营方式进行的营业方式登记，而是对任何经营者从事经营活动都应当办理市场主体登记这一义务的确认。①

当然，《电子商务法》也并非一概要求所有类型的电子商务经营者都必须办理市场主体登记，而是规定了4种特定情况下的登记豁免，对此问题，本书在关于在线自然人用户作为卖方享有的特殊权利中已有述及。

（二）依法纳税与办理税务登记义务

在我国，税收是取之于民，用之于民，国家职能的实现，必须以社会各界缴纳的税收为物质基础。我国《宪法》第56条规定："中华人民共和国公民有依照法律纳税的义务。"依法纳税是宪法规定的基本义务。

电子商务本身不能成为特权区域，在网络空间中进行的经营活动和传统的线下经营活动一样，也会产生纳税的义务，这是不言自明的。对于同样性质的经营活动，如果线上经营者不交税或少交税，对于其他经营者而言显然构成税收歧视，不符合公平竞争的要求。为了营造公平的市场竞争和营商环境，电子商务经营者必须根据国家税收相关法律的规定，承担纳税义务。至于电子商务经营者具体需要缴纳的税收的类型、税率等问题，根据税收法定原则，应该适用《税收征收管理法》及其实施细则的相关规定来确定。为了使税收工作能够顺利进行，电子商务经营者在依法履行纳税义务时，必须如实申报经营方面的完整、真实的信息，以确定相应的税收基础数据；同时经营者应及时、准确、足额纳税，这些都是依法纳税的题中应有之义。

需要特别注意的是，前述4种特定情况下不需要办理市场主体登记的在线自然人用户也必须承担纳税义务。如果其营业额达到首次纳税义务的基准，应当办理税务登记，应当如实申报纳税。至于具体需要缴纳的税种及税率等问题，适用《税

① 电子商务法起草组．中华人民共和国电子商务法条文释义［M］．北京：法律出版社，2019：52-53.

收征收管理法》及其实施细则的相关规定来确定。当然，电子商务经营者在依法纳税的同时，也依法享受税收优惠。

（三）依法取得行政许可义务

《电子商务法》第 12 条规定："电子商务经营者从事经营活动，依法需要取得相关行政许可的，应当依法取得行政许可。"这里的"行政许可"并不是指与电子商务这种经营形式相联系的许可，而是指行政机关根据自然人、法人或者非法人组织的申请，经依法审查，准予其从事特定活动的行为。我国对部分特定的商品与服务的交易实行许可制，要求经营主体在从事相关的交易之前应办理相应的行政许可。①

原则上对于电子商务这种经营方式不需要特别许可，只是针对某种特定经营活动需要行政许可，针对线下经营所获得的许可，原则上可以延伸到线上经营，除非法律对此有特别的规定。换而言之，某一经营主体如果针对相关的特殊行业的营业活动已经获得了行政许可，那么如果利用互联网等信息网络来从事相关的经营活动，除非法律有特殊规定，并不需要另外获得一个特殊的针对网络经营方式的单独的行政许可，例如：传统的提供餐饮服务的企业，需要事先获得食品经营许可证，如果该餐饮企业后来通过网络来提供餐饮外卖服务，那么并不需要额外获得一个通过网络提供餐饮经营的许可证，原来获得的食品经营许可证就足矣，但是该餐饮企业如果此前没有获得食品经营许可证，而是直接通过网络来提供餐饮外卖服务，那么就必须获得食品经营许可证后才可以从事相关的经营行为。如果相关的经营行为从线下走到线上会产生一些特殊的问题，那么一个许可证贯穿线上线下的原则就不再适用，例如：药店试图通过互联网来销售药品，还需要获得互联网药品交易服务资格证和互联网药品信息服务资格证，之所以有这样的特殊要求，主要与药品销售行为的特殊性有关。②

---

① 《行政许可法》第 12 条规定：下列事项可以设定行政许可：（1）直接涉及国家安全、公共安全、经济宏观调控、生态环境保护以及直接关系人身健康、生命财产安全等特定活动，需要按照法定条件予以批准的事项；（2）有限自然资源开发利用、公共资源配置以及直接关系公共利益的特定行业的市场准入等，需要赋予特定权利的事项；（3）提供公众服务并且直接关系公共利益的职业、行业，需要确定具备特殊信誉、特殊条件或者特殊技能等资格、资质的事项；（4）直接关系公共安全、人身健康、生命财产安全的重要设备、设施、产品、物品，需要按照技术标准、技术规范，通过检验、检测、检疫等方式进行审定的事项；（5）企业或者其他组织的设立等，需要确定主体资格的事项；（6）法律、行政法规规定可以设定行政许可的其他事项。

② 电子商务法起草组．中华人民共和国电子商务法条文释义［M］．北京：法律出版社，2019：60-61.

（四）销售商品或提供服务的安全性与合法性义务

《电子商务法》第 13 条规定："电子商务经营者销售的商品或者提供的服务应当符合保障人身、财产安全的要求和环境保护要求，不得销售或者提供法律、行政法规禁止交易的商品或者服务。"这是关于销售商品或提供服务的安全性与合法性义务，该义务包括三层内容：

1. 销售商品或提供服务的安全性要求

对于传统的线下经营活动而言，经营者销售的商品或提供的服务，在安全性方面的要求主要遵守《产品质量法》等法律所界定的安全性，这些法律的规定对于电子商务经营者同样适用。安全性是指电子商务经营者销售的商品或提供的服务，不得存在可能危害消费者人身和财产安全的缺陷。电子商务经营者应当对可能危及人身和财产安全的商品或服务，向消费者做出真实的说明和明确的警示，并说明和标明正确使用商品或接受服务的方法以及防止危害发生的方法。如果电子商务经营者销售的商品或提供的服务不符合相关安全性的要求，需要采取《消费者权益保护法》《产品质量法》以及行政法规、部门规章等规定的与缺陷产品相关的召回①等措施。如果相应的商品或服务导致消费者的人身、财产损害的，需要承担相应的产品责任和其他法律责任。

2. 销售商品或提供服务的环境保护要求

电子商务经营者销售的商品或提供的服务应当符合环境保护的要求，对违反有关的环境保护法规、有害于环境的物品，电子商务经营者不得提供。这一规定充分体现了我国从立法层面上对环境保护的高度重视。

3. 销售商品或提供服务的合法性要求

电子商务经营者不得销售或者提供法律、行政法规禁止交易的商品或者或服务。遵守法律上关于禁止或限制特定商品或服务的提供是经营者的普遍义务，这一义务自然也延伸到电子商务经营者。但在履行合法性义务的过程中存在两个问题：第一，哪些物品是属于禁止或限制在网络上进行销售的，国家没有列出一个清晰的目录，这样就使电子商务经营者无所适从；第二，某种未被列入禁止或限制销售名单、可以合法销售的物品，可能后续会被加工或组装成一件违法的物品，例如：在网络上销售钢管是完全合法的，但是该种钢管很可能被用来作为私自制造的枪支的枪管，那么在这种情况下，钢管的销售行为是否合法？电子商务经营者是否应该对后续的不合法的加工、使用行为承担责任？②实践中出现的这

---

① 行政法规、部门规章中的缺陷产品召回制度主要规定在《缺陷汽车产品管理条例》《食品召回管理办法》《药品召回管理办法》《儿童玩具召回管理规定》。

② 参见电子商务法起草组．中华人民共和国电子商务法条文释义［M］．北京：法律出版社，2019：62.

些问题在《电子商务法》中没有也不可能作出规定，只能留待日后出台的相关规章来加以明确。

（五）提供购货凭证或服务单据的义务

《消费者权益保护法》第22条规定："经营者提供商品或者服务，应当按照国家有关规定或者商业惯例向消费者出具发票等购货凭证或者服务单据；消费者索要发票等购货凭证或者服务单据的，经营者必须出具。"购货凭证或服务单据是经营者和消费者之间存在交易关系的证明，是消费者向经营者主张权利的依据。在传统的线下交易中，消费者在交易完成后可即时获得交易凭证，但在电子商务交易环境中，经营者和消费者的交易行为是以虚拟化的方式发生，消费者很难在交易完成后即时取得交易凭证，因此，《电子商务法》鼓励电子商务经营者提供电子化的购物凭证或服务单据，即电子发票，电子发票与纸质发票具有同等法律效力。这种义务是电子商务经营者的从给付义务，既是合同义务也是法定义务，如果电子商务经营者不履行此义务，消费者或相对人可以主张同时履行抗辩权，中止自己的对待给付义务的履行。电子商务经营者提供了电子发票的，应当视为已经履行了开具发票的从给付义务，任何人或机构不得以发票的形式是电子发票为由否认发票的效力，消费者或相对人在无正当理由的情况下，不得拒绝接受电子发票，如有正当理由，要求电子商务经营者出具纸质发票的，电子商务经营者不得拒绝。

（六）信息公示与信息披露义务

1. 经营与行政许可信息的公示义务

经营者对其经营与行政许可信息的公示义务，是经营者需要承担的一种公法上的义务，即"亮照经营"，这种义务对与传统的线下经营者一直存在，如《公司登记管理条例》《个体工商户登记管理办法》等都规定了类似的"亮照经营"。经营者公示其营业执照、行政许可信息等义务具有信息披露的功能。

"亮照经营"义务在网络空间中仍有存在的必要，但因电子商务经营者从事的经营活动是在网络空间中进行的，与线下的实体店铺有别，因此"亮照"的方法也应该有所不同。根据《电子商务法》第15条的规定，电子商务经营者应当在其首页显著位置，持续公示营业执照信息、与其经营业务有关的行政许可信息。因网络页面是非常重要的资源，故允许电子商务经营者采取提供链接标识的方法来公示其经营与行政许可信息，但相关的链接必须是有效的链接，点击相关链接后能够直接跳转到载有其经营与行政许可信息的网络页面，如果有链接，但点击之后无法打开或无法正常显示，那么不能认为是履行了相应的公示义务。对于没有首页的电子商务经营者而言，在交易相对人获取商品或服务的网络资源入口处提供其经营与行政许可信息的，也认为是履行了"亮照经营"义务。另外，根据《电子商务法》第10条规定不需要办理市场主体登记的在线自然人用户，应该在网页上的相关位置明确做出自己不需要进行市场主体登记的声明。如果以上要求公示的信息发生变更的，电子商务经营者应当及时更新公示信息，以使登记信息与实际公示的信息状态相吻合。如果电子商务经营者违反了“亮照经营”义务，应当承担相应的法律责任。

2. 自行终止业务的信息公示义务

传统的线下经营者关门歇业通过张贴告示等形式就可起到公示的效果，但电子商务交易在网络上进行，没有实体的店铺，一旦关闭，相关的消费者和其他主体往往没有有效的渠道维护自己的合法权益。因此，为了维护正常的交易秩序，《电子商务法》第16条对电子商务经营者在退出经营时设定了程序性要求。该程序性要求主要包括以下几点：(1) 必须是电子商务经营者自行终止从事电子商务，而不是因其他原因终止。(2) 必须是电子商务经营者终止从事电子商务活动，而不是暂时停止。(3) 电子商务经营者终止的是电子商务活动，而不是终止其从事的一切经营活动，即：电子商务经营者终止线上的经营活动并不意味着也同时终止线下的经营活动。(4) 必须是在首页显著位置公示相关信息，使相对人容易注意到。(5) 必须是持续性地公示相关信息，持续到最终停止从事电子商务经营活动之日，而不是只在一个时间段内公示。(6) 必须提前30日公示，该期间从最初开始公示之时起算。①

3. 对销售商品或提供服务的信息披露义务

在传统的线下交易中，消费者可以在实体店通过双向、反复询问、沟通，观看实物，阅读相关说明，甚至试用、体验等方式获取直接、全面的信息，但是电子商务是通过网络进行的、非面对面的交易，消费者没有机会接触所要购买的商品或提供的服务，只能通过经营者在网络上披露的商品或服务信息，单向获取相关信息，从而作出判断和选择，因此在电子商务交易中，信息严重不对称，消费者处于明显的劣势地位，为了保障消费者的知情权和选择权，规定电子商务经营者的信息披露义务非常必要和重要。

《消费者权益保护法》第20条第1款对经营者的信息披露义务做了规定，该规定同样适用于电子商务经营者。同时，该法第28条规定：“采用网络、电视、电话、邮购等方式提供商品或者服务的经营者，以及提供证券、保险、银行等金融服务的经营者，应当向消费者提供经营地址、联系方式、商品或者服务的数量和质量、价款或者费用、履行期限和方式、安全注意事项和风险警示、售后服务、民事责任等信息。”《电子商务法》第17条也对电子商务经营者的信息披露义务进行了规定。具体而言，该项义务包括以下几点：

(1) 全面、真实、准确、及时地披露商品或服务的信息

---

① 电子商务法起草组. 中华人民共和国电子商务法条文释义 [M]. 北京：法律出版社，2019：66-67.

“全面”要求保证消费者在选择购买商品或接受服务时所需要知悉的、在正确使用商品或接受服务时所应当知悉的所有信息以及与交易有关的其他信息；“真实”要求所披露信息要与客观事实相符，能够反映商品或服务的实际情况，不得有歪曲事实、虚假或引人误解等内容；“准确”要求表达的范围要确切，不能超出或缩小商品或服务的客观范围，表达的语言要确切，要使用普通消费者能够正确理解的语言，不得用模糊性语言或容易使人产生误解、歧义的语言；“及时”要求在展示、推介商品或服务时，应当同时披露商品或服务的各种信息，如果相关信息发生变化时，应当立即无迟延地补充或更改相关信息。

(2) 不得以虚构交易、编造用户评价等方式进行虚假或引人误解的商业宣传，欺骗、误导消费者

《广告法》对虚假宣传等问题已有规定，《电子商务法》对电子商务活动中通过虚构交易来“刷销量”以及编造用户评价来“刷好评”这两种新型的欺诈、误导消费者的虚假宣传行为加以明确禁止，这既是进一步对消费者知情权和选择权的保障，也是对电子商务市场环境的净化和维护。

(七) 不得通过定向搜索侵害消费者知情权和选择权的义务

大数据时代数据的收集、利用、分析能力达到了前所未有的高度，电子商务经营者可以应用大数据技术检索用户的浏览行为，根据其浏览行为分析用户的习惯、偏好、喜爱，对其进行相关的信息推送（如淘宝网的“猜你喜欢”）、投放精准的广告，此即所谓的“精准营销”“精准广告投放”。“精准营销”“精准广告投放”虽然可以节约消费者的信息收集成本，为电子商务经营者带来高额收益，但引起的最严重的问题是会限制消费者的知情权和选择权，对消费者的生活造成很大的困扰。为此，《电子商务法》第18条规定：“电子商务经营者根据消费者的兴趣爱好、消费习惯等特征向其提供商品或者服务的搜索结果的，应当同时向该消费者提供不针对其个人特征的选项，尊重和平等保护消费者合法权益。电子商务经营者向消费者发送广告的，应当遵守《中华人民共和国广告法》的有关规定。”遵守《广告法》的有关规定，特别是需要遵守第43条、第44条的规定，任何单位或者个人未经当事人同意或者请求，不得向其住宅、交通工具等发送广告，也不得以电子信息方式向其发送广告。以电子信息方式发送广告的，应当明示发送者的真实身份和联系方式，并向接收者提供拒绝继续接收的方式。利用互联网发布、发送广告，不得影响用户正常使用网络。在互联网页面以弹出等形式发布的广告，应当显著标明关闭标志，确保一键关闭。

(八) 禁止搭售商品或服务义务

当消费者购买某种商品或服务的时候，电子商务经营者会以隐秘的方式，将其他的商品或服务作为默认同意的选项提供给消费者，这就构成搭售行为。强制搭售行为在电子商务活动中比较常见，这种行为会侵犯消费者的知情权与选择权，应该

予以禁止。根据《电子商务法》第19条的规定，电子商务经营者将相关的商品或服务一并提供时，负有提示通知义务，即必须以显著方式提请消费者注意，保障消费者的知情权；不得将相关的商品或服务作为默认同意的选项，是否一并购买相关商品或服务，应该由消费者主动勾选同意，保障消费者的选择权。

（九）履行合同交付及承担运输风险义务

电子商务交易的标的物通常是实物商品、数字产品、服务等，因交易存在时间、空间上的非同步性，买卖双方通常会就具体的交付方式、时限、地点等达成一致。实物商品的交付方式一般是采用快递物流的方式送达、上门自提等，交付时限包括发货时间、商品在途运输时间，交付地点一般为买方所在地。电子商务经营者对交付事项有承诺、买方接受的，按照合同履行交付，这是意思自治原则在电子商务活动中的体现。电子商务经营者一般委托快递物流企业对实物商品进行投递运输，实物商品在运输过程中的风险和责任由电子商务经营者承担，但消费者另行选择快递物流服务提供者的，实物商品在运输过程中的风险和责任由消费者承担，电子商务经营者在商品发货阶段应当承担的义务不能免除。①

（十）押金退还义务

随着共享经济（如共享单车、共享汽车）的发展，以收取押金为提供服务前置条件的新业态层出不穷，在方便人们工作、生活和学习的同时，押金被企业擅自使用以及押金难以顺利退还等损害广大消费者合法权益的问题也随之出现，为了保障消费者的权益，《电子商务法》第21条规定，电子商务经营者按照约定向消费者收取押金的，有义务在签订合同或收取押金前明确提示消费者注意押金退还的方式、程序；有义务设定明确、具体、可行的退款规则和条件，不得对押金退还设置不合理的条件或变相阻碍退款的条件；有义务在消费者申请退还押金且符合退还条件时及时退还押金。

（十一）禁止滥用市场支配地位义务

《反垄断法》通过规定市场结构标准以及其他相关因素来认定市场支配地位②，在传统行业中已经形成一套普遍认可的认定标准，但在电子商务领域适用这

---

① 电子商务法起草组．中华人民共和国电子商务法条文释义［M］．北京：法律出版社，2019：74-75.

② 《反垄断法》第18条规定：认定经营者具有市场支配地位，应当依据下列因素：（1）该经营者在相关市场的市场份额，以及相关市场的竞争状况；（2）该经营者控制销售市场或者原材料采购市场的能力；（3）该经营者的财力和技术条件；（4）其他经营者对该经营者在交易上的依赖程度；（5）其他经营者进入相关市场的难易程度；（6）与认定该经营者市场支配地位有关的其他因素。第19条规定：有下列情形之一的，可以推定经营者具有市场支配地位：（1）一个经营者在相关市场的市场份额达到1/2的；（2）两个经营者在相关市场的市场份额合计达到2/3的；（3）三个经营者在相关市场的市场份额合计达到3/4的。

套标准却会陷入认定困境，因为电子商务行业具有网络效应，该行业中市场支配地位的形成具有特殊性。《电子商务法》第 22 条规定，认定电子商务经营者具有市场支配地位的要素主要包括以下几点：

（1）技术优势：在数字经济时代，经营者之间的竞争在很大程度上与技术的竞争密不可分，如果经营者率先掌握了该领域的先进技术，即使该经营者并未占有较大的市场份额，也可能在相关市场占据支配地位。

（2）用户数量：用户数量主要表现为电子商务经营者的市场份额及在一定时期内经营者的特定商品销售额、销售数量等指标在相关市场内所占的比重，用户数量可以作为市场份额的参考指标，但不同的行业、地域背景下的数量标准体系不同，需要确定时间维度并结合具体的地域、行业等背景谨慎判断。

（3）对相关行业的控制能力：经营者在相关市场内具有能够控制商品价格、数量或者其他交易条件，或者能够阻碍、影响其他经营者进入相关市场能力的市场地位，通常被认定为该经营者具有对相关行业的控制能力。

（4）其他经营者对该电子商务经营者在交易上的依赖程度：其他经营者在供求关系上对某特定电子商务经营者有更大的依赖性，则该电子商务经营者就越可能具有市场支配地位。

法律并不禁止电子商务经营者具有市场支配地位，法律禁止的是电子商务经营者滥用市场支配地位，排除、限制竞争的行为，但市场支配地位的存在，本身表明相关市场上已不存在有效的竞争压力，如果其行为对竞争产生进一步的排除与限制效果，则具有高度的危险性，必须进行审查。《电子商务法》第 22 条只是一个宣示性条款，并未列明具体的滥用市场支配地位的行为，可以直接适用《反垄断法》中的相关规定，如垄断价格、掠夺性定价、强制交易、搭售、差别待遇以及其他滥用市场支配地位的行为，电子商务领域中的其他垄断行为也受《反垄断法》的规制，而并非仅仅调整滥用市场支配地位的行为。

（十二）保护用户个人信息义务

个人信息在大数据时代已成为一种重要的经济资源，在利益的驱动下，各种非法收集、买卖、窃取等滥用个人信息的行为屡禁不止，不仅给用户造成了财产损失，甚至威胁着用户的生命安全，个人信息安全问题因网络的广泛应用而被无限放大。《电子商务法》第 23 条对电子商务经营者收集、使用个人信息问题进行了原则性的规定，即：电子商务经营者收集、使用其用户的个人信息，应当遵守法律、行政法规有关个人信息保护的规定。《个人信息保护法》是针对个人信息保护的专门性立法，该法为个人信息保护提供了坚实的法律保障。除此之外，《刑法》《民法典》《网络安全法》《消费者权益保护法》《居民身份证法》等法律法规中，也有相应规定，电子商务经营者在收集和使用其用户的个人信息时，应遵守上述法律法规的规定。

（十三）电子商务数据信息提供义务

电子商务活动中产生的电子商务数据信息（指交易数据和个人信息，包括经营者身份及资质信息、商品或服务信息、交易记录、消费者个人信息等）是国家有关主管部门①实施监管行为的前提和依据，但在实践中，有关主管部门出于正当执法的需要调取以上信息（包括电子商务活动中产生的合法信息和违法信息）时，经常被电子商务经营者以涉及自身商业秘密或用户个人隐私为由拒绝。基于市场监管和保护消费者的需要，《电子商务法》第 25 条规定，国家有关主管部门有权要求电子商务经营者提供有关电子商务数据信息，电子商务经营者应当提供，有关主管部门一旦收集到信息之后，就同时负担了与电子商务经营者同样地对数据信息的安全保障义务。但是由于要求电子商务经营者提供数据信息的部门众多，具体目的也千差万别，所以本条并未明确规定电子商务经营者应当提供给有关部门的信息的范围及信息的提供方式，这个问题不宜做统一的规定。

第三节　平台经营者的特殊义务与责任

课程思政主题：保护消费者个人信息，促进电子商务行业发展
案例主题：商家因“差评”擅自公布消费者个人信息构成侵权

平台经营者是电子商务各方主体中的核心。由于电子商务中的信息严重不对称，平台经营者明显处于强势一方，是电子商务中真正具有特殊性、应该重点规范的对象，亟须法律对其义务及责任予以进一步的确认，这一点从消费者权益保护的角度而言具有重大意义。将平台经营者的义务列明就是为消费者提供指引，让消费者在与平台经营者进行接触时能够做到于法有据，为广大消费者提供了具有指导意义的行动指南。《电子商务法》第二章第二节，设置了针对平台经营者的相对明确、具体的规范，调整平台经营者与相关主体之间的权利义务关系，以及与政府相

① 有关主管部门主要包括国家互联网信息办公室、国家发展和改革委员会、工业和信息化部、财政部、交通运输部、商务部文化和旅游部、新闻出版署、中国人民银行、国家市场监督管理总局、国家税务总局、海关总署、国家邮政局等，此外还包括国家监察机关、司法机关（公安机关、人民检察院、人民法院）。参见崔聪聪．电子商务法［M］．北京：知识产权出版社，2019：33.

关监管部门之间的关系。

一、平台经营者作为管理者承担的义务

（一）网络安全与交易安全保障义务

电子商务的技术基础是计算机网络，网络安全问题关系到电子商务交易安全，电子商务交易安全不仅涉及电子商务各方主体的人身和财产安全，还直接影响到国家的经济安全。因此，《电子商务法》第30条明确规定，平台经营者负有网络安全与交易安全保障义务。

1. 保障电子商务交易安全义务

《电子商务法》第30条第1款规定，平台经营者应当采取技术措施和其他必要措施保证其网络安全、稳定运行，防范网络违法犯罪活动，有效应对网络安全事件，保障电子商务交易安全。

《网络安全法》第三章用了近三分之一的篇幅规范网络运行安全，网络安全的重心是网络运行安全，关键信息基础设施安全则是网络运行安全的重中之重，与国家安全和社会公共利益息息相关。根据《网络安全法》第21条规定，平台经营者作为网络运营者，应当按照网络安全等级保护制度的要求，履行下列安全保护义务，保障网络免受干扰、破坏或者未经授权的访问，防止网络数据泄露或者被窃取、篡改：（1）制定内部安全管理制度和操作规程，确定网络安全负责人，落实网络安全保护责任。（2）采取防范计算机病毒和网络攻击、网络侵入等危害网络安全行为的技术措施。（3）采取监测、记录网络运行状态、网络安全事件的技术措施，并按照规定留存相关的网络日志不少于六个月。（4）采取数据分类、重要数据备份和加密等措施。（5）法律、行政法规规定的其他义务。

根据《网络安全法》的相关规定，关键信息基础设施是指公共通信和信息服务、能源、交通、水利、金融、公共服务、电子政务等重要行业和领域，以及其他一旦遭到破坏、丧失功能或者数据泄露，可能严重危害国家安全、国计民生、公共利益的基础设施、信息系统，对关键信息基础设施实行重点保护，明确关键信息基础设施的运营者负有更多的安全保护义务。根据《网络安全法》第34条规定，平台经营者符合关键信息基础设施的认定条件时，应当履行下列安全保护义务：（1）设置专门安全管理机构和安全管理负责人，并对该负责人和关键岗位的人员进行安全背景审查。（2）定期对从业人员进行网络安全教育、技术培训和技能考核。（3）对重要系统和数据库进行容灾备份。（4）制定网络安全事件应急预案，并定期进行演练。（5）法律、行政法规规定的其他义务。

2. 网络安全事件应急处置义务

网络安全事件发生后采取的首要措施就是进行网络安全应急处置，这对减轻网络安全事件引发的损害具有重要意义。根据《电子商务法》第30条第2款及《网

络安全法》的规定，平台经营者在采取措施动态识别网络安全风险的前提下，应当制定网络安全事件应急预案，并定期进行演练。在发生网络安全事件时，应当立即启动应急预案，采取相应的补救措施恢复由于网络安全事件而受损的功能或服务，并按照规定及时向有关主管部门报告。

（二）交易信息记录与保存义务

电子商务是一种无纸化的交易，平台内经营者发布的商品或服务信息、所有的交易环节都以数据的形式留存于平台经营者的服务器上，因此，保存相关信息，对于保护、协助相关当事人保障其合法权益，保存和固定相关交易的具体情况的证据，具有基础性的意义。《电子商务法》第 31 条规定了平台经营者的交易信息记录与保存义务。

关于需要记录与保存的信息的范围，原则上所有的信息都应该予以保存。第 31 条重点提到的是在平台上发布的商品和服务信息以及交易信息。商品和服务信息应当包括何人在何时以何种方式发布了何种商品与服务的信息，这些信息应当有助于完整地还原平台内经营者在平台上的活动轨迹。交易信息应当包括平台内经营者向何人、在何时、以何种交易条件、提供了何种数量的商品和服务。

平台经营者必须确保信息的完整性、保密性、可用性。完整性对应的是信息的真实性和未被篡改；保密性对应的是平台经营者必须建立相应的信息安全机制，避免信息被第三方不法窃取或者发生泄漏；可用性对应的是信息通过一定的格式被进行了整理，便于查询和调取。如果相关的信息未经过任何处理，根本不具有有效读取和理解的可能性，那么就不符合可用性的要求。

关于信息记录的保存期限，自交易完成之日起不少于 3 年。之所以规定不少于 3 年的时间，是为了设置一个信息保存的时间下限，也与《民法典》中规定的普通诉讼时效为 3 年的规定相呼应。在该期限之内，如果发生了有关的争议，可以基于法律的规定，要求平台经营者协助提供相应的信息证明相关事实。如果出于个人信息保护的需要，个人可以要求平台经营者删除在平台内公开的、可以被第三方查阅和检索并可能会对个人信息安全产生影响的交易信息，但这并不影响平台经营者可以在后台以加密的方式留存有关交易的原始信息。

（三）违法违规行为处置信息公示义务

平台经营者在实际的运营中往往承担一定的管理性质的职能，平台内经营者的经营行为如果违反法律或者违反商业道德，平台经营者可以对其实施处罚性质的措施，如关闭店铺、公示警告、查封账户等。这些信息不仅涉及平台经营者与被处罚的平台内经营者，也涉及其他经营者和消费者的知情权，对此类特定信息予以公示，不仅有助于利益相关者及时知情，采取相应的补救措施，而且有助于警示其他的平台内经营者诚信经营，还能够提醒消费者或者其他交易相对人在选择交易对象的时候给予必要的注意。因此，《电子商务法》第 36 条规定，平台经营者依据平台服务协议和交易规则，对平台内经营者违反法律、法规的行为实施警示、暂停或者终止服务等措施的，应当及时公示。至于公示的具体位置、方式、时间，该条中并没有具体规定，实务中可以结合具体情况进行处理。一般来说，公示的方式应该清晰、显著，便于相关主体查阅；公示的持续时间应该有一定的跨度。

（四）知识产权保护义务

《电子商务法》第 41 条至第 44 条明确规定了平台经营者的知识产权保护义务，包括制定知识产权保护规则、实施知识产权治理措施。

1. 制定知识产权保护规则

《电子商务法》第 41 条规定，平台经营者应当建立知识产权保护规则，与知识产权人加强合作，依法保护知识产权。

首先，平台经营者制定知识产权保护规则，并非简单重复有关法律的规定或者要求，而是将法律规范应用于平台的环境，并使之具体化，其主要内容包括：界定平台内经营者保护知识产权的义务、知识产权治理措施的条件与程序、违反规则的后果及相关争议的解决方式等。知识产权保护规则属于交易规则的一种，同样应该遵守制定交易规则的法定要求，具有公开性、合法性、公共性与强制性（《电子商务法》第 32 条至第 35 条），前已述及，此处不再赘述。

其次，平台经营者应当与知识产权人加强合作。知识产权保护规则具有特殊性，它不仅影响平台内用户的权益，而且影响到平台外知识产权人的权益，平台外的知识产权人对规则的制定、修改与实施有切身的利益和迫切的参与需求，因此，平台经营者应当保障所有相关知识产权人，包括平台外的知识产权人参与知识产权保护规则的制定、修改与实施的途径与机会，并依法给予平台内外的知识产权人同等的待遇，不应歧视平台外的知识产权人或者为其权利保护设置障碍。平台内经营者侵犯的无论是平台内或平台外的知识产权，平台经营者均应及时采取制止或者处罚的措施，不得偏私。

再次，平台经营者还应该与平台内经营者、消费者等其他利益相关方合作。“以知识产权保护规则为核心的平台知识产权治理系统需要知识产权人、平台内经营者与消费者等有关各方共同参与、共同构建，从而形成共管、共治与共赢的局面。”①

2. 实施知识产权治理措施

《电子商务法》第 42 条至第 44 条的规定构成平台经营者实施知识产权治理措施的完整规范。

（1）接到侵权通知及时转送并采取必要措施的义务

《电子商务法》第 42 条第 1 款规定，知识产权人认为其知识产权受到侵害的，

① 电子商务法起草组．中华人民共和国电子商务法条文释义［M］．北京：法律出版社，2019：127.

有权通知平台经营者采取删除、屏蔽、断开链接、终止交易和服务等必要措施。通知应当包括构成侵权的初步证据。

《电子商务法》第 42 条第 2 款规定，平台经营者接到通知后，应当及时采取必要措施，并将该通知转送平台内经营者。

平台经营者通过自动信息系统收到知识产权人的通知后，只需通过系统进行形式审查，无须对通知内容进行法律上的判断，也无须对通知指控内容进行调查，就应当及时根据通知要求，对平台内经营者采取删除、屏蔽、断开链接、终止交易和服务等必要措施。平台转送通知与及时采取必要措施是两个并行的法律义务，不能相互取代。

（2）及时转送、告知与及时终止所采取措施的义务

《电子商务法》第 43 条规定，平台内经营者接到转送的通知后，可以向平台经营者提交不存在侵权行为的声明。声明应当包括不存在侵权行为的初步证据。平台经营者接到声明后，应当将该声明转送发出通知的知识产权人，并告知其可以向有关主管部门投诉或者向人民法院起诉。平台经营者在转送声明到达知识产权人后 15 日内，未收到权利人已经投诉或者起诉通知的，应当及时终止所采取的措施。

平台经营者接到平台内经营者提交的不存在侵权行为的声明后，应当将该声明转送发出通知的知识产权人，并告知其可以向有关主管部门投诉或者向人民法院起诉。此时，平台经营者承担两项义务：转送义务和告知义务。这两项义务都是程序性的义务，平台经营者只需要在程序上完成这两项义务即可。

平台经营者在履行上述两项义务后，权利人可以在 15 日期限内寻求法律救济。如果权利人在此期限内投诉或者起诉的，平台经营者应当维持所采取的措施；如果权利人未在此期限内投诉或者起诉的，平台经营者应当及时终止所采取的措施，即：消除屏蔽、恢复链接等。

第 42、43 条规定的就是“通知—删除”规则。《电子商务法》中的“通知—删除”规则与其他法律、法规中的规定相比，更具有可操作性，不仅明确了平台经营者的具体义务和责任，也规范了权利人通知的构成条件，同时还赋予了平台内经营者抗辩权。①

（3）信息公示义务

《电子商务法》第 44 条规定，平台经营者应当及时公示收到的知识产权人的通知、平台内经营者的声明及处理结果。

---

① 张德芬．《电子商务法》中“通知与移除”规则评析——以专利侵权纠纷中电商平台责任为例［J］．知识产权，2019（3）：41-49.

平台经营者制定的知识产权保护规则与所有交易规则一样，具有公开性，公开性不仅表现在规则的制定与修改过程中，而且必须在规则的实施环节予以体现，因此，平台经营者依据知识产权保护规则，对平台内经营者采取必要的知识产权治理措施的，也必须及时公示。平台经营者公示有关的通知、声明及处理结果是知识产权治理措施的重要组成部分，目的是保证平台经营者治理的公开、透明，接受有关各方的监督，避免出现平台经营者收到通知、声明后予以隐匿或者采取措施不符合规则等情况。当然，如果涉及个人信息、商业秘密等内容，平台公示时可用适当方式加以保护，如可以采取公示节略信息或统计性信息等方式。

二、平台经营者对平台内经营者与消费者承担的义务

（一）身份和信息管理义务

为了确保消费者与交易相对人发生纠纷时能够快速地确定相关的当事人，为了建立对电子商务的有效监管，根据《电子商务法》第 27 条规定，平台经营者负有对平台内经营者及非经营用户的身份和信息管理义务。

1. 对平台内经营者的身份和信息管理义务

平台经营者对于入驻平台的平台内经营者的身份、地址、联系方式、行政许可等信息有义务进行核验和登记，建立登记档案，并定期核验更新。平台经营者必须严格审查，确保平台内经营者提供的相关信息是真实的信息，对平台内经营者提供的存在有效期限制的相关文件，应该在相关文件期限届满之前及时提醒平台内经营者进行续期。如果因为平台审核不严，导致相关主体的权益受损，平台经营者应该承担相应的法律责任。

2. 对非经营用户的身份和信息管理义务

经营性用户与非经营用户的主要区别在于二者是否表现出从事持续的营业行为，但对交易相对人而言，无论是经营性用户还是非经营用户，都从事了商品的销售与服务的提供行为，因此，平台经营者也应该对这些非经营用户的主体身份以及相应的行为的合法、合规性进行监督和管理，履行平台应该承担的义务，不能因为在平台上从事活动的是非经营用户就可以减轻平台的责任。如果平台经营者不认真履行此项义务，会给监管机构职责的履行以及相对人权益的保障产生不利的影响，要按照《消费者权益保护法》的规定①承担不真正连带责任，还要按照《电子商

---

① 《消费者权益保护法》第 44 条第 1 款规定："消费者通过网络交易平台购买商品或者接受服务，其合法权益受到损害的，可以向销售者或者服务者要求赔偿。网络交易平台提供者不能提供销售者或者服务者的真实名称、地址和有效联系方式的，消费者也可以向网络交易平台提供者要求赔偿；网络交易平台提供者作出更有利于消费者的承诺的，应当履行承诺。网络交易平台提供者赔偿后，有权向销售者或者服务者追偿。"

务法》第80条以及其他法律法规的规定承担行政责任。

(二) 服务协议和交易规则的制定、修改及公示义务

平台经营者实现其经营活动和对平台内经营者进行管理的主要依据是服务协议和交易规则，这也是电子商务活动得以展开的最主要的依据。服务协议主要规范平台经营者与平台内经营者之间的法律关系，这两者是服务合同关系，平台经营者为平台内经营者提供包括技术、广告发布、支付等各种服务。交易规则主要是平台内经营者与交易相对人之间如何开展交易活动的规则。平台经营者所提供的服务协议和交易规则，也是其对平台内各种行为进行治理的主要依据，所以相应的服务协议和交易规则的制定，要引入民主决议的机制，以保证相关规则体系的公平与合理。

1. 服务协议和交易规则的制定义务

《电子商务法》第32条规定，平台经营者在制定服务协议和交易规则的过程中，应当遵循公平、公开和公正的原则。之所以如此规定，是因为随着交易平台在电子商务中发挥着越来越重要的作用，会产生市场垄断的现象，在这种情况下，平台经营者与平台内经营者签订服务协议的时候，就必须公开其协议条件，并且公平对待所有的平台内经营者，在没有正当理由的情况下，不应该采取差别待遇和歧视待遇，平台经营者不能滥用自己在交易中的优势地位，欺压中小电子商务经营者，而是必须依据公平与公正的原则来确定其与平台内经营者的权利义务，特别是进入和退出平台的条件。服务协议具有双重属性，它既是平台经营者对平台内经营者的行为规范，又是这两者之间的合同条款，所以需要结合其双重属性来对相关条款的妥当性及效力作出判断。

平台内经营者与相对人会在平台上进行各种类型的交易活动，为了提高交易效率，规范参与交易的各方主体的权利义务与责任，平台经营者的重要工作之一就是为平台上发生的交易活动制定交易规则。交易规则主要涉及平台内经营者提供的商品和服务的质量如何予以保障、消费者权益保护、个人信息保护以及合同成立的时间、退换货、纠纷解决机制等问题，这些规则合在一起形成一个严密的交易规则体系。

2. 服务协议和交易规则的修改要求

实务中，服务协议和交易规则制定好之后，出于提高服务效率、改善服务质量的考虑，平台经营者单方面修改服务协议的情况比较多。为了维护处于相对弱势地位的平台内经营者和消费者的合法权益，对平台经营者的这种行为必须进行相应的限制。这里的限制主要是一种程序性的限制，即：要求平台经营者应当在其主页显著位置公开征求意见，采取合理措施确保有关各方能够及时充分表达意见。这里所说的“措施”，一般包括针对特定用户发送调查问卷、群发征求意见函、在合适的位置说明修改的主要内容以及修改的意图、对于有关当事人可能产生的影响以及修改是否具有法律上的依据。平台经营者还应该建立意见收集和反馈机制，公开收到的各种意见，说明采纳、不予采纳的主要理由。修改内容应当至少在实施前7日进行公示。平台内经营者可以同意，也可以不同意。平台内经营者不接受修改内容，要求退出平台的，平台经营者不得阻止，并按照修改前的服务协议和交易规则承担相关责任。

3. 服务协议和交易规则的公示义务

服务协议与交易规则是典型的格式条款，需要受到我国法律上关于格式条款制度的约束。根据格式条款订入制度，如果格式条款提供者没有以显著的方式提请相对人注意格式条款的相关内容，或相对人无法便捷地了解格式条款的相关内容，那么相关内容视为未订入合同之中，也不具有约束力。为了与格式条款控制制度相衔接，也为了保障消费者和中小经营者的知情权，《电子商务法》第33条规定，平台经营者应当在其首页显著位置，持续公示平台服务协议和交易规则信息或者上述信息的链接标识，并保证经营者和消费者能够便利完整地阅览和下载。

实务中，在用户注册时，平台经营者往往已经对交易规则的相关内容进行了提示，并且要求相对人表示同意，相对人才能够完成注册程序，但由于交易规则的内容非常复杂，相对人一般并不会认真去浏览，因此，要求平台经营者就服务协议和交易规则的核心关键内容，尤其是对相对人的权利和义务有重大影响的内容进行特别的提醒和通知，这种提醒和通知可以采取特别勾选同意或者弹窗的方式，只有符合了这些条件才可以认为是完成了提醒和通知义务，才可以成为确定交易双方的权利义务和法律责任的有效依据。

（三）不得滥用相对优势地位义务

相对于平台内经营者而言，平台经营者在技术优势、规则制定和执行等方面具有“先天的优势”，《电子商务法》对平台经营者滥用相对优势地位、扰乱市场正常的竞争秩序行为进行了规制。《电子商务法》第35条规定，平台经营者不得利用服务协议、交易规则以及技术等手段，对平台内经营者在平台内的交易、交易价格以及与其他经营者的交易等进行不合理限制或者附加不合理条件，或者向平台经营者收取不合理费用。

1. 不得进行不合理限制

对平台内经营者在平台内的交易、交易价格以及与其他经营者的交易等进行不合理限制是指平台经营者通过格式条款，格式合同等方式签订服务合同、设定交易规则或利用技术等手段，在网络平台上销售商品或提供服务的同时，就商品或服务的价格、销售对象、销售地区等进行不合理的限制。这种进行不合理限制的行为是作为市场交易主体的平台经营者对购买者的纵向控制行为，这种行为有悖于自愿、公平原则，因此，必须加以禁止。

2. 不得附加不合理条件

对平台内经营者附加不合理条件包括但不限于上述与交易相关的不合理限制，是指平台经营者利用其地位，通过格式条款、格式合同等方式签订服务合同、设定交易规则或利用技术等手段，迫使其签订独家销售协议、接受不合理的入驻条件等或者增加特定的不利条件，如削减活动资源、搜索降权、屏蔽等。这种附加不合理条件的行为，一方面会侵害平台内经营者的交易自由及自主经营权，另一方面会阻碍平台经营者之间的公平竞争，最终会对消费者的权益及公共利益造成损害，因此，必须加以禁止。

3. 不得收取不合理费用

向平台内经营者收取不合理费用主要是指平台经营者通过服务协议、交易规则以及技术等手段对其他市场主体进行的横向控制行为。收取不合理费用产生的不利影响主要有：其一，平台内经营者倾向于仅在特定电子商务平台从事销售，如签订独家销售协议。其二，通过转嫁自身的交易成本，电子商务平台市场份额得以扩大。以排挤竞争对手为目的的销售行为或利用独占地位限制其他经营者交易自由的行为，构成对市场结构和公平竞争的威胁和破坏，因此，必须加以禁止。

需要注意的是，该条旨在约束平台经营者对平台内经营者的行为，其他主体并不适用该条规定；该条旨在规制平台经营者利用服务协议、交易规则以及技术等手段进行不合理限制、附加不合理条件、收取不合理费用的行为，利用其他不正当手段进行的交易，不适用该条规定。有学者提出，《电子商务法》第35条实质上确立了范围极度宽泛地对滥用相对优势地位行为的独立规制，这种独立规制不仅破坏了竞争法的内在逻辑体系，更重要的是给执法实践造成了诸多困境。①

（四）清晰标识服务来源义务

平台经营者既可以搭建网络交易空间供他人开展交易活动，也可以在其运营的交易平台上自己直接进行交易，如：当当网、京东，这两种交易模式存在根本的区别，在法律上的权利义务也相应地存在重要差别。对于交易关系中的买方来说，清楚自己究竟是与谁在进行直接的交易非常重要。为了使交易关系的主体更加明确，因此，《电子商务法》第37条规定，平台经营者在其平台上开展自营业务的，应当以显著方式区分标记自营业务和平台内经营者开展的业务，不得误导消费者。平台经营者对其标记为自营的业务，依法承担商品销售者或者服务提供者的民事责任。

对第37条规定的“自营”，不能机械、狭义地理解为就是平台经营者本身从事相关的经营活动，平台经营者通常是互联网技术服务公司，不可能从事大规模的

① 朱理，曾友林．电子商务法与竞争法的衔接：体系逻辑与执法展望［J］．中国社会科学院研究生院学报，2019（2）：104-112.

商品或者服务的提供，“自营”指的是包括平台经营者在内的整个具有关联性质的公司整体从事营业活动，如果属于这种情况就符合自营的定性。① 至于标记的方式，必须以显著方式标明其自营业务，以此与平台内经营者的业务相区分。如果因为相关的区分不够清晰，导致误导消费者，那么平台经营者应当作为合同一方当事人，承担商品销售者或服务提供者的法律责任，而不能主张自己的平台经营者身份。第 37 条的规定具有强制性，平台经营者不能通过相反的服务协议或者交易规则的约定加以改变。

（五）建立信用评价体系义务

相关的信用以及用户评价对平台内经营者获取商业机会具有重大的影响，因此，平台经营者的一项重要义务就是建立客观公正的信用评价机制，对平台内发生的各种炒作信用、扭曲信用、制造虚假信用的行为进行查处和制裁。

1. 平台经营者应建立信用评价体系

《电子商务法》第 39 条第 1 款规定，平台经营者应当建立健全信用评价制度，公示信用评价规则，为消费者提供对平台内销售的商品或者提供的服务进行评价的途径。具体包括：

（1）平台经营者应建立健全信用评价制度

平台经营者应当建立与健全信用评价体系，这对于平台内经营者的相关行为具有积极的引导功能。平台经营者如尚未建立相关信用评价体系，则需依照该款要求尽快建立相应的信用评价制度，平台经营者如已经建立相关信用评价体系，则需以该款为指引进行查漏补缺，就可能存在的缺陷问题进行补充完善，保障制度的科学合理及健全运行。有学者认为，“完全将信用评价规则交由平台经营者制定并不合适。一方面，电子商务信用评价的复杂指向使评价标准具有相当大的不确定性，不同平台间各行其是的评价规则使本就含混的电子商务信用概念进一步模糊，加剧信息不对称的程度；另一方面，在平台之间竞争日趋激烈的背景下，平台经营者客观上具有争夺资源、迎合商家入驻、标榜自身平台的需求，平台主导的信用评价规则可能会偏向于平台内经营者良好形象展示，而非有效地服务于消费者决策。”②

（2）平台经营者应公示信用评价规则

平台经营者公示信用评价规则，应注意公示的内容和公示的形式。在公示的内容层面，对平台经营者如何设立相应的评价标准、对相关的事项如何赋值、如何确

① 电子商务法起草组．中华人民共和国电子商务法条文释义［M］．北京：法律出版社，2019：114.

② 闫维博．《电子商务法》中的信用评价：运行逻辑与实施路径［J］．中国流通经济，2020（10）：117-128.

保信用评价体系客观、公正和合理地进行规定；在公示的形式层面，为了便于相关主体阅读及查询，要求平台经营者应在平台显著位置对相关信用评价制度进行公示，以便平台内经营者及消费者可以较为便捷地知悉规则的相关内容。

(3) 平台经营者应为消费者提供评价途径

平台经营者应在所建立的信用评价制度中，为消费者和用户提供对平台内销售的商品或者提供的服务进行评价的途径。消费者正当有效的评价，不仅是平台内经营者的信用评级的重要参考因素和基础数据来源，而且是消费者行使市场监督权的体现。

2. 平台经营者不得删除消费者的评价

《电子商务法》第 39 条第 2 款规定，平台经营者不得删除消费者对其平台内销售的商品或者提供的服务的评价。

该款式是对第 39 条第 1 款具体制度落实的补充说明，这一规定具有强制性，主要目的是保障消费者的评价能够发挥良好的作用，促进平台经营者以及平台内经营者诚信经营。

(六) 竞价排名业务的广告标注义务

《电子商务法》第 40 条规定，平台经营者应当根据商品或者服务的价格、销量、信用等以多种方式向消费者显示商品或者服务的搜索结果；对于竞价排名的商品或者服务，应当显著标明“广告”。

平台是典型的双边市场，聚集了大量的用户和平台内经营者，平台经营者因此对平台内经营者拥有巨大的话语权，为了平衡与限制平台经营者利用其干预搜索结果的方式来施加影响力，第 40 条第 1 款要求平台经营者采取多种方式来排列根据客观的算法进行搜索的结果，该款列举了价格、销量、信用三种搜索排序方法，平台经营者至少必须向用户提供这三种搜索排序方法。如果平台经营者采取竞价排名①的方法来干预搜索结果，需要受到特别地规制，即：应当对被干预后的搜索结果显著表明“广告”。是否显著需要根据一般人的判断标准来做出判断，另外表明的必须是“广告”二字，不能标记为内涵不是特别清晰的“推广”二字。区分标志是为了使用户清楚相应的搜索结果的性质，对于其做出判断和决策会起到信息披露作用。

(七) 禁止从事类交易场所业务

《电子商务法》第 46 条规定，平台经营者为经营者之间的电子商务提供服务，应当遵守法律、行政法规和国家有关规定，不得采取集中竞价、做市商等集中交易

① 竞价排名是一种自动化的广告投放机制，是互联网广告的一种特殊形态，已经成为平台经营者获取利润的重要的甚至核心的来源。参见电子商务法起草组．中华人民共和国电子商务法条文释义［M］．北京：法律出版社，2019：122-123.

方式进行交易，不得进行标准化合约交易。

根据《国务院办公厅关于清理整顿各类交易场所的实施意见》(国办发〔2012〕37号)的规定，"集中交易方式"包括集合竞价、连续竞价、电子撮合、匿名交易、做市商①等交易方式；"标准化合约交易包括由平台经营者统一制定的两种合约：除价格外其他条款固定，规定在将来某一时间和地点交割一定数量标的物的合约；或规定买方有权在将来某一时间以特定价格买入或者卖出约定标的物的合约"②。这些交易具有特殊的金融属性和风险属性，事关国家的金融安全与稳定，必须在经批准的特定交易场所、遵循严格的管理制度规范进行。金融类交易场所的设立与运营都有专门规定，并接受国家有关部门的特别监管。《电子商务法》禁止平台经营者提供集中交易方式交易、标准化合约交易等类金融交易场所的服务，目的是保证正常的金融秩序。

三、平台经营者对国家和有关主管部门承担的义务

（一）报送信息义务

电子商务经济中最大的特点是平台经营者掌握着大量的平台内经营者的数据信息，这些数据对于相关的市场监督管理机构以及税收征管机构履行职责具有不可或缺的重要性，为了配合有关部门履行职责，平台经营者有义务提供相关数据信息。根据《电子商务法》第28条规定，平台经营者负有向相关的主管部门报送平台内经营者的身份信息和纳税信息的义务。

1. 向市场监督管理部门报送平台内经营者的身份信息义务

有关平台内经营者的情况，往往只有平台经营者才可能全面掌握，因此，平台经营者有向市场监督管理部门报送平台内经营者的身份信息的义务。如果平台内经营者已经办理了市场主体登记，那么报送的内容主要限于相应的市场主体登记信息；如果平台内经营者先前没有办理市场主体登记，那么平台经营者有义务提示相应的平台内经营者依法办理登记，如果不履行相应的提示义务，那么在性质上构成隐瞒相关的事实，需要承担相应的法律责任。平台经营者还需要针对电子商务的特点，配合市场监督管理部门，为应当办理市场主体登记的经营者办理登记提供便利，比如协助提供相应的数据材料、提供相应的可以用来注册登记的虚拟经营场

① "做市商"是指由具备一定实力和信誉的独立经营法人作为交易商，不断向公众投资者报出某些特定标的的买卖价格（即双向报价），并在该价位上接受公众投资者的买卖要求，以其自由资金和标的物与投资者进行交易。此类交易是典型的金融行为，具有较高风险，受到法律的严格管制。参见电子商务法起草组．中华人民共和国电子商务法条文释义［M］．北京：法律出版社，2019：140.

② 电子商务法起草组．中华人民共和国电子商务法条文释义［M］．北京：法律出版社，2019：140.

所等。

2. 向税务部门报送平台内经营者的身份信息以及与纳税有关的信息义务

平台内经营者与线下的经营者一样需要承担纳税义务，但相关的能够用来确定平台内经营者纳税义务的基本数据资料都掌握在平台经营者手中，因此，平台经营者不仅需要向税务部门提供平台内经营者的身份信息（主要是与市场主体登记信息相联系的纳税主体信息），还需要报送与纳税相关的信息（主要包括经营数据，如经营收入等信息）。平台经营者的信息报送义务，仅限于为实现税收所需要的信息，任何超出这一目的范围之外的数据信息，在没有法律的明确规定和授权的情况下，相关部门都不得要求平台经营者报送。平台经营者还应当提示未办理市场主体登记的电子商务经营者，在符合法定的前提条件的情况下依法办理税务登记，如果不履行相应的提示义务，平台经营者需要承担相应的法律责任。

总之，平台经营者向相关的主管部门报送平台内经营者的身份信息和纳税信息时，所报送的信息必须全面、完整、真实，不得经过篡改。

（二）一般性检查与监控义务

平台相当于一个供公众进行交易的网络空间，平台经营者是大规模的电子商务活动的组织者、协调者与控制者，对于在该网络空间内发生的相关行为，其负有一般性检查与监控义务。《电子商务法》第 29 条规定，平台经营者发现平台内的商品或者服务信息存在违反本法第 12 条、第 13 条规定情形的，应当依法采取必要的处置措施，并向有关主管部门报告。

平台经营者对平台内经营者的经营活动所承担的一般性检查与监控义务的范围和强度，应该与平台经营者现有的技术条件和能力相符，不能过分高于其实际的能力，也不能流于形式。平台经营者如果发现平台内销售的商品或提供的服务的信息存在违法情形，即：没有依法取得行政许可；属于法律、行政法规禁止交易的商品或者服务，应当依法采取必要的处置措施，并向有关主管部门报告。“必要的处置措施”包括但不限于要求相关的平台内经营者将违法违规的产品或服务下架、断开链接、暂停其在平台内的全部经营活动等，具体采取何种措施，以实际情况来判断，应该与相关违法行为的严重程度相称。“向有关部门报告”是指针对不同类型的行为，向有管理职责的部门提供相应的信息咨询，这是平台配合国家相应的主管部门履行职责的表现之一。

四、不同类型平台经营者的特有义务

对平台经营者从法律角度进行分类，可分为单一型、混合型与中介型。① 不同类型的平台经营者应该承担的义务也不同。

① 称为中介型是为了与《民法典》“合同编”的中介合同保持一致。

（一）单一型平台经营者承担的义务

单一型平台经营者仅仅提供交易平台，不参与其他的交易，典型代表为淘宝网。

单一型平台经营者作为电子交易市场，它应该履行提供平台服务义务（提供安全稳定的技术义务、市场准入审查义务、交易信息记录与保存义务、个人信息保护义务）；履行交易监管义务，利用自身的专业水准发挥市场自身的监管作用，以形成对政府监管的有力补充。①

（二）混合型平台经营者承担的义务

混合型平台经营者不仅提供交易平台，而且自己本身参与到交易之中，成为交易的一方，典型代表为当当网、京东。从法律地位上看，混合型平台经营者具有双重身份，既是电子商家，又是电子交易市场。

混合型平台经营者除了承担一般的法律要求的义务和单一型平台经营者的义务外，还应承担信息披露义务，其有义务披露经营者信息（关于自己的基本经营状况、联系方式、争议解决方式等信息）、商品或服务信息、交易过程信息②，同时，应该清晰标识服务来源，以显著标记区分自营与非自营的商品或服务，否则应该承担销售者的责任。

（三）中介型平台经营者承担的义务

中介型平台经营者不仅提供交易平台，而且自己对于买卖双方的电子交易充当了中介人的角色。中介型平台经营者本身也参与到交易之中，但它既不是交易的任何一方，也不是任何一方的代理人，而是为双方订约提供机会的中介人，典型代表为阿里巴巴网。

中介型平台经营者除了承担一般的法律要求的义务和单一型平台经营者的义务外，还应当承担中介人的义务。根据《民法典》第26章“中介合同”的规定，中介型平台经营者作为中介人，应履行提供媒介服务、如实报告义务、保密义务。

五、平台经营者的法律责任

平台经营者的法律责任是指平台经营者不履行义务时所应承担的法律上的后果，主要包括民事责任、行政责任和刑事责任。《电子商务法》第6章专章规定了电子商务经营者的法律责任。

（一）平台经营者的民事责任

平台经营者的民事责任是指平台经营者违反约定或法定的义务，损害其他电子商务主体的民事权益，依法承担的不利的民事法律后果。

---

① 齐爱民，徐亮．电子商务法原理与实务［M］．武汉：武汉大学出版社，2009：54.

② 齐爱民，徐亮．电子商务法原理与实务［M］．武汉：武汉大学出版社，2009：56.

1. 违约责任

违约责任是平台经营者不履行合同义务或者履行合同义务不符合约定或者造成他人损害所应承担的民事责任。《电子商务法》第74条规定，电子商务经营者销售商品或者提供服务，不履行合同义务或者履行合同义务不符合约定或者造成他人损害的，依法承担民事责任。另外，《民法典》的相关规定也可以适用。

2. 侵权责任

侵权责任是平台经营者违反法律规定，实施侵权行为造成他人损害所应承担的民事责任。根据《民法典》第179条的规定，承担民事责任的方式包括停止侵害、排除妨碍、消除危险、赔偿损失等11种，这11种方式可以单独适用，也可以合并适用。《电子商务法》中与平台经营者承担侵权责任有关的情形有：

(1) 平台经营者违反第38条第1款规定承担连带责任

《电子商务法》第38条第1款规定，平台经营者知道或者应当知道平台内经营者销售的商品或者提供的服务不符合保障人身、财产安全的要求，或者有其他侵害消费者合法权益行为，未采取必要措施的，依法与该平台内经营者承担连带责任。平台经营者承担连带责任的构成要件有：

①平台内经营者存在特定违法行为。

a. 平台内经营者销售的商品或者提供的服务，不符合保障人身、财产安全的要求。平台内经营者作为交易合同相对方和销售者，应当保证其提供的商品或者服务符合保障人身、财产安全的要求，这是对平台内经营者的最低要求。消费者在购买、使用商品和接受服务时享有人身、财产安全不受损害的权利，这是消费者最基本的权利。因此，在电子商务活动中，消费者有权要求经营者销售的商品或提供的服务，符合保障人身、财产安全的要求。

《产品质量法》第13条规定："可能危及人体健康和人身、财产安全的工业产品，必须符合保障人体健康和人身、财产安全的国家标准、行业标准；未制定国家标准、行业标准的，必须符合保障人体健康和人身、财产安全的要求。禁止生产、销售不符合保障人体健康和人身、财产安全的标准和要求的工业产品。具体管理办法由国务院规定。"平台内经营者销售的商品或者提供的服务，应当符合保障消费者身体健康和人身、财产安全的要求，包括以下几个方面：所销售的商品或者提供的服务，应当符合相关国家标准或者行业标准，禁止销售或者提供不符合保障人体健康和人身、财产安全标准的商品或服务；在没有国家标准或者行业标准时，所销售的商品或者提供的服务应当符合保证人体健康和人身、财产安全的要求；对可能危及人体健康和人身、财产安全的商品或服务，应当向消费者做出真实的说明和明确的警示，并说明和标明正确使用商品或者接受服务的方法以及防止危害发生的方法；发现提供的商品或服务存在严重缺陷的，即使消费者采用正确使用方法仍可能导致危害的，应及时告知，并采取切实可行的措施。①

b. 其他侵害消费者合法权益的行为。其他侵害消费者合法权益的行为是指平台内经营者销售的商品或者提供的服务有其他违反法律、法规规定或合同约定等情形，损害消费者合法权益的行为，包括：在不损害消费者人身、财产安全权的前提下，平台内经营者所销售的商品数量不足、伪造产地、价格欺诈、未履行（高于法定标准的）交易合同约定或者其他损害消费者合法权益的情形。

②平台经营者知道或者应当知道平台内经营者具有上述违法行为。

“知道”是指平台经营者已经知晓平台内经营者的相关违法事实，知晓上述违法行为，既可以是平台经营者履行相应的审核义务时发现的，也可以是接到特定主体通知或者举报平台内经营者存在上述违法行为；“应当知道”是法律上的推定，判断平台经营者是否应当知道，应该综合考虑以下因素：平台经营者提供服务的性质、危险程度；平台经营者对上述违法行为的控制能力以及采取的相关管控措施；平台经营者对同一经营者的重复违法行为采取的管控措施等。

③平台经营者未采取必要措施。

“必要措施”是指平台经营者对平台内经营者采取删除、屏蔽、断开链接、暂时中止对该平台内经营者提供服务的限制交易、停止交易的足以控制违法行为和阻止损害发生的有效措施，以及提醒消费者注意等附随义务。

（2）平台经营者违反第 38 条第 2 款规定承担相应的责任

《电子商务法》第 38 条第 2 款规定，对关系消费者生命健康的商品或者服务，平台经营者对平台内经营者的资质资格未尽到审核义务，或者对消费者未尽到安全保障义务，造成消费者损害的，依法承担相应的责任。

生命健康权是消费者最重要的权利，生命权是消费者保障和维持自然生命的权利，健康权是消费者维护身体机能正常运转、器官功能正常发挥和心理健康的权利。关系消费者生命健康的商品种类繁多，如日用工业产品、食品、药品、保健品、健身用品、易燃易爆物品、含有毒有害物质以及其他能够损害消费者生命健康的商品；关系消费者生命健康的服务领域非常广泛，如医疗、美容、护理、餐饮、旅游、交通等各个方面。该规定体现了《电子商务法》对保护消费者生命健康权的重视，包括两方面内容：

①对关系消费者生命健康的商品或者服务，平台经营者对平台内经营者的资质资格未尽到审核义务，造成消费者损害的，依法承担相应的责任。平台经营者对进入平台的经营者的资质、资格应当尽到审查登记及定期核验的义务，包括对申请进入平台的经营者的相关资质、资格进行核验、登记，对平台内经营者的相关资质、

---

① 电子商务法起草组．中华人民共和国电子商务法条文释义［M］．北京：法律出版社，2019：117.

资格定期审查、核实。对关系消费者生命健康的商品或者服务，对平台经营者规定更为严格的审查核实义务和相应的法律责任，能够倒逼平台经营者积极履行审核义务，加强对平台内相关经营者的管控，也更有利于对消费者权益的保护。

②对关系消费者生命健康的商品或者服务，平台经营者对消费者未尽到安全保障义务，造成消费者损害的，依法承担相应的责任。经营者一般都负有安全保障义务。《消费者权益保护法》第 18 条第 2 款规定："宾馆、商场、餐馆、银行、机场、车站、港口、影剧院等经营场所的经营者，应当对消费者尽到安全保障义务。"平台经营者是网络经营场所的提供者和管理者，为了加强对消费者权利的保护，对关系消费者生命健康的商品或者服务，要求其对消费者尽到安全保障义务，如果其未尽到安全保障义务，造成消费者损害的，依法承担相应的责任。

第 38 条第 1 款规定的责任是事后责任，承担责任的形式是连带责任；第 2 款规定的责任是事前责任，承担责任的形式是相应的责任。关于第 2 款规定的情形下平台经营者应该承担责任的形式，在立法时争议较大，争议主要集中在要求这种情形下的平台经营者承担连带责任、相应的补充责任还是相应的责任，最终立法规定为"相应的责任"。相应的责任，可由司法解释或者行政法规进一步加以明确，可根据实际情形依法来具体地认定。从民事责任来看，相应的责任，可以是连带责任、补充责任、按份责任等，相应的责任还"超越了民事责任的范畴，延伸到公法领域"①。

3. 平台经营者违反知识产权保护义务承担的法律责任

知识产权治理措施涉及平台经营者、平台内经营者、知识产权人等各方的权利与义务，任何一方违反相关义务的，均应承担相应的法律责任。平台经营者作为网络服务提供者，在不同的情形下需要承担不同的法律责任。将《电子商务法》第 42 条至第 45 条的规定结合起来，平台经营者承担的法律责任有以下几种情形：

（1）平台经营者不知道、不应当知道平台内侵权行为的，收到知识产权人通知，应当及时采取必要措施；否则，根据第 42 条第 2 款的规定，应就知识产权人扩大部分的损害与侵权人承担连带责任。

（2）平台经营者一旦知道或者应当知道平台内侵权行为的，即便没有知识产权人通知，也应依法采取必要措施；否则，与侵权人承担连带责任。

（3）平台经营者知道或者应当知道平台内侵权行为的，未采取必要措施，直至收到知识产权人的通知后方才采取了必要措施的，应就采取必要措施之前的知识产权人的损害与侵权人承担连带责任。

（4）平台经营者知道或者应当知道平台内侵权行为的，未采取必要措施，而

① 曾娜．从"连带责任"到"相应责任"——《电子商务法》第 38 条第 2 款评析［J］．重庆理工大学学报（社会科学），2019（5）：128-134.

且在收到知识产权人的通知后，仍未及时采取必要措施的，应就知识产权人遭受的全部损害与侵权人承担连带责任。①

（二）平台经营者的行政责任

平台经营者的行政责任是平台经营者出现了行政违法行为或不履行相应的行政义务所应承担的法律责任。《电子商务法》第80条至第84条规定了平台经营者有相应行为的，可由有关主管部门责令限期改正、没收违法所得、罚款、责令停业整顿，这些都是平台经营者应承担的行政处罚。

（三）平台经营者的刑事责任

平台经营者的刑事责任是平台经营者实施的违法行为构成犯罪，依照刑法有关规定所应承担的法律责任。《电子商务法》第88条规定，违反本法规定，构成犯罪的，依法追究刑事责任。

【案例阅读】

蒋某诉浙江淘宝网络有限公司（以下简称淘宝公司）网络服务合同纠纷案②

原告蒋某（女）是淘宝平台会员（淘宝会员名为“熊家的××”），被告淘宝公司（住所地：浙江省杭州市余杭区五常街道文一西路）是淘宝平台经营者。2019年2月18日、3月6日，原告通过淘宝平台分两次与平台内商家（店铺名称为“溯××七”，淘宝会员名为“兔斯基××”）形成商品订单的交易关系，交易记录显示共两笔订单。

第一笔订单：2019年2月18日，原告下单向商家购买商品名称为“秋月白对襟齐腰传统春夏汉服重工刺绣大摆清新淡雅日常”（3件）、“银笺别梦梦幻对襟绣花齐胸汉服亮片烫金华丽淡雅大摆”（1件）、“春江花潮（雪碧）春夏对襟齐腰齐胸汉服襦裙子重工刺绣裙摆”（2件）的汉服及配饰共6件，支付价款共498元，商家于2019年3月3日点击发货。2019年3月13日，因原告在卖家发货后10天内未向平台反馈收货情况，系统自动确认收货，打款商家。2019年6月21日，原告以未收到商品为由，通过淘宝客服就该订单发起售后维权申请，经淘宝客服核实商家确未实际发货，遂支持原告提出的退款申请，但因商家店铺保证金已不足，实际扣划商家保证金48元退还原告，该订单剩余450元，原告多次与商家联系退款，但商家至今仍未退还。

① 薛虹．中国电子商务平台知识产权保护制度深度剖析与国际比较［J］．法学杂志，2020（9）：13-23.

② 杭州互联网法院（2020）浙0192民初1849号民事判决书。

第二笔订单：2019 年 3 月 6 日，原告再次下单向商家购买商品名称为“秋月白对襟齐腰传统春夏汉服重工刺绣大摆清新淡雅日常”（3 件）、“银笺别梦梦幻对襟绣花齐胸汉服亮片烫金华丽淡雅大摆”（1 件）、“春江花潮（雪碧）春夏对襟齐腰齐胸汉服襦裙子重工刺绣裙摆”（2 件）的汉服及配饰共 6 件，支付价款共 511 元。该订单原告付款后，商家未在平台点击发货，款项一直由被告指定的第三方支付机构保管，未支付商家。2019 年 6 月 21 日，原告以未收到商品为由就该笔订单向平台申请售中维权，要求退还货款 511 元，商家超时未予处理，淘宝平台自动指令第三方支付机构向原告退款 511 元。

原告向被告申请披露商家的身份信息及联系方式，被告已向其作出披露。因同一时期，类似原告情形的众多消费者均向平台发起售后维权申请，商家店铺保证金已全部偿付完毕，淘宝平台多次要求商家补齐保证金，但商家未予处理，平台已停止该商家在平台上的一切经营活动。

原告于 2020 年 4 月向杭州互联网法院起诉被告。其诉讼请求为：（1）要求被告垫付退回购物的定金，牵头对涉案商家进行追责，追回众多消费者的被骗钱款；（2）被告赔偿通话费损失 100 元；（3）被告代为退还淘宝店铺“溯××七”未退定金 450 元。后原告在庭审中当庭撤回了第（1）（2）项诉讼请求。

被告辩称：（1）淘宝公司仅为提供信息发布平台的服务提供商，不存在明知或者应知销售者利用平台侵害消费者合法权益的情形。（2）淘宝公司能够提供卖家的真实姓名、地址和有效联系方式，不应承担责任。（3）淘宝公司作为网络交易平台，已尽平台义务，不应承担赔偿责任。（4）淘宝公司作为网络交易平台经营者，在原告下单时未做有利于原告的承诺，没有承诺会对原告损失进行先行赔付，原告要求淘宝公司先行赔付没有任何事实和法律依据。请求法院依法驳回原告的诉讼请求。

杭州互联网法院公开开庭审理后，判决驳回了原告的诉讼请求。

◎ 思考与讨论

1. 在线自然人用户作为买方享有哪些特殊权利？
2. 在线自然人用户作为卖方享有哪些特殊权利？
3. 电子商务经营者承担的一般性义务有哪些？
4. 试述电子商务平台经营者承担的特殊义务。

第四章　电子商务合同

【学习目的】

掌握电子商务合同的概念与特征、电子商务合同的订立、电子商务合同的效力、电子签名的概念、可靠电子签名的认定条件、电子认证服务机构的义务与责任、电子支付法律关系的主体、电子支付服务提供者的义务。

【知识结构】

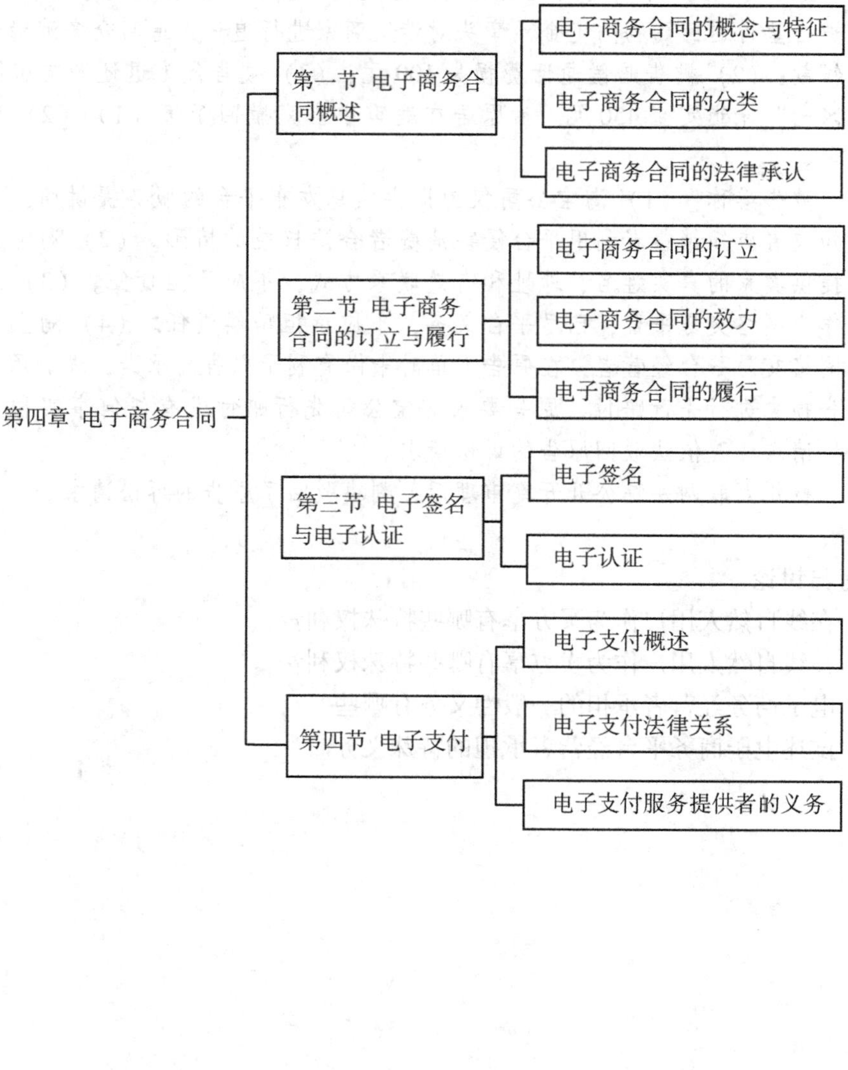

【导语】

随着电子商务的繁荣和电子商务活动的频繁开展，电子商务合同得到广泛运用，由此产生的纠纷也越来越多，电子商务合同的法律认可、订立、效力、履行以及电子签名、电子认证、电子支付等相关立法、理论和实务问题引起了人们的普遍关注。

第一节　电子商务合同概述

一、电子商务合同的概念与特征

（一）电子商务合同的概念

合同是民事主体之间设立、变更、终止民事法律关系的协议。依法成立的合同，受法律保护。当事人订立合同的形式主要有两种，口头形式和书面形式。口头形式是当事人以对话方式达成的协议，一般适用于内容简单、标的较小且能及时结清的合同关系。书面形式是合同书、信件、电报、电传、传真等可以有形地表现所载内容的形式，商务活动当事人多数采用书面形式。

随着互联网等信息网络的广泛运用和电子商务活动的频繁开展，越来越多的协议利用电子信息技术通过网络达成，这些协议不存在传统意义上的原件与复印件之分，也无法用传统的方式进行签名、盖章，于是逐渐形成了电子商务合同的概念。所谓电子商务合同，通常是指平等的电子商务法律关系主体之间使用数据电文形式达成的设立、变更、终止民事法律关系的协议。数据电文，是指以电子、光学、磁或者类似手段生成、发送、接收或者储存的信息。

（二）电子商务合同的特征

电子商务合同作为一种新类型合同，除具有合同的一般特征外，还具有一定的特殊性。

1. 电子商务合同具有虚拟性

电子商务合同以信息网络为基础，网络化使电子商务合同与其他合同形式具有明显区别。传统交易中的合同当事人一般采用面对面的方式进行要约、承诺，签订合同书，而电子商务当事人通过网络以数字化信息展示身份，电子商务经营者和用户彼此并未谋面，合同主体具有虚拟性，合同的订立在虚拟的平台上进行，通过自动信息系统自动完成，合同的履行可能是采用在线传输方式交付，合同标的可以是电子凭证，合同的订立、履行和标的也具有虚拟性。

2. 电子商务合同的表现形式为数据电文

电子商务合同是使用数据电文形式达成的协议，其区别于传统的书面形式，不存在原件与复印件的区分。由于数据电文本身具有的易改动性，必须满足一定的条件时才能视为书面形式、视为满足原件形式要求、视为满足文件保存要求，并经审查具有真实性，才能确认具有证据效力。

3. 电子商务合同多为格式合同

格式合同是当事人为了重复使用而预先拟定，并在订立合同时未与对方协商的合同。格式合同具有节省时间、提高效率的优点，极大满足了电子商务活动的需要，成为电子商务合同的主要形式，但是用户对于电子商务经营者事先拟定好的格式条款只能选择接受或拒绝，会影响其公平交易权的实现。

二、电子商务合同的分类

（一）信息产品合同和非信息产品合同

根据电子商务合同的标的不同，可以把电子商务合同分为信息产品合同和非信息产品合同。

信息产品是指可以被数字化并通过网络来传输的商品，例如计算机软件、计算机数据、多媒体交互产品等。以信息产品为标的的合同，为信息产品合同，例如网络服务合同、软件授权合同。信息产品合同的履行采用在线传输方式。

不以信息产品为标的的合同，为非信息产品合同，通常的实物商品合同即属此类。非信息产品合同的履行需要采用快递物流方式进行商品的交付。

（二）点击合同、电子数据交换订立的合同、电子邮件订立的合同

根据电子商务合同的订立方式不同，可以把电子商务合同分为点击合同、电子数据交换订立的合同、电子邮件订立的合同。

点击合同在电子商务活动中被广泛采用，许多网站在用户接受服务之前会弹出格式合同界面，用户只有点击确认之后才能使用服务，电子商务经营者通常采用点击合同规定其与用户之间的一般性权利义务，而用户的点击被视为用户接受经营者提出的有关条款和规定。

电子数据交换订立的合同是采用电子数据交换（EDI）方式订立的合同，EDI是按照一个公认的标准，将商业或行政事务处理转换成结构化的事务处理或报文数据格式，借助计算机网络实现的一种数据电文传输方法。企业收到 EDI 订单后，信息系统会自动处理，进行检查、通知、订购等。

电子邮件订立的合同是采用电子邮件（E-mail）方式订立的合同，能够直接反映当事人的意思表示，但是其数据传输的安全性较低，易被修改、截获，需要采用电子签名、电子认证来提高真实性和安全性。采用 QQ、微信等通信方式订立的合同与此类似。

（三）B2B、B2C、C2B、C2C

根据电子商务合同的主体类型不同，可以把电子商务合同分为企业与企业之间的合同（B2B）、企业与个人之间的合同（B2C）、个人与企业之间的合同（C2B）、个人与个人之间的合同（C2C）。

三、电子商务合同的法律承认

（一）电子商务合同的书面形式

电子商务合同使用数据电文形式，没有书面载体的存在，与传统的书面形式明显不同，如何既满足传统法律对书面形式的功能要求，又能充分利用电子交易的快速和便捷成为现代电子商务立法的任务。

我国《电子签名法》第 3 条规定："民事活动中的合同或者其他文件、单证等文书，当事人可以约定使用或者不使用电子签名、数据电文。当事人约定使用电子签名、数据电文的文书，不得仅因为其采用电子签名、数据电文的形式而否定其法律效力。"《民法典》第 469 条规定："以电子数据交换、电子邮件等方式能够有形地表现所载内容，并可以随时调取查用的数据电文，视为书面形式。"

（二）数据电文的证据有效性

数据电文因其本身具有的易改动性，在作为电子商务合同的表现形式时，必须符合法律规定的一定条件才能被认定为具备合法性和真实性，从而具有有效性。

根据《电子签名法》规定，视为满足原件形式要求的数据电文需要符合下列条件：能够有效地表现所载内容并可供随时调取查用；能够可靠地保证自最终形成时起，内容保持完整、未被更改，但是在数据电文上增加背书以及数据交换、储存和显示过程中发生的形式变化不影响数据电文的完整性。视为满足文件保存要求的数据电文需要符合下列条件：能够有效地表现所载内容并可供随时调取查用；数据电文的格式与其生成、发送或者接收时的格式相同，或者格式不相同但是能够准确表现原来生成、发送或者接收的内容；能够识别数据电文的发件人、收件人以及发送、接收的时间。

数据电文不得仅因为其是以电子、光学、磁或者类似手段生成、发送、接收或者储存的而被拒绝作为证据使用。审查数据电文作为证据的真实性，应当考虑以下因素：生成、储存或者传递数据电文方法的可靠性；保持内容完整性方法可靠性；用以鉴别发件人方法的可靠性；其他相关因素。

第二节　电子商务合同的订立与履行

一、电子商务合同的订立

合同的订立通常采取要约、承诺方式，电子商务合同的订立也需要遵循合同订立的基本流程。但是，电子商务合同以数据电文为表现形式，其意思表示通过数据电文传送、存储，因此，电子商务合同订立过程中的要约、承诺，以及合同成立的时间、地点均有一定的特殊性。

课程思政主题：订立电子商务合同，维护消费者双方权利

案例主题：提供酒店在线预订服务方应当履行协助退订

课程思政主题：公平诚信、合法经营

案例主题：格式条款与电子商务合同的履行

（一）电子商务合同中的要约

要约是希望与他人订立合同的意思表示，该意思表示应当符合下列条件：内容具体确定；表明经受要约人承诺，要约人即受该意思表示约束。

1. 要约与要约邀请

要约邀请是希望他人向自己发出要约的表示。要约与要约邀请的区别主要有三点：第一，目的不同，要约人的目的希望与他人正式订立合同，而要约邀请人的目的并不是希望直接与他人订立合同，而是希望他人向自己发出要约。第二，内容不同，要约的内容要求具体、确定，应当包括合同成立的必要条款，条款内容明确，当事人的权利义务基本确定，而要约邀请在内容上没有达到这样的要求。第三，法律效力不同，要约经受要约人承诺的，合同成立，要约人受要约意思表示的约束，而要约邀请不存在法律约束力，不存在相对人承诺的问题，要约邀请人无须承担法律责任。

关于要约和要约邀请的区分，通常依据法律规定、行为内容、交易习惯、一般社会观念等进行。根据《民法典》第473条规定，拍卖公告、招标公告、招股说明书、债券募集办法、基金招募说明书、商业广告和宣传、寄送的价目表等为要约邀请，商业广告和宣传的内容符合要约条件的，构成要约。该规定没有对电子商务合同中的要约、要约邀请确定特殊的区分规则，可以认为对于电子商务环境中的要约和要约邀请，仍应遵循上述通常的区分规则。例如，根据《电子商务法》第四十九条规定，电子商务经营者通过互联网等信息网络发布的商品或者服务信息，符合要约条件的，属于要约。实践中可以注意以下两个问题。

（1）网络广告

网络广告通常为要约邀请，如果内容符合要约的条件则构成要约。网络广告发布者在发布广告、寄送商品或服务信息时，可以特别声明为要约或要约邀请。如果声明“广告和信息仅供参考”“发布者不承担合同责任”“不得就其提议作出承诺”等，应当视为要约邀请；如果声明发布人愿意接受广告约束、愿意与承诺者

订立合同，应当视为要约。在没有特殊声明的情况下，对网络广告应当综合考虑具体交易情形和交易惯例，考察广告是否符合要约的条件，从而区分其为要约或要约邀请。

(2) 在线商品展示

在线交易可以通过电子商务经营者自有网站或者通过第三方交易平台进行，交易的标的可以是实物商品或者信息产品。对于在线交易中的商品展示属于要约还是要约邀请，我们可以分别讨论。

第一，通过自有网站进行实物商品展示。电子商务经营者在自有网站上明码标价的实物商品展示，类似于商店中标有价格的商品陈列，区别只是网页上展示的并非真实的商品而仅为商品图片，理论上存在多人同时针对同一商品实施购买行为的可能性，访问量越大的网站上这种可能性越大，如果将网页展示商品的行为一律认定为要约，则面临商品售罄或者同一商品被卖出数次的风险。所以，通过自有网站进行的实物商品展示通常被认为是要约邀请，但是，电子商务经营者在网页展示时有特殊声明，符合要约条件的，属于要约。

第二，通过自有网站进行信息产品展示。由于信息产品的特殊性，可以无限复制、随时下载，不存在售罄的问题，所以，通过自有网站进行信息产品展示并标明价格的行为，构成要约。

第三，通过第三方交易平台进行商品展示。公众型的交易平台通常都建立了一套完整严谨的交易规则体系，可以保障交易秩序和交易安全，为交易双方提供了充分的交流机会，在经营者发布信息时，一般都按照交易平台的要求填写了准确的商品数量，不存在售罄的问题，交易双方的每个步骤都在交易平台程序中进行确认，不存在一物多卖问题，所以，通过第三方交易平台进行商品展示的行为，不论展示的是实物商品还是信息产品，均可以认定为要约。

2. 要约的撤回与撤销

要约可以撤回。撤回意思表示的通知应当在意思表示到达相对人前或者与意思表示同时到达相对人。在电子商务环境中，数据电文在信息系统之间传递，几乎可以认为是即时到达，基本不会发生到达迟延，所以要约的撤回几乎变得不可能，但是也不是绝无可能，在网络拥堵或服务器故障的情况下，数据电文可能迟延到达，使得撤回要约的通知可能更早地到达受要约人。QQ、微信等即时通信平台，一些电子邮箱服务系统，也开通了特定条件下的信息、邮件等已发送数据电文的撤回功能。此时，从尊重契约自由和维护法律一致性的角度出发，应当认可要约人撤回要约的权利。

要约可以撤销。要约人以确定承诺期限或者其他形式明示要约不可撤销，或者受要约人有理由认为要约是不可撤销的并已经为履行合同做了合理准备工作的，要约不得撤销。撤销要约的意思表示以对话方式作出的，该意思表示的内容应当在受要约人作出承诺之前为受要约人所知道；撤销要约的意思表示以非对话方式作出的，应当在受要约人作出承诺之前到达受要约人。在电子商务交易活动中，如果当事人采用即时通信工具方式作出意思表示，属于对话方式，要约人可以在受要约人作出承诺之前撤销要约；如果当事采用电子邮件方式作出意思表示，要约人可以在受要约人作出承诺的回复或行为之前撤销要约；如果当事人采用电子自动交易系统方式作出意思表示，承诺由交易系统自动回复、确认，要约人很难有机会撤销要约。

（二）电子商务合同中的承诺

承诺是受要约人同意要约的意思表示。承诺的法律意义在于，承诺生效时，合同成立。

通常情况下，承诺应当以通知的方式作出，但是根据交易习惯或者要约表明可以通过行为作出承诺的除外。承诺应当在要约确定的期限内到达要约人，要约没有确定承诺期限的，对于以对话方式作出的要约，应当即时作出承诺，对于以非对话方式作出的要约，承诺应当在合理期限内到达。受要约人在承诺期限内发出承诺，按照通常情形能够及时到达要约人，但是因其他原因致使承诺到达要约人时超过承诺期限的，除要约人及时通知受要约人因承诺超过期限不接受该承诺外，该承诺有效。受要约人超过承诺期限发出承诺的，为新要约，但是要约人及时通知受要约人该承诺有效的除外。在电子商务合同中，承诺期限自要约到达受要约人时开始计算。

承诺的内容应当与要约的内容一致。受要约人对要约的内容作出实质性变更的，为新要约。有关合同标的、数量、质量、价款或者报酬、履行期限、履行地点和方式、违约责任和解决争议方法等的变更，是对要约内容的实质性变更。承诺对要约的内容作出非实质性变更的，除要约人及时表示反对或者要约表玥承诺不得对要约的内容作出任何变更外，该承诺有效，合同的内容以承诺的内容为准。

承诺可以撤回。承诺撤回的规则与要约撤回的规则相同。

（三）电子商务合同成立的时间

根据《民法典》第483条规定，承诺生效时合同成立，但是法律另有规定或者当事人另有约定的除外。关于承诺生效的时间，传统民法上主要存在两种立法例，到达主义和发送主义，《民法典》第482条的规定即是典型体现。

在电子商务合同中，作为其表现形式的数据电文具有一定的特殊性。除当事人对数据电文的发送时间、接收时间另有约定的以外，发件人发送的数据电文进入发件人控制之外的某个信息系统的时间，视为该数据电文的发送时间；收件人指定特定系统接收数据电文的，数据电文进入该特定系统的时间，视为该数据电文的接收时间；收件人未指定特定系统的，数据电文进入收件人的任何系统的首次时间，视为该数据电文的接收时间。

在立法对要约、承诺的生效普遍采用到达主义的情形下，接收人的法律风险较小，但是发送人却无法确切知道接收人是否收到，是否处于受法律约束的状态，因此，我国《电子签名法》第10条规定："法律、行政法规规定或者当事人约定数据电文需要确认收讫的，应当确认收讫。发件人收到收件人的收讫确认时，数据电文视为已经收到。"从立法上确立了确认收讫规则。确认收讫，是指在接收人收到发送的信息时，由其本人、代理人或通过自动交易系统向发送人发出表明其已收到发送人所发送信息的通知。

另外，根据《民法典》第491条规定，当事人采用数据电文形式订立合同要求签订确认书的，签订确认书时合同成立；当事人一方通过互联网等信息网络发布的商品或者服务信息符合要约条件的，对方选择该商品或者服务并提交订单成功时合同成立，但是当事人另有约定的除外。

（四）电子商务合同成立的地点

合同成立的地点对于确定合同纠纷的诉讼管辖和解决纠纷的准据法具有重要意义。我国《民法典》第二篇第492条、《电子签名法》第12条均对电子商务合同成立的地点作出了直接规定。《民法典》在此基础上予以发展和完善，第492条规定："承诺生效的地点为合同成立的地点。采用数据电文形式订立合同的，收件人的主营业地为合同成立的地点；没有主营业地的，其住所地为合同成立的地点。当事人另有约定的，按照其约定。"第493条规定："当事人采用合同书形式订立合同的，最后签名、盖章或者按指印的地点为合同成立的地点，但是当事人另有约定的除外。"

二、电子商务合同的效力

依法成立的合同，自成立时生效。但是，合同成立后，并不必然能够产生当事人所追求的法律效力，只有符合法律规定的有效条件的合同才会具有法律约束力。合同的一般有效条件包括：行为人具有相应的民事行为能力；意思表示真实；不违反法律、行政法规的强制性规定，不违背公序良俗。合同成立但不符合有效条件的，可能成为无效合同、可撤销合同、效力待定合同，并产生相应的法律后果。

电子商务合同应当符合上述合同的一般有效条件，但因其网络化特征而产生了当事人身份和行为能力的确认、自动信息系统、电子错误、点击合同等一些新的问题。

（一）电子商务合同的当事人

1. 当事人的身份确认

在通常的合同订立过程中，当事人依靠手写签名、盖章来确认对方的身份，并将有关书面文件载明的权利义务归属于该当事人。但是，在电子商务合同的订立过程中，当事人通过数据电文表达意思表示，而数据电文所载明的发件人是否真正的发件人，需要通过一定的方法进行确认。根据《电子签名法》第 9 条规定，除当事人另有约定的以外，数据电文经发件人授权发送的，发件人的信息系统自动发送的，或者收件人按照发件人认可的方法对数据电文进行验证后结果相符的，均视为发件人发送的数据电文。根据《电子商务法》第 48 条第 1 款规定，使用自动信息系统实施的订立电子商务合同的行为，其法律效力直接归属于该当事人。

对于电子商务合同当事人的身份确认，实践中形成了电子签名、回电确认、加密等方式。我国《电子签名法》第 14 条规定："可靠的电子签名与手写签名或者盖章具有同等的法律效力。"在法律层面正式确立了电子签名的法律效力。该法同时规定，电子签名人应当妥善保管电子签名制作数据，电子签名人知悉电子签名制作数据已经失密或者可能已经失密时，应当及时告知有关各方，并终止使用该电子签名制作数据，否则要承担过错赔偿责任。

2. 当事人的行为能力推定

有效合同的当事人需要具有相应的民事行为能力，当事人民事行为能力的不同，会直接影响合同的效力。成年人为完全民事行为能力人，可以独立实施民事法律行为，十六周岁以上的未成年人，以自己的劳动收入为主要生活来源的，视为完全民事行为能力人。八周岁以上的未成年人和不能完全辨认自己行为的成年人为限制民事行为能力人，实施民事法律行为由其法定代理人代理或者经其法定代理人同意、追认；但是，可以独立实施纯获利益的民事法律行为或者与其年龄、智力、精神健康状况相适应的民事法律行为。不满八周岁的未成年人和不能辨认自己行为的人为无民事行为能力人，由其法定代理人代理实施民事法律行为。

在电子商务活动中，应当遵守《民法典》关于当事人行为能力的规定，并据此认定电子商务合同的法律效力。在实践中，可以依据当事人的电子签名、电子认证信息，在线交易中消费者所填写的姓名、年龄、居民身份证号码，以及提交的身份证件照片等，对当事人订立电子商务合同时的行为能力进行认定。我国《电子商务法》第 48 条第 2 款规定，在电子商务中推定当事人具有相应的民事行为能力，但是，有相反证据足以推翻的除外。

（二）自动信息系统

自动信息系统，是一种具备与交易相应的智能化系统的软件、硬件或其组合，该系统不需要人的审查或干预，而按照事先设定的程序独立发送、接收、处理信息，自动完成一项任务。智能化的交易系统，也被称为"电子代理人"，可以执行使用人的意思表示或根据其意思表示完成价格搜索、在线买卖、发出授权等，导致当事人之间合同关系的发生、变更、终止。投币式自动售货机、游戏机可被视为简化的自动信息系统。基于区块链技术的分布式自动信息系统则具有保障交易安全、防止信息篡改、防欺诈等优势。

自动信息系统是一种能够执行人的意思的智能化的交易工具，与一般工具明显不同，同时，其虽具有一定程度的独立性、自主性，但其智能是程序预设的、有限的，不具有民事主体综合判断行为后果的能力，没有独立的利益和承担责任的财产基础，因此，自动信息系统既不是简单的通信工具，也不具有独立的法律人格，而是使用人设立的一种智能化交易工具，其行为是当事人的行为，行为的效果归属于使用人。我国《电子商务法》第48条第1款规定，电子商务当事人使用自动信息系统订立或者履行合同的行为对使用该系统的当事人具有法律效力。这从立法上确认了自动信息系统的法律地位。一方面消除了法律障碍，承认了自动信息系统自动性的法律效力，与《联合国国际合同使用电子通信公约》第12条"通过自动信息系统与自然人之间的交互动作或通过若干自动信息系统之间的交互动作订立的合同，不得仅仅因为无自然人复查或干预这些系统进行的每一动作或由此产生的合同而被否定效力或可执行性"规定相一致。另一方面明确了行为的法律主体，自动信息系统自动生成、发送、接收的数据电文，属于使用该系统的法律主体实施的行为，应由该使用者承担相应的法律后果，而自动信息系统并非法律上的权利义务主体。在订立或者履行电子商务合同的过程中，如果自动信息系统发生技术故障，未按预先设定程序指令、算法、参数、条件运行，导致数据电文未按时传递、传递不完整、传递错误，自动信息系统的使用者仍应承担相应的法律后果，给对方当事人造成损失的，应承担赔偿责任。

自动信息系统的使用者有可能与开发者、提供者并非同一主体，例如淘宝网平台经营者是自动信息系统的提供者，淘宝网平台内经营者是该系统的使用者。平台内经营者与相对方即淘宝网平台内的消费者之间通过该自动信息系统订立的合同，对双方即系统的使用者、相对方具有法律约束力，而不当然约束系统的提供者。如果该系统由于可归责于提供者的原因造成技术故障、运行错误，使用者在向相对方承担合同责任之后，可以依据其与提供者之间的合同进行索赔。

（三）电子错误

电子错误，是指在电子商务合同的订立过程中，当事人因使用信息系统而产生的错误或变异。"错误"，是指人为错误，是行为人在使用电子通信过程中发生的输入、点击等操作错误，是一种不可归责于对方当事人的错误。其具体表现是当事人由于疏忽而在电子记录中提交了与其真实意思不一致的信息，例如，经营者将商品的单价100元错误标示为10元，消费者将购买的商品数量10个错误输入为100个，没有注意到自己的错误而将信息发出。"变异"，是指自动信息系统错误，是计算机系统或网络系统在自动运行过程中发生故障产生的错误，当事人的内心真实意思与外在表示行为均没有错误，但是由于信息系统技术的原因而导致对方收到的意思表示与当事人的真实意思表示不一致，属于技术原因导致的错误，例如，消费者输入10并提交购买相应数量的商品，但是信息系统错误的将其识别为100并作出承诺。

电子错误并非当事人的真实意思表示，当事人应采取适当措施防止电子错误的发生。我国《电子商务法》第50条规定："电子商务经营者应当清晰、全面、明确地告知用户订立合同的步骤、注意事项、下载方法等事项，并保证用户能够便利、完整地阅览和下载。电子商务经营者应当保证用户在提交订单前可以更正输入错误。"该规定既明确了电子商务经营者的告知、协助等义务，也对用户实际提出了尽到注意义务的要求。

在发生电子错误的情况下，电子商务合同并非当然无效，否则不利于保护市场交易安全，也不利于当事人双方利益的平衡，立法应当区分不同情况分别进行处理，并对当事人提供救济。对于人为电子错误，当事人可以撤销，电子商务合同被撤销后，当事人应当返还已收到的利益，不能返还的予以补偿，有过错的一方还应当赔偿另一方因此受到的损失。对于自动信息系统错误，原则上应由使用人承担责任，但意外事件可以成为使用人的免责事由。

（四）点击合同

点击合同，是指由商品或服务的提供者通过计算机程序预先设定合同条款的主要部分或全部，以规定其与用户之间的法律关系，用户必须点击"同意"才能订立的合同。用户在平台上购物或者进行用户注册时，通常被要求阅读平台服务协议并点击"我同意"才能继续，就属于点击合同的典型表现。

点击合同是电子商务环境下的格式合同，由传统的格式合同到拆封合同再到点击合同逐步发展演变而来。点击合同具有以下特点：具有格式性，合同内容由一方当事人预先拟定；具有广泛性，格式条款对不同的用户可以重复使用；具有互动性，尤其是B2C交易中，点击合同可以通过预设程序，根据订约人数、订购数量、履行地点等不同因素自动改变合同价格或其他条款。

关于格式条款的法律效力，《民法典》第496条规定，格式条款是当事人为了重复使用而预先拟定，并在订立合同时未与对方协商的条款。采用格式条款订立合同的，提供格式条款的一方应当遵循公平原则确定当事人之间的权利和义务，并采取合理的方式提示对方注意免除或者减轻其责任等与对方有重大利害关系的条款，按照对方的要求，对该条款予以说明。提供格式条款的一方未履行提示或者说明义务，致使对方没有注意或者理解与其有重大利害关系的条款的，对方可以主张该条款不成为合同的内容。因此，格式条款提供方应尽到提示、说明义务，格式条款的内容还应当符合公平原则的要求，提供格式条款一方不合理地免除或者减轻其责任、加重对方责任、限制对方主要权利，以及排除对方主要权利的，格式条款无效。如果对格式条款的理解发生争议，应当按照通常理解予以解释，对格式条款有两种以上解释的，应当作出不利于提供格式条款一方的解释。

点击合同应遵循上述格式合同的通用法律规则，例如，点击合同的提供者应采取适当措施保证消费者有机会和充分的时间审查和了解合同的每一条款及其具体内容，应采取合理措施提醒消费者注意格式条款特别是可能对消费者构成限制或不利的内容。此外，点击合同还应遵守《电子商务法》及其他相关法律的规定，例如，我国《电子商务法》第49条第2款规定："电子商务经营者不得以格式条款等方式约定消费者支付价款后合同不成立；格式条款等含有该内容的，其内容无效。"

三、电子商务合同的履行

合同的履行，是指债务人按照约定全面、适当的履行合同义务，使得债权人的合同债权得以完全实现。根据《民法典》第509条的规定，当事人应当按照约定全面履行自己的义务，应当遵循诚信原则，根据合同的性质、目的和交易习惯履行通知、协助、保密等义务，在履行合同过程中，应当避免浪费资源、污染环境、破坏生态。电子商务经营者销售商品或者提供服务，不履行合同义务或者履行合同义务不符合约定，或者造成他人损害的，依法承担民事责任。

（一）电子商务合同的履行规则

电子商务合同的履行，按照合同约定进行，当事人对有关事项没有约定或者约定不明确的，可以协议补充，不能达成补充协议的，按照合同相关条款或者交易习惯确定。仍不能确定的，适用下列规定：

1. 质量要求

电子商务合同中的用户一般只能按照经营者的文字描述和图片说明来判断产品质量，商品的实际情况与用户预想的情况差距较大的情形时有发生，可能由此引发争议。按照我国现行法律规定，对于质量要求不明确的，按照强制性国家标准履行，没有强制性国家标准的按照推荐性国家标准履行，没有推荐性国家标准的按照行业标准履行，没有国家标准、行业标准的，按照通常标准或者符合合同目的的特定标准履行。对于商品外包装有破损或者存在其他质量问题，通常认为如果外包装的质量问题不影响作为合同标的的商品本身的质量，经营者不构成违约，但是双方另有约定的除外。

2. 履行地点

对于实物商品交易，履行地点不明确的，给付货币的，在接受货币一方所在地履行，交付不动产的，在不动产所在地履行，其他标的，在履行义务一方所在地履行。对于信息产品交易，当事人约定不明确的，应将信息产品提供方所在地，包括主营业地、经常居住地，作为履行地点。

3. 履行期限

履行期限不明确的，债务人可以随时履行，债权人也可以随时请求履行，但是应当给对方必要的准备时间。

4. 履行费用

履行费用的负担不明确的，由履行义务一方负担；因债权人原因增加的履行费用，由债权人负担。

（二）电子商务合同的履行方式

根据标的种类的不同，电子商务合同的履行方式有所不同。

实物商品，通常采用离线交付的履行方式，快递物流是最普遍采用的方式。电子商务经营者应当按照承诺或者与消费者约定的方式向消费者交付商品或者服务，并承担商品运输中的风险和责任。电子商务当事人可以约定采用快递物流方式交付商品。快递物流服务提供者为电子商务提供快递物流服务，应当遵守法律、行政法规，并应当符合承诺的服务规范和时限。快递物流服务提供者在交付商品时，应当提示收货人当面查验；交由他人代收的，应当经收货人同意。

信息产品，通常采用在线交付的履行方式，也有的对信息产品的有形载体采用离线交付的方式履行交付义务。

合同价款，通常采用在线支付的方式进行，也有少数情况下采用线下付款方式，例如快递物流服务提供者在提供快递物流服务的同时，接受电子商务经营者的委托提供代收货款服务，在向用户交付商品的同时收取货款。

（三）电子商务合同标的的交付时间

关于电子商务合同标的的交付时间，《电子商务法》第 51 条对其基本规则和不同情况下的具体规则作出了明确规定，《民法典》第 512 条对其规则予以进一步的发展和完善。根据《民法典》第 512 条规定，电子商务合同当事人对交付商品或者提供服务的时间有约定的，按照其约定。这是电子商务合同标的交付时间的基本规则，体现了当事人意思自治的基本原则要求。在当事人没有约定的情况下，按照以下规则确定交付时间：

合同的标的为交付商品并采用快递物流方式交付的，收货人的签收时间为交付时间。收货人签收时应当对商品的数量、型号、规格和外观进行检验，经检验无误后签字接收商品。

合同的标的为提供服务的，生成的电子凭证或者实物凭证中载明的时间为提供服务时间。凭证没有载明时间或者载明时间与实际提供服务时间不一致的，以实际提供服务的时间为准。

合同的标的物为采用在线传输方式交付的，合同标的物进入对方当事人指定的特定系统且能够检索识别的时间为交付时间。

第三节　电子签名与电子认证

在合同或其他文件上手写签名或盖章，是民事活动中的普遍做法，也是法律的基本要求。签名的意思是写上自己的名字，主要具有三项功能：一是表明主体身份，确认身份的真实性；二是表明签名人对文件内容的确认；三是表明签名人同意受所签署文件的约束。在电子商务环境下，合同的网络化以及对交易便捷性的要求使得手写签名几乎无适用余地。电子签名与电子认证作为手写签名和传统认证方法的替代形式，在确保信息的完整性、主体身份的真实性等方面发挥了重要作用。

一、电子签名

（一）电子签名概述

1. 电子签名的概念和特征

根据《电子签名法》第 2 条规定，电子签名是指数据电文中以电子形式所含、所附用于识别签名人身份并表明签名人认可其中内容的数据。其中的数据电文，是指以电子、光学、磁或者类似手段生成、发送、接收或者储存的信息。

从概念可以看出，电子签名具有以下主要特征：第一，电子签名是电子形式的数据；第二，电子签名是附着于数据电文中的数据；第三，电子签名能够用于识别签名人身份；第四，电子签名表明签名人对相关数据电文内容的认可。

2. 电子签名的类型

电子签名是开放的、多样化的，随着电子技术的发展，电子签名的具体方式会更加丰富。按照目前的情况，电子签名的类型主要有数字签名、生物特征签名、密码签名、电子化签名等。

数字签名是目前为止发展最为完善的一类电子签名，它是一种应用非对称密码系统对信息运作产生的转换体，能够确保数据电文的真实性和内容完整性的一种技术应用程序。数字签名技术是公钥加密体制的应用，由公钥基础设施（PKI）提供密码转换，由接收者判断数据来源并验证数据。目前国内外普遍使用、技术成熟的是基于 PKI 的数字签名技术，该技术作为一个系统融合了公开密钥算法、原文加密技术和第三方认证机构（CA）认证等多重手段，能够确认签名照身份和数据的完整性。

生物特征签名是一种把签名与用户的指纹、面部、视网膜、脑电波、语音等独特的个人生物特征相联系的测定方法。其需要事先收集用户的生物特征，建立庞大的参考模板资料库，然后供用户进行事后比对、确认，随着技术的发展，指纹、人脸识别等签名方式正在被逐步推广。但是，个人的生物特征可能发生变化，目前尚无统一的生物特征采集与处理标准，以及测定技术的局限性，造成此种测定方法的识别准确率不高。另外，生物特征数据库在储存和披露过程中可能出现数据保护和人权方面的问题，给用户的数据和隐私保护带来一定的风险。

密码签名是一种传统且长期使用的签名方法，包括静态密码签名和动态密码签名，静态密码由用户自行设定，并可以修改，动态密码由系统随机生成。通常认为，动态密码更安全。

电子化签名是将手写签名与数字化技术相结合的一种签名方式。用户在特别设计的感应板上用笔手写输入姓名，经计算机程序识别后进行密码化处理，将该签名资料与所要签署的文件相结合，以完成原先在纸质文件上亲手签名所要完成的签署及证明动作，使他人无法修改已经签署的文件。电子化签名的优点在于维持了手写签名的传统方式，符合一般群众使用笔为书写工具的习惯、签写姓名表示身份并确认意思表示的观念。

（二）电子签名的适用范围

电子签名顺应了社会经济的发展趋势，能够满足电子商务、电子政务的发展需要，已经在现实生活中得到了广泛应用，并在立法层面上得到了确认。例如，《电子签名法》第3条第1款规定，民事活动中的合同或者其他文件、单证等文书，当事人可以约定使用或者不使用电子签名、数据电文。该规定在尊重当事人自由意愿的基础上，明确了使用电子签名的合法性。

但是，应当看到，电子签名作为一种新兴的交易方式，其应用需要借助一定的技术手段，但是技术水平状况可能尚不能解决所有问题，尚不能实现对交易安全的完全保障，并且目前的社会认知度和接受度不高。综合考虑以上因素，结合我国的实际情况，《电子签名法》第3条第3款规定了电子签名法的适用除外，也就是说，以下类型的法律文书不适用电子签名：涉及婚姻、收养、继承等人身关系的文书，涉及停止供水、供热、供气等公用事业服务的文书，以及法律、行政法规规定的不适用电子文书的其他情形。

（三）可靠电子签名

1. 可靠电子签名的认定条件

我国《电子签名法》采用了可靠电子签名的概念。电子签名同时符合以下四项条件的，视为可靠的电子签名：

第一，电子签名制作数据用于电子签名时，属于电子签名人专有。电子签名制作数据是电子签名过程中的核心和关键，只有明确其归属，才能判断电子签名与电子签名人之间的同一性和准确性。其中，电子签名制作数据，是指在电子签名过程中使用的，将电子签名与电子签名人可靠地联系起来的字符、编码等数据。电子签名人，是指持有电子签名制作数据并以本人身份或者以其所代表的人的名义实施电子签名的人。

第二，签署时电子签名制作数据仅由电子签名人控制。该控制应该是一种实质控制，是基于电子签名人的自由意志而对电子签名制作数据进行控制，至于实际实施的电子签名行为是由电子签名人本人实施还是委托他人代为实施则在所不论。

第三，签署后对电子签名的任何改动能够被发现。电子签名技术应该保障电子签名人的电子签名不会被随意改动，如有改动应能够被随时发现，被他人改动的电子签名不能成为可靠的电子签名。

第四，签署后对数据电文内容和形式的任何改动能够被发现。电子签名技术应该保障经电子签名人签署后的数据电文在内容和形式等各方面均不会被随意改动，否则不能实现电子签名表明签名人认可其所签署数据电文内容的基本功能，也不能保障电子签名人的合法权益。电子签名人签署后，对数据电文内容和形式的任何改动均应该能够被及时发现，被他人进行任何改动后的电子签名均不能成为可靠的电子签名。

基于意思自治原则的考虑，《电子签名法》同时规定当事人可以选择使用符合其约定的可靠条件的电子签名。只要能满足当事人对保障交易安全的需要，法律可予以认可。可靠电子签名认定条件的开放性，既符合技术中立、功能等同的要求，也为新技术方式的应用预留了法律空间。

2. 可靠电子签名的法律效力

可靠的电子签名与手写签名或者盖章具有同等的法律效力。法律效力的同等性具体可以有以下三个方面的表现：

从签名人的角度来说，电子签名与手写签名具有完全相同的功能：一是表明主体身份，确认身份的真实性，在签名人与所签署文件之间建立起直接的关联；二是表明签名人对文件内容的确认，包括对文件内容正确性和完整性的确认；三是表明签名人同意受所签署文件的约束，可靠的电子签名在签名人和所签署文件之间建立起了法律联系，签名具有法律上的约束力。

从数据电文的角度来说，经可靠电子签名的数据电文得到了签名人的认可，在符合书面形式要求、原件形式要求、文件保存要求及真实性要求的情况下，可以具有证据效力。

从民事法律行为的角度来说，可靠电子签名可以充分满足法律对于书面文件应由民事主体进行签名的要求，可靠电子签名对于民事法律行为的成立、生效，以及成立的时间、地点等，都有着极为重要的意义。

二、电子认证

（一）电子认证概述

电子认证，是指一个国家承认的电子认证服务机构对电子签名及其签署者的真实性、可靠性进行验证并颁发认证证书的活动。目前电子认证的对象主要是电子签名中的数字签名。

电子认证的作用主要是确保电子商务交易主体身份及有关信息内容等数据的真实性、完整性、机密性，增强电子签名的可信度，对外防止欺诈、对内防止否认。

电子认证是对电子签名的验证，电子签名是电子认证的前提条件，电子认证是电子签名的有效保障，二者均着力于解决电子商务交易安全问题，具有紧密联系。同时，二者存在一定的区别：电子签名属于网络安全技术保证，是从技术角度进行的身份认证，电子认证属于网络安全制度保证，是从制度角度进行的身份认证；电子签名侧重于解决文件归属于身份识别问题，即交易者是谁的问题，而电子认证侧重于解决签名者的可信度问题，即交易者是否确实是被签署姓名所代表的人。

电子认证由电子认证服务机构提供电子认证服务。电子认证服务机构是独立的第三方，其地位和立场中立，不参与市场交易活动本身，不是任何一方当事人或其代理人，而是为电子签名相关各方提供真实、可靠性验证的电子认证服务。所谓电子认证服务，是指由特定的第三方机构提供的对电子签名及其签名者的真实身份进行验证的服务，主要应用于电子交易的信用安全方面，以保障开放性网络环境中交易人身份的真实可靠并确定某个人的身份信息或者是特定的信息想传输过程中未被修改或替换。电子认证服务是一种信用认证服务，认证服务结果是经验证的有关电子签名人的基本信息，以电子信息形式签发电子签名认证证书，并不向当事人提供有形商品。

（二）电子认证服务机构

电子认证服务机构，在我国《电子签名法》上被称为电子认证服务机构，是指依法设立的，为需要进行第三方认证的电子签名提供认证服务的机构。电子认证服务机构应依法设立，提供服务过程中应受到政府部门的严格监管，以防止欺诈和信用危机。

1. 提供电子认证服务的条件

根据《电子签名法》第 17 条的规定，提供电子认证服务，应当具备下列条件：取得企业法人资格；具有与提供电子认证服务相适应的专业技术人员和管理人员；具有与提供电子认证服务相适应的资金和经营场所；具有符合国家安全标准的技术和设备；具有国家密码管理机构同意使用密码的证明文件；法律、行政法规规定的其他条件。

根据《电子签名法》第 18 条的规定，从事电子认证服务，应当向国务院信息产业主管部门提出申请，并提交符合规定条件的材料。国务院信息产业主管部门接到申请后经依法审查，征求国务院商务主管部门等有关部门的意见后，自接到申请之日起四十五日内作出许可或者不予许可的决定。予以许可的，颁发电子认证许可证书；不予许可的，应当书面通知申请人并告知理由。取得认证资格的电子认证服务机构，应当按照国务院信息产业主管部门的规定在互联网上公布其名称、许可证号等信息。

2. 电子认证服务机构的义务

（1）公布电子认证业务规则的义务。电子认证服务机构应当制定、公布符合国家有关规定的电子认证业务规则，并向国务院信息产业主管部门备案。电子认证业务规则应当包括责任范围、作业操作规范、信息安全保障措施等事项。

（2）审查义务。电子签名人向电子认证服务机构申请电子签名认证证书的，应当向电子认证服务机构提供真实、完整和准确的信息。电子认证服务机构收到电子签名认证证书申请后，应当对申请人的身份进行查验，并对有关材料进行审查。

(3) 签发电子签名认证证书的义务。对于经审查符合要求的电子签名认证申请，电子认证服务机构应当签发准确无误的电子签名认证证书，并载明下列内容：电子认证服务机构名称、证书持有人名称、证书序列号、证书有效期、证书持有人的电子签名验证数据、电子认证服务机构的电子签名，以及国务院信息产业主管部门规定的其他内容。

其中，电子签名认证证书是指可证实电子签名人与电子签名制作数据有联系的数据电文或者其他电子记录；电子签名验证数据，是指用于验证电子签名的数据，包括代码、口令、算法或者公钥等。

(4) 保证电子签名认证证书内容完整、准确的义务。电子认证服务机构应当保证电子签名认证证书内容在有效期内完整、准确，并保证电子签名依赖方能够证实或者了解电子签名认证证书所载内容及其他有关事项。

(5) 妥善保存义务。电子认证服务机构应当妥善保存与认证相关的信息，信息保存期限至少为电子签名认证证书失效后五年。

3. 电子认证服务的终止

电子认证服务机构拟暂停或者终止电子认证服务的，应当在暂停或者终止服务九十日前，就业务承接及其他有关事项通知有关各方。

电子认证服务机构拟暂停或者终止电子认证服务的，应当在暂停或者终止服务六十日前向国务院信息产业主管部门报告，并与其他电子认证服务机构就业务承接进行协商，作出妥善安排。

电子认证服务机构未能就业务承接事项与其他电子认证服务机构达成协议的，应当申请国务院信息产业主管部门安排其他电子认证服务机构承接其业务。

电子认证服务机构被依法吊销电子认证许可证书的，其业务承接事项的处理按照国务院信息产业主管部门的规定执行。

4. 电子认证服务机构的行政法律责任

电子认证服务机构应当符合法律规定的从业条件，提供电子认证服务时应当遵守相关规则，否则应承担相应的法律责任。

《电子签名法》第29条规定："未经许可提供电子认证服务的，由国务院信息产业主管部门责令停止违法行为；有违法所得的，没收违法所得；违法所得三十万元以上的，处违法所得一倍以上三倍以下的罚款；没有违法所得或者违法所得不足三十万元的，处十万元以上三十万元以下的罚款。"

《电子签名法》第30条规定："电子认证服务机构暂停或者终止电子认证服务，未在暂停或者终止服务六十日前向国务院信息产业主管部门报告的，由国务院信息产业主管部门对其直接负责的主管人员处一万元以上五万元以下的罚款。"

《电子签名法》第31条规定："电子认证服务机构不遵守认证业务规则、未妥善保存与认证相关的信息，或者有其他违法行为的，由国务院信息产业主管部门责令限期改正；逾期未改正的，吊销电子认证许可证书，其直接负责的主管人员和其他直接责任人员十年内不得从事电子认证服务。吊销电子认证许可证书的，应当予以公告并通知工商行政管理部门。”

（三）电子认证民事法律关系中的赔偿责任

电子认证民事法律关系首先涉及电子签名人、电子认证服务机构，其次还涉及与电子签名人进行交易的第三方即电子签名依赖方。电子签名依赖方，是指基于对电子签名认证证书或者电子签名的信赖从事有关活动的人。

电子签名人应当妥善保管电子签名制作数据。根据《电子签名法》第27条规定，电子签名人知悉电子签名制作数据已经失密或者可能已经失密未及时告知有关各方、并终止使用电子签名制作数据，未向电子认证服务机构提供真实、完整和准确的信息，或者有其他过错，给电子签名依赖方、电子认证服务机构造成损失的，承担赔偿责任。据此，电子签名人承担赔偿责任的原则是过错责任原则，与民事合同中违约责任以无过错责任原则为一般归责原则的做法明显不同。电子签名人在电子认证活动中通常处于弱势地位，过错责任原则可以鼓励人们采用电子签名，促进电子商务的发展，而且《电子签名法》第27条规定的过错责任属于特别法规定的法定责任，不因约定而被排除。

根据《电子签名法》第28条规定，电子签名人或者电子签名依赖方因依据电子认证服务机构提供的电子签名认证服务从事民事活动遭受损失，电子认证服务机构不能证明自己无过错的，承担赔偿责任。据此，电子认证服务机构承担的赔偿责任是过错推定责任，包括违约责任与侵权责任，均适用过错推定原则。我国的电子认证作为新兴产业，尚处于起步阶段，若适用无过错责任原则，将阻碍电子认证行业的发展，进而阻碍电子商务的发展，而电子签名人和电子签名依赖方相对于电子认证服务机构来说处于弱势地位，适用一般的过错责任原则不利于保护电子签名人、电子签名依赖方的权益，而过错推定原则可以更好地满足各种需要，既能公平保护各方利益又能促进电子商务的发展。

第四节　电 子 支 付

一、电子支付概述

（一）电子支付的概念和特征

支付，通常是指将资金从一方账户转移到另一方账户的过程是指社会经济活动中的债务清偿和货币转移行为。随着电子商务的发展，人们越来越多地采用电子支付方式。电子支付是指单位、个人直接或授权他人通过电子终端发出支付指令，实现货币支付与资金转移的行为。安全有效的电子支付是电子商务活动成功与繁荣的关键和保证。

相较于传统支付方式，电子支付具有两个突出特点：

第一，电子支付的工具是电子终端。电子终端，是指客户可用以发起电子支付指令的计算机、电话、销售点终端、自动柜员机、移动通信工具或其他电子设备。

第二，电子支付的资金来源不限于商业银行，还包括第三方支付平台等非金融机构。第三方支付平台，一般认为是交易双方当事人之外的第三方机构在电子商务买卖双方之间建立的一个中立的支付平台，为网上购物资金支付提供渠道服务和一定的安全保障，例如支付宝、财付通等。

（二）电子支付的类型

按电子支付指令发起方式的不同，电子支付可以分为网上支付、电话支付、移动支付、销售点终端交易、自动柜员机交易和其他电子支付。

其中，网上支付是应用最广泛的电子支付模式，经营者和用户之间可以采用电子现金、电子钱包、电子支票、信用卡等，通过网上银行、第三方平台、银联等进行支付。移动支付是移动运营商和金融机构共同推出的能实现远程在线支付的移动增值业务，以手机、PDA、移动 PC 等作为支付终端通信工具。

（三）电子支付工具

电子支付工具包括电子支付系统和接入设备两个方面。

电子支付系统是由一系列交易主体参与，由一系列支付工具、程序、设备组成，利用计算机技术进行电子货币交割、转账、记账等金融服务活动的体系。电子支付系统一般由用于银行与客户间支付与清算的支付服务系统、用于金融机构间支付与清算的支付清算系统、用于金融系统增值服务与监管的支付信息管理系统组成。

接入设备是根据一定的电子支付协议，当事人得以发动电子支付的承载工具或设备。包括卡基支付接入设备如信用卡、借记卡、智能卡，和条码支付受理终端如二维码等。

二、电子支付法律关系

（一）电子支付法律关系的主体

电子支付法律关系是电子支付法律规范所调整的电子支付相关当事人之间的权利义务关系。电子支付法律关系的主体较多，除了发端人、受益人、银行之外，还涉及认证机构、数据网络服务提供商、第三方支付平台等。

发端人，即电子支付中的付款人。发端人应按照其与发起行的协议规定，发起电子支付指令。电子支付指令与纸质支付凭证可以相互转换，二者具有同等效力。

受益人，即电子支付中的收款人。受益人按照其与接收行的协议规定，要求接收行妥当接收所划拨来的资金。

银行，包括发起行、接收行。发起行，是指接受客户委托发出电子支付指令的银行。接收行，是指电子支付指令接收人的开户银行，接收人未在银行开立账户的，指电子支付指令确定的资金汇入银行。银行在电子支付活动中起到支付中介、结算中介以及提供信用担保的作用。

（二）电子支付法律关系的类型

1. 发端人与受益人之间的合同关系

《电子商务法》第 53 条第 1 款规定，电子商务当事人可以约定采用电子支付方式支付价款。发端人与受益人之间存在的合同关系，是发端人向受益人支付款项的法律依据，也是引起电子支付法律关系发生的基本前提。发端人与受益人之间的这种关系，主要是买卖关系，也可以是其他法律关系。

2. 发端人、受益人与银行之间的金融服务合同关系

要采用电子支付，发端人、受益人均需与银行签订金融服务合同，在银行开立结算账户。发端人发出支付指令后，发起行按照发端人指令实施资金划拨，如资金划拨失败、失误，应按金融服务合同的约定向发端人承担赔偿责任。接收行按照接收到的指令妥当接收所划拨来的资金，及时履行义务，接收行的行为如有失误、迟延，应按金融服务合同的约定向受益人承担赔偿损失等违约责任。

3. 银行之间的合同关系

发起行、接收行，甚至包括中间行，通常都是某一电子资金划拨系统的成员，成员之间存在一系列关联合同，相互负有合同义务，若接收行、中间行中的某一个银行未能妥当执行资金划拨指示，可能需要同时向多方主体承担违约责任。

4. 银行与数据网络服务提供商之间的数据网络服务合同关系

数据网络服务提供商的义务，主要是采取各种有效措施保证电子支付的准确性、安全性，以及数据传输的机密性、完整性。数据网络服务提供商的行为如不符合数据网络服务合同的要求，应向银行承担违约责任。

5. 电子认证服务机构与电子签名人、电子签名依赖方之间的电子签名认证服务关系

在电子支付中，发端人、受益人都可能会进行电子签名认证，形成电子签名认证服务关系，其他相关各方也会成为电子签名依赖方。如果电子认证服务机构提供的电子签名认证服务存在瑕疵且不能证明自己无过错，电子签名人、电子签名依赖方因此遭受损失的，电子认证服务机构应依照《电子签名法》的规定和相关合同约定承担赔偿责任。

6. 第三方支付平台分别与发端人、受益人、银行之间的合同关系

第三方支付平台与发端人之间的关系主要是代为履行支付行为。第三方支付平台在发端人发出电子支付指令之前，代为保管作为发端人即买受人与受益人即电子

商务经营者之间商品或服务对价的款项，该款项在暂存期间产生的收益可以认为是第三方支付机构代为履行行为的对价。

第三方支付平台与受益人之间的关系主要是第三方支付平台代为受领作为商品或服务对价的款项，并向受益人即电子商务经营者收取服务费用。

第三方支付平台与银行之间就电子支付存在合作服务关系。银行将其电子支付业务转包给第三方支付机构的，应与第三方支付机构签订协议，并确立一套综合性、持续性的程序，以管理其外包关系。第三方支付机构应当与商业银行签订备付金存管协议，明确双方的权利、义务和责任，并向所在地中国人民银行分支机构报送备付金存管协议和备付金专用存款账户的信息资料。

（三）电子支付法律关系的内容

1. 发端人在电子支付中的权利义务

发端人在电子支付中的权利主要有：①发端人有权要求发起行按照其电子支付指令的要求及时将指定金额款项支付给受益人。②若发起行的行为不完全符合要求，发端人有权要求发起行承担赔偿损失等违约责任。

发端人在电子支付中的义务主要有：①发端人应签发正确的电子支付指令，并有义务进行检查、修正。《电子商务法》第55条第1款规定，用户在发出支付指令前，应当核对支付指令所包含的金额、收款人等完整信息。②发端人应当妥善保管交易密码、电子签名数据等安全工具，并负有保密义务。③发端人发现安全工具遗失、被盗用或者未经授权的支付的，应当及时通知电子支付服务提供者。④在符合商业惯例的情况下，发端人负有义务接受电子认证服务机构的电子签名认证服务。⑤发端人在发出电子支付指令后，应接受其指令的约束，承担从其指定账户向受益人付款的法律后果。

2. 受益人在电子支付中的权利义务

受益人是电子支付中的收款人。受益人按照债权债务关系有权得到发端人、银行的通知，有权受领发端人支付的资金，有权要求接收行妥当接收所划拨来的资金。同时，受益人应履行通知义务，在受领款项后告知发端人已收到款项，在未能按发端人通知受领款项或其他情况时，应及时告知发端人请其核实，避免发生更大损失。

3. 银行在电子支付中的权利义务

银行在电子支付的实施过程和安全保障中起着非常重要的作用，其应履行电子支付服务提供者的义务，同时享有以下权利：①审查指令的权利。银行在收到支付指令后，有权进行审查，对于不符合要求的指令，有权要求修正，仍不符合要求的，银行有权拒绝接受支付指令。②要求发端人支付资金款项及相关费用的权利。③要求发端人承担指令后果的权利。发端人在电子支付过程中如存在过错，且造成损失的，发端人应承担相应的后果。

三、电子支付服务提供者的义务

根据《电子商务法》第53~57条的规定，电子支付服务提供者应承担以下义务与责任。

（一）告知义务

电子支付服务提供者为电子商务提供电子支付服务，应当遵守国家规定，告知用户电子支付服务的功能、使用方法、注意事项、相关风险和收费标准等事项。

与该告知义务相对应的是用户的知情权。用户充分了解相关情况，是用户选择服务、正确使用的前提条件，也是提高用户风险防范意识的有效措施。电子支付服务提供者未履行或未适当履行告知义务造成用户损失的，应承担相应后果。

（二）公平交易义务

电子支付服务提供者是交易条件的制定者、交易价格的制定者、交易方式的操控者，相较于用户而言，其处于绝对优势地位，对其行为，有必要加以规范。电子商务法为此明确规定电子支付服务提供者“不得附加不合理交易条件”，交易条件是否合理应按照《民法典》总则编关于基本原则的规定、总则编关于民事法律行为效力的规定、合同编关于合同效力的规定以及案件相关情况综合进行判断。

（三）确保电子支付指令符合一般要求的义务

电子支付服务提供者应当确保电子支付指令的完整性、一致性、可跟踪稽核和不可篡改。完整性是指电子支付指令能准确、完全体现用户的意思表示，包括交易金额、交易时间、交易渠道、收款人名称等。一致性是指指令内容在电子支付的全流程中应保持数据的一致，最终执行的仍然是发端人发出的真实、准确的意思表示。可跟踪稽核是反洗钱的要求，电子支付服务提供者应建立客户身份识别、身份资料保管、交易记录保管等制度并落实到位。不可篡改是指电子支付信息的安全保障，确保免遭外部攻击、内部违法违规操作的影响。

（四）免费提供对账服务及保存交易记录的义务

电子支付服务提供者向用户提供交易信息是其应尽的义务，但是为便利电子支付活动，不宜强制电子支付服务提供者在每次交易时都要向用户提供纸质交易记录，为此，电子商务法规定电子支付服务提供者应当向用户免费提供对账服务以及最近三年的交易记录。用户可以及时核对账目，在权利受到损失时能够提供证据获得救济。

（五）电子支付安全管理义务

电子支付服务提供者应当采取一系列有效措施，确保电子支付的安全。电子支付服务提供者提供电子支付服务不符合国家有关支付安全管理要求，造成用户损失的，应当承担赔偿责任。该赔偿责任在性质上属于过错责任。

（六）支付错误时的义务和责任

支付指令是用户向电子支付服务提供者发出的将确定金额的款项付给收款人的无条件指示。支付指令是用户发起资金划拨的意思表示，具有法律效力，其内容应包括付款人和收款人的姓名或名称、交易金额、发起时间等，并经用户确认。用户在发出支付指令前，应当核对支付指令所包含的金额、收款人等完整信息。

如果支付指令发生错误，因电子支付技术性强，用户存在技术障碍和现实困难，应当由电子支付服务提供者及时查找原因，并采取相关措施予以纠正。如果因支付指令发生错误造成用户损失，电子支付服务提供者应当按照过错推定责任原则向用户承担赔偿责任，电子支付服务提供者能够证明支付错误非自身原因造成的，其不承担赔偿责任。

（七）提供确认支付信息的义务

电子支付服务提供者完成电子支付后，应当及时准确地向用户提供符合约定方式的确认支付的信息。“及时”是对时间的要求，现在大部分电子支付系统能够做到即时通知。“准确”是对内容的要求，通知内容通常包括支付时间、支付方式、支付对象、支付金额等，电子支付服务提供者向用户提供的信息应当与实际情况保持完全一致。

（八）承担未经授权支付的损失

电子支付活动中，电子支付服务提供者和用户均承担安全义务。用户应当妥善保管交易密码、电子签名数据等安全工具，用户发现安全工具遗失、被盗用或者未经授权的支付的，应当及时通知电子支付服务提供者。对于因用户自身过错造成的损失，由用户自行承担后果，用户没有过错的，由电子支付服务提供者承担责任，并且，关于用户是否存在过错，由电子支付服务提供者承担举证责任。也就是说，未经授权的支付造成的损失，由电子支付服务提供者承担，电子支付服务提供者能够证明未经授权的支付是因用户的过错造成的，不承担责任。同时，电子支付服务提供者发现支付指令未经授权，或者收到用户支付指令未经授权的通知时，应当立即采取措施防止损失扩大。电子支付服务提供者未及时采取措施导致损失扩大的，对损失扩大部分承担责任。

【案例阅读】

李某某与中国工商银行股份有限公司广州京溪支行银行卡纠纷案①

原告李某某持有的卡号为62＊＊的银行卡是在被告处开设的，该卡的存

① 广州市白云区人民法院 2016 粤 0111 民初 7512 号民事判决［EB/OL］. 中国裁判文书网，https：//wenshu. court. gov. cn/.

款类型为活期储蓄。2010年11月8日开通电子银行，并领取U盾。原告在申请书上签名确认开通网上银行对外转账，开通网银电子商务功能，开通网上银行缴费业务。在客户确认处显示：本人确认已经收到银行提供的相关业务章程和管理协议，原告在客户签名处签名确认。原告设定的e支付注册信息显示：单笔交易限额为5000元，日累计交易限额为5000元，注册日期为2014年5月22日，最后修改日期为2016年3月21日。原告陈述其于2016年3月20日晚上在家睡觉发现手机短信，银行卡有消费短信，就马上打电话向广州市公安局白云区分局京溪派出所报警，并拨打95588报停卡，实际报警时间为2016年3月21日0时53分，受案登记表文号为穗公云受案字［2016］12619号。2016年4月15日，广州市公安局白云区分局发出《立案告知书》，对上述行为立信用卡诈骗案。被告主张其在原告涉案银行交易过程中没有过错，其严格按照双方约定的《中国工商银行电子银行个人客户服务协议》操作。该协议约定甲方（客户）与乙方（中国工商银行）就电子银行相关事宜达成协议：协议就甲方的权利和义务约定：甲方必须妥善保管本人注册卡号（账号、登录ID或注册手机号码）、密码、电子银行口令卡、U盾、工银电子密码器及接收短信认证和工银e支付信息的手机。乙方执行通过安全程序的电子支付指令后，甲方不得要求变更或撤销电子支付指令。被告提交的该行资料显示，涉案八笔交易发生时，被告方发送了验证码信息及付款验证码信息。该资料另显示，在涉案八笔交易发生前，有显示原告的工银e支付信息被修改，诉讼中，原、被告确认，原告在被告处预留手机未收到上述资金被盗取时发出的短信信息，事发后，原告到被告处验证，被告确认该手机未收到银行发出的上述交易发生时银行发送的短信信息。

法院认为：原告在被告处开户并领取银行卡使用，双方储蓄存款合同关系成立。根据工银e支付流程规则，进行操作e支付均需要输入姓名、身份证号码、银行卡卡号、手机号码及网站发送到手机的验证码等完全正确，方能付款消费成功。根据银行查询涉案资金操作过程，涉案八笔支付均输入了正确的信息资料，表明原告的上述信息在某种情况下被泄露。原告陈述其信息、密码并未告知他人且银行卡随身携带并未遗失，在没有证据证实存款损失的发生系由于原告保管账户信息、密码不当或存在道德风险的情况下，原告有权依据合同关系向被告主张损失赔偿。原告借记卡凭个人信息及短信验证码进行涉案交易，该信息及验证码具有私有性、唯一性和私密性，交易时通过输入上述信息进行身份识别，从而起到电子签名的作用，因此，持卡人对账户信息及验证码应当负有比一般财产更加严格的保管和保密的义务，本案中无证据证实原告存在泄露账户信息及验证码的过错，亦无证据证实被告对原告涉案借记卡的账户信息、验证码泄露存在过错。根据一般经验法则，不排除原告无意泄露相关信息的可能性。但退一步说即使原告在某种情况下泄露了相关信息。被告掌握并控制着原告的登记资料、资金存储、数据交换、交易监控等一切信息及技术，如果被告的短信提醒能够正常发送至原告的个人手机，原告的款项损失便会减少。而本案的事实是，即使被告举证其已向原告的预留手机发送出了验证码信息，但原告的手机确实未收到相关信息，进而导致原告的损失扩大，表明被告在履行合同过程中未正确尽到通知义务。被告亦未提供充分的证据证明原告的账户存款变动是原告本人或者授权他人交易的事实，应认定被告存在违反风险控制、安全维护义务的违约行为。根据上述分析，原告涉案银行卡里的9984元损失系原、被告的共同违约所致。在此前提下，对于涉案双方的违约程度问题，考虑到被告作为以营利为目的的商事主体，在向金融消费者原告提供服务的过程中，更有能力预防和避免犯罪嫌疑人通过科技手段来侵害金融服务系统，以保障金融消费者的资金安全。结合案件的实际情况，从公平角度出发，根据公平和诚实信用原则，法院酌定被告承担涉案银行卡的9 984元的资金损失80%的损失即7 987元；原告承担20%的损失即1 997元。

◎ 思考与讨论

1. 电子商务合同有哪些特征？
2. 如何判断电子商务合同成立的时间？
3. 在电子商务合同的履行中，快递物流服务提供者处于什么样的法律地位？
4. 可靠电子签名的认定有哪些条件？

第五章 电子商务与知识产权保护

【学习目的】

了解电子商务环境下的知识产权问题；掌握电子商务域名保护的相关法律规定；掌握电子商务著作权保护的相关法律规定；掌握电子商务商标权保护的相关规定；掌握电子商务专利权保护的相关规定。

【知识结构】

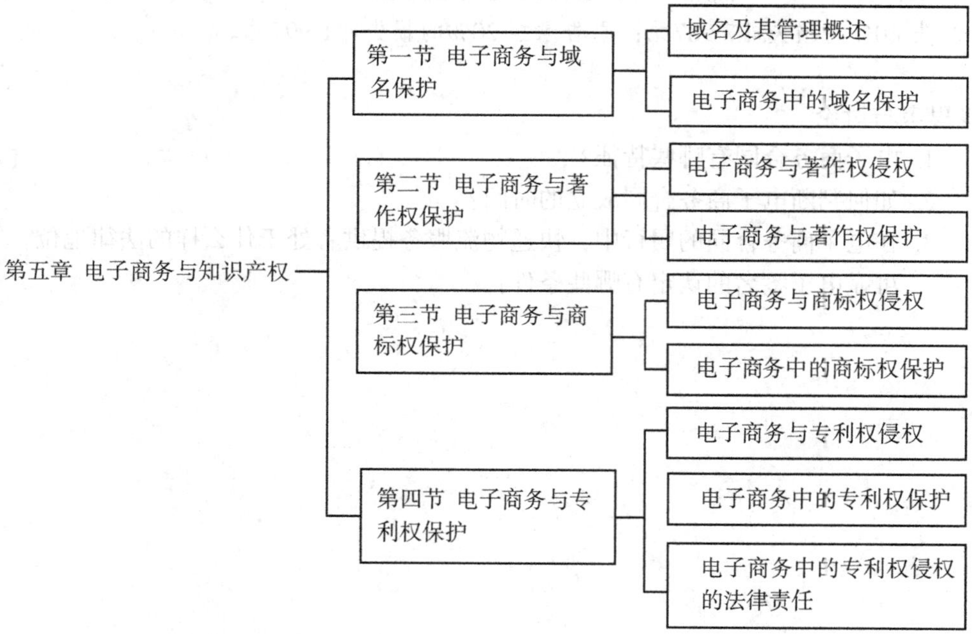

【导语】

从互联网技术出现到其应用于电子商务，我国电子商务知识产权的保护也经历了从无意识到重视、由粗放到细化的过程。①《电子商务法》出台后对于电子商务

① 赵旭东．电子商务法学［M］．北京：高等教育出版社，2019：153.

平台经营者保护知识产权的义务和责任有了较为明确的规定，但除此以外，电子商务中的知识产权保护仍具有其特殊性。本章将就电子商务中相关的知识产权（域名、著作权、商标、专利）的保护及其规范进行理论梳理与案例分析。

第一节　电子商务与域名保护

一、域名及其管理概述

（一）域名

1. 域名的定义

域名是指互联网上识别和定位计算机的层次结构式的字符标识，与该计算机的IP地址相对应。由于IP地址通常采用十进制数字表达，不利于用户记忆和使用，因此将IP地址与域名相互关联起来，采用域名方便网络用户搜索和使用相关网址。与IP地址采用数字表达不同的是，域名采用分层树状的结构呈现，由计算机名、注册人主体名称、网络类型名、顶级域名共同组成。以www.people.com.cn为例，其中www（World Wide Web，万维网）是计算机名，people是注册人的主体名称，com是网络类型名，cn是顶级域名，每一级域名中间用点号分隔开。

2. 域名的特征

（1）唯一性，域名与IP地址相互关联和印证，IP地址的唯一性也体现在域名的唯一性上。域名的使用是全球范围内的，因此与传统知识产权的地域性特征形成鲜明的对比。

（2）排他性，互联网域名的取得采用先申请原则，一旦获得相关机构的核准和授权，该域名就具有专有的排他性。

（3）稀缺性，也正因为需要通过注册才能获得，因此域名存在一定的稀缺性。域名的特殊属性使得电子商务实践中域名的法律保护问题显得更为复杂和棘手。

3. 域名的类型

域名的类型有多种划分方式。从范围上可以分为国际域名和国家域名。从结构上，由于域名采用分层树状结构，因此可以分为顶级域名、二级域名和三级域名。从种类上看，域名可以分为类别域名和行政区域名等。

国际顶级域名表示注册者的域名使用不带有国家特征，最常见的com表示与商业有关的网站，edu表示与教育有关的网站，gov表示政府部门的网站等。大多数的国际域名争议集中在com这一商业域名中。在国际顶级域名下，二级域名是指域名注册人的网上名称，例如baidu，microsoft，huawei等。

国家顶级域名是指国家按照国家代码分配的顶级域名，例如中国是cn，法国是fr，美国是us，日本是jp等。在中国互联网络的二级域名分为类别域名和行政区域名两类。类别域名有6个，分别为：AC——适用于科研机构；COM——适用于工、商、金融等企业；EDU——适用于教育机构；GOV——适用于政府部门；NET——适用于互联网络、接入网络的信息中心（NIC）和运行中心（NOC）；ORG——适用于各种非营利性的组织。行政区域名有34个，适用于我国的各省、自治区、直辖市，例如BJ——北京市；SH——上海市等。目前含有中文字元的二级域名的应用也逐步获得推广和应用，例如新华网.cn，阿里巴巴.com，京东全球购.com等。三级域名是用字母、数字、连接符等组成，通常采用申请人的英文名（或者缩写）或者汉语拼音名（或者缩写），以保持域名的清晰性和简洁性。

（二）域名管理

1. 域名的申请注册

域名的取得根据"先申请先注册"的原则处理。域名注册管理机构及域名注册服务机构对申请人提出的域名申请进行真实身份的核验以及是否损害第三方的正当权利进行审查。在相同的顶级域名下的二级域名应当是唯一的，但不同顶级域名下的二级域名可以是相同的，例如baidu这个二级域名可以在.com这个国际商业顶级域名中注册，也可以在.cn这个国家顶级域名中注册。

2. 域名的管理机构

互联网名称与数字地址分配机构（The Internet Corporation for Assigned Names and Numbers，ICANN）是管理全球互联网域名系统的非营利性国际组织，该机构协调互联网唯一标识符（例如互联网协议地址）的分配和指定、认证通用顶级域名的注册商，致力于维护互联网的安全性和稳定性以及可互操作性等。值得注意的是ICANN并不负责域名注册，它是管理域名注册服务商和提供注册查询的管理机构。与此同时，ICANN指定了世界知识产权组织（WIPO）的仲裁和调解中心作为法定权利异议的争议解决机构，为国际域名的申请注册、域名查询、争端解决等提供了全方位的管理和服务。

中国互联网络信息中心（China Internet Network Information Center，CNNIC）是经国家主管部门批准组建的管理和服务机构，行使国家互联网络信息中心的职责，是我国域名注册管理机构和域名根服务器运行机构，负责运行和管理国家顶级域名.CN、中文域名系统、为用户提供域名注册、域名解析和查询等服务。与管理全球互联网域名系统的ICANN不同的是，CNNIC作为中国国内的域名管理机构，同时也是域名注册机构，接受申请人的域名申请和审核。CNNIC域名审核流程如图5-1所示。

二、电子商务中的域名保护

（一）域名保护的相关法律与政策

1. 国际组织对域名的法律保护

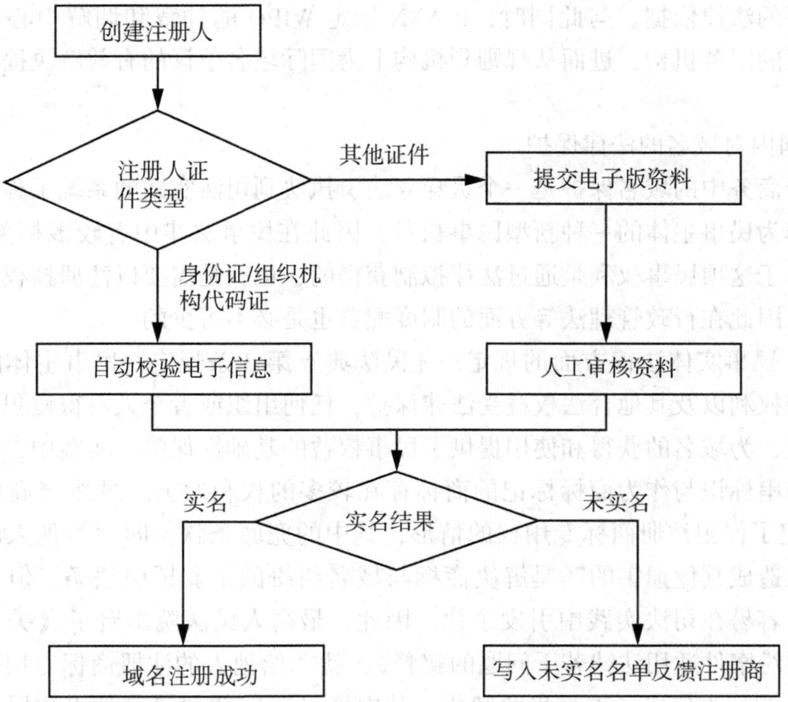

图 5-1 CNNIC 域名审核标准

互联网域名争议解决制度是迄今为止最为成功的在线争议解决机制，投诉、受理、答辩、审理、裁决与执行等全部在网上完成。① 互联网域名争议解决机制的成功经验为全球电子商务中域名保护提供了有益的借鉴。

国际组织对域名保护的实践主要来自两个机构，一个是世界知识产权组织（WIPO），另一个是互联网名称与数字地址分配机构（ICANN）。

WIPO 在 1999 年发布的《互联网名称与地址：知识产权议题最终报告》中提出，在 WIPO 的仲裁与调解中心设立统一域名争议解决政策（Uniform Domain Name Dispute Resolution Policy，UDRP），而无须通过法院诉讼即可解决互联网域名争端。根据该政策，WIPO 的仲裁与调解中心已处理了 48000 多个案件。② 这一报告被视为是世界范围内第一个对域名保护作出全面规定的国际性法律文件。③

ICANN 在接受 WIPO《互联网名称与地址：知识产权议题最终报告》的基础

① 薛虹．国际电子商务法通论［M］．北京：中国法制出版社，2019：140.
② https：//www. wipo. int/amc/en/domains/［EB/OL］.
③ 陈长杰．域名法律保护制度研究［D］．中南财经政法大学，2018：104.

上，提出了《统一域名争端解决规则》，该规则为国际通用顶级域名争议的解决提供了重要的法律依据。与此同时，ICANN 指定 WIPO 的仲裁和调解中心作为解决域名争议的服务机构，进而从规则到机构上为国际域名争议的有效解决提供了法律保障。

2. 国内对域名的法律保护

电子商务中的域名保护是一个贯穿立法、执法到司法实践的系统工程。域名权首先是作为民事主体的一种新型民事权益，因此在民事法律中有较多相关的规定；其次，由于这项民事权利是通过法律拟制获得的，也就是需要以注册授权的方式加以确认，因此在行政管理法等方面的制度配置也是必不可少的。

（1）民事实体法律方面的规定。《民法典》第 3 条规定，民事主体的人身权利、财产权利以及其他合法权益受法律保护，任何组织或者个人不得侵犯。这一原则性规定，为域名的获得和使用提供了民事权益的基础性保障。实践中，域名作为一种字符串标识与作为商标标记的商标存在较多的权利冲突。虽然《商标法》第 57 条规定了侵犯注册商标专用权的情形，其中的兜底条款，即“给他人的注册商标专用权造成其他损害的”是解决商标与域名纠纷的主要援引法条。但该条文不够具体，容易在司法实践中引发争执。因此，最高人民法院出台了《关于审理商标民事纠纷案件适用法律若干问题的解释》，就“给他人的注册商标专用权造成其他损害”的行为作出了进一步的细化，其中第（三）款“将与他人注册商标相同或者相近似的文字注册为域名，并且通过该域名进行相关商品交易的电子商务，容易使相关公众产生误认的”是解决域名与商标纠纷的详细规定。

同时，由于域名具有唯一性、排他性、稀缺性等属性，因此《反不正当竞争法》第 2 条中关于经营者在生产经营活动中，应当遵循自愿、平等、公平、诚信的原则，遵守法律和商业道德的规定，也对域名注册和使用行为提出一定的规范要求。《最高人民法院关于审理涉及计算机网络域名民事纠纷案件适用法律若干问题的解释》第 4 条进一步结合《商标法》和《反不正当竞争法》的规定，明确应当认定注册、使用域名等行为构成侵权或者不正当竞争的条件。以上的规定从消极防御的方面提出规制域名的不当注册和使用行为，以保护商标权人的利益，同时也为域名的保护划定了边界。

（2）域名行政管理方面的法律。为了规范互联网域名服务，保护用户合法权益，保障互联网域名系统安全、可靠运行，相关部门出台了一系列关于域名行政管理及域名争端解决的若干规定。主要包括如下：《中国互联网络域名注册暂行管理办法》（部门规范性文件，1997）；《中国互联网络信息中心域名争议解决办法》（部门规范性文件，2014 年修订）》《中国互联网络信息中心国家顶级域名争议解决程序规则》（部门规范性文件，2014）《互联网域名管理办法》（部门规章，

2017）。以上规范性文件为域名的注册服务、运行维护、监督管理、法律责任等提供了明确的域名管理上的详细规定。

（3）域名争议解决的程序法。域名争议纠纷主要采取两种解决方式。第一是通过诉讼解决域名纠纷，主要依据《民事诉讼法》《最高人民法院关于审理涉及计算机网络域名民事纠纷案件适用法律若干问题的解释》；第二是通过仲裁解决域名纠纷。2000年中国国际经济贸易委员会成立域名争议解决中心，作为CNNIC授权的争议解决机构，解决.CN/中文域名争议；作为ICANN指定的通用顶级域名争议解决机构之一的亚洲域名争议解决中心的北京秘书处，解决.COM、.ORG、.NET等通用顶级域名和新通用顶级域名争议。关于解决顶级域名的纠纷，中国国际经济贸易委员会根据相关部门规章和规范性文件发布了《国家顶级域名争议解决程序规则》《中国国际经济贸易仲裁委员会关于〈国家顶级域名争议解决办法〉补充规则》并制作了详细的申请流程（见图5-2）。

（二）域名争议纠纷及其解决

1. 域名与商标

互联网技术的突飞猛进带来了电子商务的迅速发展，域名侵犯商标权是目前电子商务领域里出现的数量最多的与域名相关的争议。由于商标是文字、图形或数字的组合而域名是字符串、数字或连接符的组合，因此两者的呈现具有十分相似的表达。现实世界里，商标早已成为商业实体拓展市场必须考虑在先的知识产权部署。相比之下，域名的商业价值是随着电子商务的繁荣而逐步为人们所重视的。因此，域名与商标的冲突主要表现为域名申请人将他人在先使用的商标注册为域名所引发的民事纠纷。

通用顶级域名与商标之争的典型案例如新浪与腾讯关于“微博”域名的争议。2013年，腾讯向ICANN提出英文域名（.weibo）和中文域名（.微博）的通用顶级域名的申请，新浪向WIPO仲裁和调解中心提出法定权利异议。新浪主张腾讯如果获准注册英文域名（.weibo）和中文域名（.微博）的通用顶级域名将会损害新浪持有的“微博”注册商标权。腾讯辩称，“微博”一词系通用名称，新浪在中国获得“微博”商标注册本身有恶意之嫌疑。WIPO仲裁和调解中心的专家组在裁决意见中支持了新浪提出的法定权利主张，最终腾讯英文域名（.weibo）和中文域名（.微博）的顶级域名的申请注册未获通过，新浪赢得这两个域名的管理权。

关于中国互联网络二级域名争议纠纷的典型案例，如梅西西部商店有限公司诉北京国网信息有限公司侵害网络域名纠纷案。原告梅西西部商店有限公司享有Macy’s的中国注册商标权，被告北京国网信息有限公司抢注了macys.cn和macys.com.cn的中国网络域名。北京市知识产权法院最终判定被告的抢注域名行为构成不正当竞争，争议域名应转移给原告。

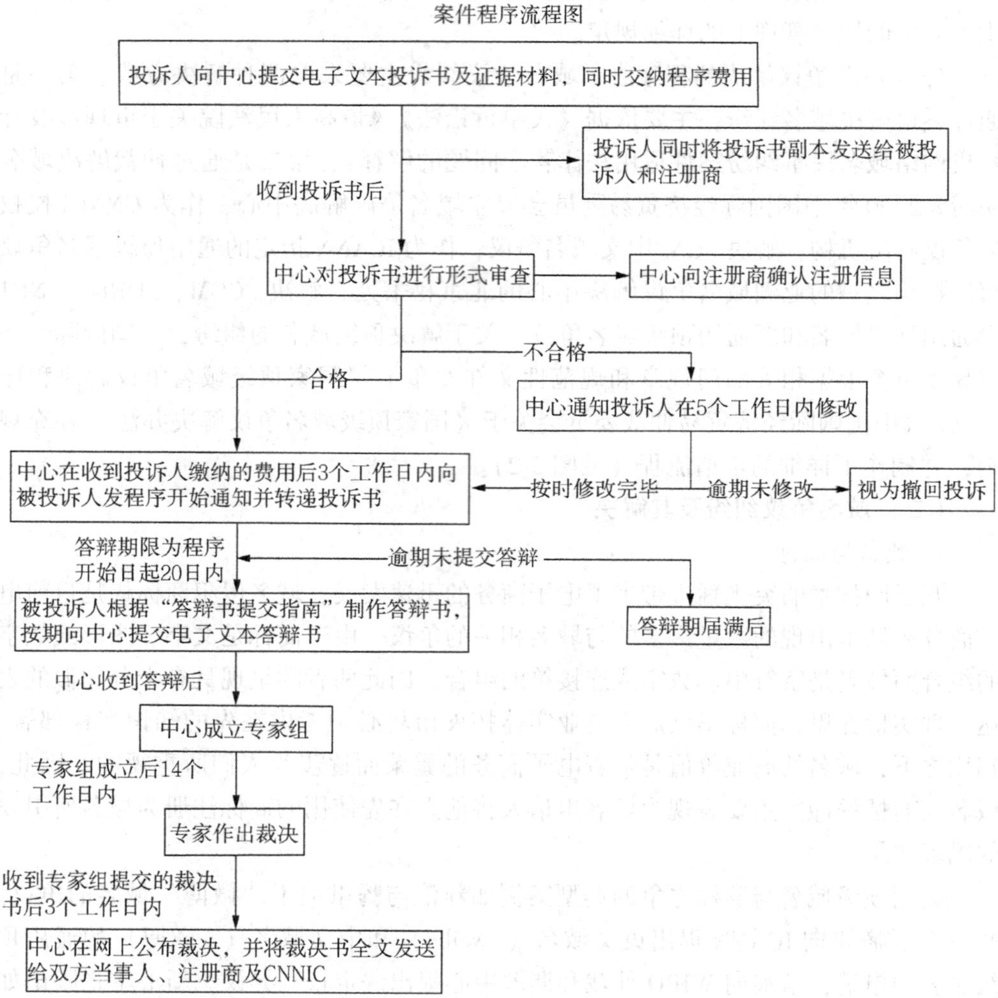

图 5-2　案件程序流程图

2. 域名纠纷的解决

域名纠纷的解决主要采用两种路径，最常见的是通过仲裁机构解决域名纠纷；另外一种是通过诉讼解决域名纠纷。两种纠纷解决机制各有利弊。首先，从管辖上看，仲裁的域名争议解决案件是通过在线提交书面审理，而域名诉讼解决需要考虑法院管辖问题，相应的成本会更高。其次，从效率上看，域名的仲裁争议解决审理效率更高，而诉讼的审限更长，如果含有涉外因素的则审限更难以把握。最后，从救济上看，仲裁解决争议的救济限于域名管理权的确认或转让等确权和流转问题，不支持任何损害赔偿的主张；而诉讼中除了主张转让域名外仍可以就损害赔偿问题提出权利诉求。

ICANN 的《统一域名争议解决政策》适用于全球范围内通用顶级域名争议的解决。审理域名争端的事由主要包括如下：（1）字符串混淆的异议；（2）法定权利冲突的异议；（3）损害限定的公共利益；（4）社群异议。

《最高人民法院关于审理涉及计算机网络域名民事纠纷案件适用法律若干问题的解释》的第 4 条规定，人民法院审理域名纠纷案件，对符合以下各项条件的，应当认定被告注册、使用域名等行为构成侵权或者不正当竞争：（1）原告请求保护的民事权益合法有效；（2）被告域名或其主要部分构成对原告驰名商标的复制、模仿、翻译或音译；或者与原告的注册商标、域名等相同或近似，足以造成相关公众的误认；（3）被告对该域名或其主要部分不享有权益，也无注册、使用该域名的正当理由；（4）被告对该域名的注册、使用具有恶意。

审理域名构成侵权或者不正当竞争的判断标准包括了主客观因素及其结合。①客观上考察，顶级域名申请人的申请字符是否在外观、读音和含义方面与异议人的注册商标或使用商标相同或近似；主观上考察，顶级域名申请人注册或使用域名是否存在恶意。主客观结合上考察，域名申请人是否对异议人的正当在先权利构成侵害，该在先权利在多大程度上是为公众所知晓的，如果构成侵害，主观上是善意还是恶意的。

关于主观因素方面，《最高人民法院关于审理涉及计算机网络域名民事纠纷案件适用法律若干问题的解释》的第 5 条进一步明确，被告的行为被证明具有下列情形之一的，人民法院应当认定其具有恶意：（1）为商业目的将他人驰名商标注册为域名的；（2）为商业目的注册、使用与原告的注册商标、域名等相同或近似的域名，故意造成与原告提供的产品、服务或者原告网站的混淆，误导网络用户访问其网站或其他在线站点的；（3）曾要约高价出售、出租或者以其他方式转让该域名获取不正当利益的；（4）注册域名后自己并不使用也未准备使用，而有意阻止权利人注册该域名的；（5）具有其他恶意情形的。被告举证证明在纠纷发生前其所持有的域名已经获得一定的知名度，且能与原告的注册商标、域名等相区别，或者具有其他情形足以证明其不具有恶意的，人民法院可以不认定被告具有恶意。值得注意的是，ICANN 的 UDRP 政策中关于“恶意”的描述是“注册和使用域名具有恶意”而我国司法中采用的“恶意”标准为“注册或使用域名存在恶意”，尽管只有一字之差，但可见我国对于认定恶意抢注域名行为的认定标准更低，这也是针对电子商务时代打击使用域名侵害他人商标权的一个坚决态度。

---

①　薛虹．国际电子商务法通论［M］．北京：中国法制出版社，2019：140.

第二节　电子商务与著作权保护

课程思政主题：保护创新、促进公平正义

案例主题：网络服务提供者在著作权侵权中的注意义务

一、电子商务与著作权侵权

（一）电子商务中著作权侵权行为

网络技术的发展和应用的普及，使得数字化作品成为电子商务交易中的重要内容。著作权侵权逐渐成为诸如购物网站、视频网站、小说 App、数字图书馆等电子商务平台难以回避的问题。电子商务经营者的著作权侵权主要是指未经著作权人许可或缺乏法律依据的情况下直接或者间接实施侵犯权利人的信息网络传播权。网络传播权是指以有线或者无线方式向公众提供作品，使得公众可以在其个人选定的时间和地点获得作品的权利。电子商务中著作权侵权行为主要表现为如下几种形式：

（1）未经著作权人许可或有关权利人的许可，通过电子商务平台向公众传播其作品、表演或者录音录像制品等；

（2）未经著作权人或者与著作权有关的权利人许可，故意删除或者改变作品、录音录像制品等的权利管理电子信息；

（3）在电子商务平台出售假冒他人署名的作品。

电子商务中著作权侵权虽然从广义上属于网络著作权侵权，但却由于电子商务侧重于商务交易活动，通常是电子商务经营者以营利为目的的大规模营销行为，有别于网络发展初期一般网民未经允许上传或者下载作品的性质，因此在具体的侵权行为的类型上有必要做更详细的区分和识别。

（二）电子商务中著作权侵权的类型

1. 直接侵权

网络著作权是一系列消极的专有权利。以网络传播权为例，不是赋予权利人积极行使作品的网络传播行为，而是要求其他行为人不得擅自实施未经许可的网络传播行为。电子商务中直接侵权主要表现为电子商务平台内经营者未经著作权人或法

律的许可而擅自实施网络传播的行为。首先，电子商务平台内经营者“提供作品”，表现为擅自将未经授权的作品上传至网络交易平台中供用户浏览或者下载或者出售假冒他人署名的作品等。其次，“个人选定的时间和地点获得作品”是指交互式传播，也就是以“点对点”的方式供用户按需点播。如果电子商务平台内经营者直接将未经他人许可的作品或假冒他人署名的作品上传到电子商务平台中，使得网络用户可以通过“点对点”的方式直接使用这些作品，则电子商务平台内经营者对他人实施了网络著作权的积极侵害，构成直接侵权。通常情况下，电子商务平台经营者仅为网络用户提供网络信息存储、信息传输等服务，且对于网络用户实施直接侵权行为在主观上并不存在明知或应知的过错的情况下不构成直接侵权，除非其将侵权作品直接上传或以其他方式置于网络服务器上。

2. 间接侵权

与直接侵权相比，间接侵权是更为复杂、常见并且多发的侵权类型。间接侵权是指没有实施受著作权“专有权利”控制的行为（没有实施“直接侵权”），但故意引诱他人实施直接侵权，或者在明知或应知他人即将或正在实施直接侵权时为其提供实质性的帮助，以及特定情况下直接侵权的准备和扩大其侵权后果的行为。① 法律之所以规定间接侵权，其目的是加强对著作权的保护，既可以避免权利人因无法追究直接侵权人的责任而蒙受损害，也可以抑制电子商务平台经营者间接侵权行为的扩大。目前电子商务平台经营者的“间接侵权”可以再区分为两种。

第一种是教唆、帮助他人侵权。《民法典》第1169条规定：教唆、帮助他人实施侵权行为的，应当与行为人承担连带责任。这也是各国侵权法所普遍认可的规则。这一规则的确立适用到网络著作权侵权中，即便电子商务平台经营者没有实施具体的直接侵害他人著作权的行为，但教唆、帮助他人实施直接侵权的行为也可以构成共同侵权。《最高人民法院关于审理侵害信息网络传播权民事纠纷案件适用法律若干问题的规定》中解释了“教唆侵权”与“帮助侵权”的具体情形。其中，以言语、推介技术支持、奖励积分等方式诱导、鼓励网络用户实施侵害信息网络传播权行为的，应当认定构成教唆侵权行为。电子商务平台经营者明知或者应知网络用户利用网络服务侵害信息网络传播权，未采取删除、屏蔽、断开链接等必要措施，或者提供技术支持等帮助行为的，应当认定构成帮助侵权行为。

第二种是“直接侵权”的预备行为和扩大侵权后果的行为。《信息网络传播权保护条例》第23条规定：网络服务提供者为服务对象提供搜索或者链接服务，在接到权利人的通知书后，根据本条例规定断开与侵权的作品、表演、录音录像制品的链接的，不承担赔偿责任；但是，明知或者应知所链接的作品、表演、录音录像制品侵权的，应当承担共同侵权责任。这一规定表明，在明知或应知所提供的链接

① 王迁．网络环境中的著作权保护研究［M］．北京：法律出版社，2010：144.

内容侵权的情况下，仍然保留链接实际上是扩大了侵权的后果，也属于间接侵权。

相关的司法解释进一步明确了“明知”与“应知”的具体情形。《最高人民法院关于审理侵害信息网络传播权民事纠纷案件适用法律若干问题的规定》第 13 条规定，网络服务提供者接到权利人以书信、传真、电子邮件等方式提交的通知，未及时采取删除、屏蔽、断开链接等必要措施的，人民法院应当认定其明知相关侵害信息网络传播权行为。第 9 条规定，人民法院应当根据网络用户侵害信息网络传播权的具体事实是否明显，综合考虑以下因素，认定网络服务提供者是否构成应知：

（1）基于网络服务提供者提供服务的性质、方式及其引发侵权的可能性大小，应当具备的管理信息的能力；

（2）传播的作品、表演、录音录像制品的类型、知名度及侵权信息的明显程度；

（3）网络服务提供者是否主动对作品、表演、录音录像制品进行了选择、编辑、修改、推荐等；

（4）网络服务提供者是否积极采取了预防侵权的合理措施；

（5）网络服务提供者是否设置便捷程序接收侵权通知并及时对侵权通知作出合理的反应；

（6）网络服务提供者是否针对同一网络用户的重复侵权行为采取了相应的合理措施；

（7）其他相关因素。

二、电子商务中的著作权保护

（一）电子商务中著作权侵权的归责

《电子商务法》第 41 条规定：电子商务平台经营者应当建立知识产权保护规则，与知识产权权利人加强合作，依法保护知识产权。应依何种根据使行为人负责，此种根据体现了法律的价值判断。① 电子商务中著作权侵权的归责原则亦应遵循一般侵权中确定行为人承担民事责任的基本准则。简言之，就是确定网络服务提供者民事责任的根据和标准。② 纵观侵权责任归责原则的立法发现，各国网络著作权侵权存在着严格责任、无过错责任、过错责任等各种不同的法律选择。以美国为例，美国大致经历了未确定统一的实践标准、采用严格责任、严格责任限制三个阶段。③ 欧盟相关指令在这一法律选择上一直坚持采用过错责任原则。而德国则根据不同的网络服务提供者适用不同的归责原则。我国和大多数国家一样，将过错责任

① 王利明．侵权行为法归责原则研究［M］．北京：中国政法大学出版社，2004：16.

② 王利明．电子商务法研究［M］．北京：中国法制出版社，2002：185.

③ 申屠彩芳．网络环境中的著作权保护研究［M］．杭州：浙江大学出版社，2014：40.

原则作为网络著作权侵权的归责原则。不过，值得注意的是，我国《侵权责任法》（现已编入《民法典》第七编侵权责任编）第36条以及沿袭其后的《民法典》第1194条都规定了网络服务提供者承担侵权责任的具体规则，为网络侵权（包括著作权侵权）案件提供了法律依据。

1. 一般规则

《民法典》第1194条规定："网络用户、网络服务提供者利用网络侵害他人民事权益的，应当承担侵权责任。"该条可视为网络侵权的一般规则，即网络侵权行为自己责任规则，也就是通常所说的网络服务提供者直接侵权的责任。该条文源自《侵权责任法》第36条第1款规定，虽然条文本身并没有明确规定网络侵权适用的归责原则，但民法学界的主流观点认为该条款规定的是过错责任，即网络服务提供者因为自己的过错，造成了他人的损害，应当承担侵权责任。①第一，从相关法律文件看，不论是《信息网络传播权保护条例》，还是《最高人民法院关于审理涉及计算机网络著作权纠纷案件适用法律若干问题的解释》都对网络服务提供者的网络著作权侵权采用过错责任原则。第二，从社会危害性的角度看，网络侵权并不像环境污染、高度危险问题一样具有严重的社会危害性，因此无须通过无过错责任来确定网络服务提供者的侵权责任门槛。第三，从技术角度上看，网络服务提供者无法对海量的网络信息进行全面的事前审查。最高院的司法解释再次明确"网络服务提供者未对网络用户侵害信息网络传播权的行为主动进行审查的，人民法院不应据此认定其具有过错。"第四，从利益平衡的角度看，侵权归责是法律平衡利益的选择。互联网产业的发展一方面要加强网络著作权的保护，另一方面也不能对网络服务提供者附加过于严苛的义务负担，否则影响产业的健康发展。不过，也有部分学者从语义学解读《侵权责任法》第36条第1款，认为条文中"利用网络侵害他人民事权益"的"利用"一词的含义是"用手段使人或事物为自己服务"，利用网络的行为是主动的行为，网络服务提供者主观上当然知道自己在利用网络上载或传输文档。但由此却不能必然得出结论：网络服务提供者主观上一定有过错，进而主张网络服务提供者应当适用无过错责任原则。② 学界对是否以主观过错作为侵权责任的构成要件的看法各有不同，尽管存在不同的观点，但侵权责任归责原则是基于"法律价值的判断"，而非"事实的判断"，过错责任原则应当是知识产权本身

---

① 王利明．中华人民共和国侵权责任法释义［M］．北京：中国法制出版社，2010：158；杨立新．《侵权责任法》规定的网络侵权责任的理解与解释［J］．国家检察官学院学报，2010，18（02）：3-4；张新宝，任鸿雁．互联网上的侵权责任：《侵权责任法》第36条解读［J］．中国人民大学学报，2010，24（04）：20-21；杨明．《侵权责任法》第36条释义及其展开［J］．华东政法大学学报，2010（03）：124.

② 刘晓海．《侵权责任法》"互联网专条"对网络服务提供者侵犯著作权责任的影响［J］．知识产权，2011（9）：12-19.

的公共性和政策性的体现和理性选择。①

2. “通知—删除” 规则

“通知—删除”规则源自美国《数字千年版权法》首创的“避风港”规则。该规则一方面保护了网络环境中著作权人的利益，另一方面确立了网络服务提供者在法定条件下免除责任的情形。当权利人知道网络用户实施的侵权行为之后，有权通知电子商务平台经营者采取必要措施防止损害后果的进一步扩大；电子商务平台经营者在接到权利人的通知后应当采取必要的措施以防止损害的扩大；如果电子商务平台经营者未对侵权行为采取必要措施，则构成对侵权行为的放任，具有间接故意，应视为与侵权人构成共同侵权，并就损害的扩大部分与侵权的网络用户承担连带责任。但是如果电子商务平台经营者没有接到通知，或者接到通知后即采取了必要措施的，则不需要承担侵权责任。《信息网络传播权条例》就“通知—删除”规则作出了进一步的规定。首先，“通知”应当采用书面形式。其次，“通知”的内容应当包括（1）权利人的姓名（名称）、联系方式和地址；（2）要求删除或者断开链接的侵权作品、表演、录音录像制品的名称和网络地址；（3）构成侵权的初步证明材料。

“通知—移除”规则是目前网络著作权侵权中适用最为频繁却也存在争议最多的条款。许多电子商务平台经营者成为网络著作权侵权诉讼案件的被告，争讼的事实也基本一致，所涉及的法律争议焦点也基本相同，但法院对适用这一条款中“合格侵权通知”的判断却大相径庭。2008 年“泛亚诉百度案”中，泛亚作为权利人向百度发出了两种内容不同的侵权通知，其中一种列出了侵权歌曲的具体名称和网络地址，另一种则仅列出了侵权歌曲的名称而没有具体的网络地址。法院在审理中指出，就 MP3 搜索而言，搜索引擎的现有技术尚无法实现根据音频文件内容来进行搜索，只能基于关键词进行搜索。在此情况下，如果将原告主张权利的涉案 351 首歌曲按照歌曲名称进行屏蔽，可能会损害其他被许可人的合法权利；如果将歌曲名称作为关键词进行屏蔽或删除，亦可能损害他人的合法权利，出现删除或屏蔽错误的情形。更重要的是，该种通知不符合《信息网络传播权保护条例》第 14 条关于通知要件的要求。因此，原告的相关主张于法无据，本院不予支持。然而 2007 年“十一大唱片公司诉阿里巴巴（雅虎）案”中，法院对这一类似争议焦点的判断却截然不同。相似的情况是权利人在“侵权通知”中也未提供侵权作品的具体网络地址，但法院认为尽管原告的“侵权通知”缺乏一定的形式要件，但雅虎公司通过简单可行的技术完全可以对搜索的结果进行过滤，从而定位侵权作品，但雅虎公司没有采取这样的措施，说明其在应知侵权内容的情况下，不愿意采取措施断开链接，为此应当承担侵权责任。

① 冯晓青．知识产权侵权归责原则之探讨［J］．江淮论坛，2011（2）：87-94，193.

3. “知道”规则

“知道”规则是借鉴美国《千年数字版权法》中的“红旗规则”，即当侵权行为宛如鲜艳的红旗在网络服务提供者面前飘扬以至于处于相同情况下的理性人明显能够发现时，如果网络服务提供者采取“鸵鸟政策”，像鸵鸟一样将头深深埋入沙子之中，对侵权事实视而不见，则能够认定网络服务提供者至少“应当知晓”侵权材料的存在，并可以认为存在过错，应当负担侵权责任。正如“红旗规则”是为了防止“避风港规则”被网络服务提供者所滥用，我国《民法典》第1197条“知道”规则也是对“通知—删除”规则的一种约束，从而全面平衡网络用户与网络服务提供者以及著作权人之间的利益。网络服务提供者在知道或应当知道网络用户利用其服务实施侵权行为的情况下，如果没有主动采取必要的措施，则构成对侵权行为的放任，具有间接故意，应就损害与该网络用户承担连带责任。

在“广州中凯文化发展公司诉广州数联软件公司案”中，“知道”规则的适用得到充分的体现。原告享有电影《杀破狼》在中国大陆内地的网络传播权和发行权。被告经营的POCO网站设有“影视交互区”供用户上传和下载影视作品，其中包含了《杀破狼》的详细目录、海报以及链接信息。法院在判决书指出：“众所周知，电影作品决定了其制作完成需耗费大量的人力、物力和财力，电影作品的著作权人通常不会将电影作品无偿提供给社会公众欣赏，尤其是新片。涉案电影于2004年9月制作完成，2005年11月在香港地区首映，而POCO网发布该片下载地址等信息的时间是2005年11月19日，与首映时间基本同步。因此，根据常理判断，这显然是网络用户未经授权擅自传播涉案电影作品。而作为POCO网的设立人和经营者，数联公司理应能识别出涉案侵权行为的存在。而且，数联公司在提供分类搜索与链接服务的过程中，也有机会根据链接指向的内容对其合法性作出判断，但数联公司并没有主动采取任何措施制止前述非法传播侵权电影作品的行为，据此并结合本案案情，可以认定数联公司对网络用户传播涉案侵权电影作品是明知或应知的。”由此可见，当侵权作品被上传和传播的行为已十分明显，而网络传播者却对明显的侵权事实视而不见时，则不能适用“避风港规则”获得免责；相反地，如果网络服务提供者明显违反了“知道”规则，怠于履行“注意义务”，则应当承担相应的侵权责任。

（二）电子商务中著作权侵权的法律责任

1. 民事责任

电子商务中著作权侵权的法律责任在《民法典》《电子商务法》以及《著作权法》等都有所规定。

《电子商务法》第74条规定，电子商务经营者销售商品或者提供服务……造成他人损害的，依法承担民事责任。这里的损害也包括知识产权方面的损害。《民法典》第179条规定了承担侵权民事责任的主要方式包括：停止侵害；排除妨碍；

消除危险；返还财产；恢复原状；赔偿损失；赔礼道歉；消除影响、恢复名誉。这些承担侵权责任的方式，可以单独适用，也可以合并适用。电子商务中著作权侵权最基础的责任承担方式是停止侵害。由于网络信息传播的速度极快、范围极广，因此停止侵害是一种源头治理的救济方式，防止侵权损害的进一步扩大和继续。《民法典》第 1195 条以及《电子商务法》第 42 条所要求的“采取删除、屏蔽、断开链接等必要措施”是停止网络侵权的具体表现。但是，针对网络侵权的不可逆性，停止侵害在一定程度上无法挽回被侵权人人身权的损失，因此赔礼道歉、消除影响和恢复名誉成为针对人身权受到侵害的救济方式。此外，对于权利人而言，赔偿损失是一种最有效和主要的权利救济方式。民事责任的目的应是如何保障受害人的人身利益和财产利益得到恢复和弥补。

《著作权法》也就侵犯著作权做出相应的法律责任的规定。第 54 条就损害赔偿做出具体规定：侵犯著作权或者与著作权有关的权利的，侵权人应当按照权利人因此受到的实际损失或者侵权人的违法所得给予赔偿；权利人的实际损失或者侵权人的违法所得难以计算的，可以参照该权利使用费给予赔偿。对故意侵犯著作权或者与著作权有关的权利，情节严重的，可以在按照上述方法确定数额的一倍以上五倍以下给予赔偿。权利人的实际损失、侵权人的违法所得、权利使用费难以计算的，由人民法院根据侵权行为的情节，判决给予五百元以上五百万元以下的赔偿。赔偿数额还应当包括权利人为制止侵权行为所支付的合理开支。

民事侵权责任的主要目标在于填平被侵权人的损失，实现公平正义。但是现有法律实践表明，传统的民事侵权责任并不能完全抑制恶意侵权人的行为。因此有必要基于特殊的情况采用更具有针对性的法律责任制度。《民法典》第 1185 条规定了对故意侵害他人知识产权，情节严重的，被侵权人有权请求相应的惩罚性赔偿。惩罚性赔偿同样适用于电子商务环境下，如果电子商务经营者出现故意侵害他人网络著作权，情节严重的，被侵权人可以基于《民法典》的特殊规则请求惩罚性赔偿。通过特殊的惩罚性赔偿责任，加大对知识产权侵权行为的惩罚和对潜在侵权行为的威慑。

2. 行政责任

《电子商务法》第 75 条规定，电子商务经营者违法销售、提供法律、行政法规禁止交易的商品、服务的，依照有关法律、行政法规的规定处罚。第 84 条规定，电子商务平台经营者违反本法第 42 条、第 45 条规定，对平台内经营者实施侵犯知识产权行为未依法采取必要措施的，由有关知识产权行政部门责令限期改正；逾期不改正的，处五万元以上五十万元以下的罚款；情节严重的，处五十万元以上二百万元以下的罚款。

3. 刑事责任

《电子商务法》第 88 条规定，违反本法规定，构成违反治安管理行为的，依法给予治安管理处罚；构成犯罪的，依法追究刑事责任。《刑法》第 217 条“侵犯著作权罪”规定，以营利为目的，有下列侵犯著作权或者与著作权有关的权利的情形之一，违法所得数额较大或者有其他严重情节的，处三年以下有期徒刑，并处或者单处罚金；违法所得数额巨大或者有其他特别严重情节的，处三年以上十年以下有期徒刑，并处罚金：

（1）未经著作权人许可，复制发行、通过信息网络向公众传播其文字作品、音乐、美术、视听作品、计算机软件及法律、行政法规规定的其他作品的；

（2）出版他人享有专有出版权的图书的；

（3）未经录音录像制作者许可，复制发行、通过信息网络向公众传播其制作的录音录像的；

（4）未经表演者许可，复制发行录有其表演的录音录像制品，或者通过信息网络向公众传播其表演的；

（5）制作、出售假冒他人署名的美术作品的；

（6）未经著作权人或者与著作权有关的权利人许可，故意避开或者破坏权利人为其作品、录音录像制品等采取的保护著作权或者与著作权有关的权利的技术措施的。

《刑法》第 218 条“销售侵权复制品罪”规定，以营利为目的，销售明知是本法第 217 条规定的侵权复制品，违法所得数额巨大的，处五年以下有期徒刑或者拘役，并处或者单处罚金。《最高人民法院、最高人民检察院关于办理侵犯知识产权刑事案件具体应用法律若干问题的解释》对于“以营利为目的”做了进一步的司法解释。

以营利为目的，实施《刑法》第 217 条所列侵犯著作权行为之一，违法所得数额在三万元以上的，属于“违法所得数额较大”；具有下列情形之一的，属于“有其他严重情节”，应当以侵犯著作权罪判处三年以下有期徒刑或者拘役，并处或者单处罚金：

（1）非法经营数额在五万元以上的；

（2）未经著作权人许可复制发行其文字作品、音乐、电影、电视、录像作品、计算机软件及其他作品，复制品数量合计在一千张（份）以上的；

（3）其他严重情节的情形；

以营利为目的，实施刑法第 217 条所列侵犯著作权行为之一，违法所得数额在十五万元以上的，属于“违法所得数额巨大”；具有下列情形之一的，属于“有其他特别严重情节”，应当以侵犯著作权罪判处三年以上七年以下有期徒刑，并处罚金：

（1）非法经营数额在二十五万元以上的；

（2）未经著作权人许可，复制发行其文字作品、音乐、电影、电视、录像作品、计算机软件及其他作品，复制品数量合计在五千张（份）以上的；

（3）其他特别严重情节的情形。

以营利为目的，实施刑法第 218 条规定的行为，违法所得数额在十万元以上的，属于“违法所得数额巨大”，应当以销售侵权复制品罪判处三年以下有期徒刑或者拘役，并处或者单处罚金。

第三节　电子商务与商标权保护

课程思政主题：维护公平竞争市场秩序、诚实守信、保护创新

案例主题：《全民 K 歌》商标权权利之争

课程思政主题：诚信为本、不忘初心、创造财富

案例主题：域名抢注与不正当竞争

一、电子商务与商标权侵权

（一）电子商务中商标侵权行为

商标是用于区分不同经营者的商品或服务的商业标记。虽然都是知识产权法范畴，但与著作权法和专利法不同的是，商标法除了要维护商标信誉，还要保护消费者和生产者、经营者的利益。因此，商标侵权一方面是侵害到商标权人的商业信誉与合法授权的生产者和经营者的经济利益，另一方面是使消费者就商标的真实来源产生混淆认识。

电子商务中最常见的商标侵权行为主要表现为如下几种形式：

（1）将他人的商标注册为域名，容易造成消费者混淆的行为。例如宝洁公司是“safeguard”和“舒肤佳”的商标权人，而上海某公司申请注册了 safeguard. com. cn 的域名。普通消费者通常会认为 safeguard. com. cn 所指向的网站即为宝洁公司的网站，进而产生误解和混淆。

（2）容易引起消费者的混淆，属于侵害注册商标权的行为。通过网络链接、

搜索引擎的方式，将消费者误以为访问的是商标权人的网站的行为。商标的重要功能之一是广而告之，使消费者对商品具有强烈的印象。针对商标的广告功能，商标侵权行为表现为突出宣传品牌的影响力，而实质上却是借品牌的“东风”销售“另类”商品或服务。典型的案例如腾讯诉六间房公司商标侵权案。六间房公司为中国最大的真人互动视频直播社区，其在搜狗网等搜索引擎中投放以“全民K歌”为关键词的推广链接，以期达到引导相关公众至六间房所经营的商业网站的目的。事实上，腾讯公司早已经在8个不同类型中申请注册了“全民K歌”的商标。六间房公司未经腾讯公司的许可，在同一种服务上使用与腾讯公司注册商标相同的商标标识。

（3）在电子商务网站销售假冒商标的商品或服务的行为。在某电子商务平台上输入“凉茶”，结果跳出来的链接是“玉老吉”凉茶，如果消费者不认真识别，可能就会买到“山寨版”的“王老吉”。这种行为属于未经商标注册人的许可，在同一种商品上使用与其注册商标近似的商标，容易导致混淆的商标侵权行为。另一种情形是，“玉老吉”不仅卖凉茶饮料，也卖果汁饮料。由于凉茶和果汁属于类似商品，因此网站上销售“玉老吉”果汁的行为属于在类似商品上使用与“王老吉”注册商标近似的商标，容易导致混淆的也属于侵犯商标权的行为。

（二）电子商务中商标侵权的类型

作为网络服务提供者之一，电子商务平台的商标侵权分为直接侵权和间接侵权两种类型。根据《电子商务法》第9条规定，电子商务经营者是指通过互联网等信息网络从事销售商品或者提供服务的经营活动的自然人、法人和非法人组织。电子商务经营者可分为四类，包括电子商务平台经营者、平台内经营者以及通过自建网站、其他网络服务销售商品或者提供服务的电子商务经营者。电子商务平台经营者，是指在电子商务中为交易双方或者多方提供网络经营场所、交易撮合、信息发布等服务，供交易双方或者多方独立开展交易活动的法人或者非法人组织。平台内经营者，是指通过电子商务平台销售商品或者提供服务的电子商务经营者。以淘宝网上的电子商务为例，淘宝网属于电子商务平台经营者，淘宝网上的卖家属于平台内经营者。上文提及的六间房公司属于自建网站，而其他网络服务提供者比如通过微信、抖音等新媒体，在微信开设微店售货，在抖音开设直播带货已经成为电子商务的新形式。

1. 直接侵权

与传统实体经济中商标权侵权一样，电子商务中商标权侵权类型之一是直接侵权，只是侵权行为是通过网络这一媒介和技术实现假冒商品或服务的销售。作为电子商务经营者最直接的商标侵权行为即违反《商标法》第58条第3款的规定，销售侵犯注册商标专用权的商品。

再进一步区分，可以根据四类不同的电子商务经营主体进行细化。首先，电子商务平台内经营者、自建网站以及其他网络销售服务或商品的经营者有下列行为的，构成直接侵权：

（1）未经商标注册人的许可，在同一种商品上使用与其注册商标相同的商标的；

（2）未经商标注册人的许可，在同一种商品上使用与其注册商标近似的商标，或者在类似商品上使用与其注册商标相同或者近似的商标，容易导致混淆的；

（3）伪造、擅自制造他人注册商标标识或者销售伪造、擅自制造的注册商标标识的；

（4）未经商标注册人同意，更换其注册商标并将该更换商标的商品又投入市场的。

就电子商务平台经营者而言，其如果不存在直接参与商标侵权活动，只是在履行审查义务方面存在疏漏或懈怠进而给权利人造成损失的不属于直接侵权。虽然在认定构成直接侵权问题上较为清晰，但是电子商务中的商标侵权与传统经济活动中的商标侵权在具体实施侵权诉讼救济过程中，会存在一定的差异性。诸如识别侵权责任主体（电子商务平台经营者是否存在主观恶意以及和生产、销售假冒商标商品或服务者之间是否存在共同故意等）。

2. 间接侵权

在法律日渐完善，权责日益明确的网络时代，电子商务环境下商标侵权的成本不断提高。因此，直接侵权的行为逐渐受到抑制，但间接侵权现象却日益突出。《商标法》第 58 条第 6 款规定“故意为侵犯他人商标专用权行为提供便利条件，帮助他人实施侵犯商标专用权行为的”这种情形被认为是商标的间接侵权。较为常见的例子是，电子商务经营平台明知商户在平台上销售假冒商品，但却视而不见，不及时采取有效、合理的措施对商户进行相应的制止，反而继续为其提供相应的网络平台服务。这实际上是从侧面“帮助”了商户实施侵犯他人商标专用权的间接侵权行为，法律就此规定了应承担共同侵权的法律责任。

二、电子商务中的商标保护

（一）电子商务中商标侵权责任的构成要件

电子商务中商标侵权责任的构成要件是指电子商务经营者的经营行为构成商标侵权依法应当承担民事责任所必须具备的条件。

1. 损害

损害是作为电子商务经营者商标侵权责任构成中的首要要件。在考虑行为人承担侵权责任时，首先需要确认损害的发生。从侵权救济法的角度看，损害是以对权利构成侵害和对利益造成损失为后果，其不仅包括产生的实际损失，还应当包括可能造成潜在的利益损失，例如销售假冒商品使得被侵权企业形象受损、客户流失等损害。

2. 主观过错

主观过错是电子商务经营者商标侵权中重要的责任构成要件，也是网络侵权理论和实践中争议最大的一个焦点。过错的判断应当采取客观化标准，减轻被侵权人的举证负担。所谓过错的客观化是指，在对侵权行为人是否具有过错进行判断和认定时，采取一个客观的外在的行为标准来进行衡量与判断。如果行为人符合该标准就认定其没有过错，否则就认定其具有过错。① 过错的客观化依然强调的是行为人的"义务本位"即遵循特定的行为标准。

值得注意的是，在英美法系中一般民事侵权（tort）与知识产权侵权（infringement）对于主观过错是否作为侵权责任的构成要件持不同的标准。一般民事侵权中主观过错是认定侵权的重要组成部分，而知识产权侵权责任的构成无须考虑主观过错，但在主张赔偿责任的承担时需要考虑行为人的主观过错。但是，包括《商标法》在内的我国知识产权立法均从普通民事侵权的角度对侵犯商标权等知识产权的行为进行规定。电子商务中的商标侵权是在电子商务特殊环境中的知识产权侵权，这里涉及侵权主体除了直接侵权的商户外，还涉及可能存在间接侵权的电子商务平台经营者。因此，对于认定电子商务中的商标侵权，主观过错对于侵权的构成还是应当结合民事侵权的一般理论进行探究。在《民法典》《商标法》《电子商务法》在内的相关法律法规中，电子商务平台经营者在明知侵害他人商标权的情况下仍未采取及时有效的救济措施的，构成侵权。

3. 因果关系

因果关系是指行为人的行为和损害后果之间是引起与被引起的关系。因果关系作为责任构成要件，其主要功能在于：确定责任的成立、排除责任的承担、确定责任的范围。② 网络环境下，侵权的风险加剧，尤其是网络管理的非中心化以及网络世界的虚拟化、网络侵权的隐蔽性等都加大了因果关系认定的困难。一因多果、多因一果的情况实为常见。在这种情况下，需要进一步明确是电子商务经营者的行为与权利人遭受的损害之间的因果关系。如果在电子商务平台经营者明知商务平台用户存在销售侵害他人商标权的行为，可以认为之间具备因果关系。如果是电子商务平台经营者在接到权利人侵权行为的通知后未及时采取措施的，给权利人造成损害的，那么平台的不履行合理的注意义务，实际上是对侵权行为人实施侵权行为提供了帮助或便利，因此与损害之间的因果关系成立。

---

① 王利明．我国侵权责任法的体系构建——以救济法为中心的思考［J］．中国法学，2008（4）：7.

② 王利明．我国侵权责任法的体系构建——以救济法为中心的思考［J］．中国法学，2008（4）：7.

（二）电子商务中商标侵权的法律责任

1. 民事责任

《电子商务法》中规定的知识产权侵权规则同样适用于电子商务中出现的商标侵权。其中第42条规定的一般规则、通知—删除规则以及知道规则是作为网络服务提供者的电子商务平台需要履行的法定义务。《民法典》第1195条整合了“采取删除、屏蔽、断开链接等必要措施”的详细规定。《民法典》第179条规定了承担侵权民事责任的主要方式包括：停止侵害；排除妨碍；消除危险；返还财产；恢复原状；赔偿损失；赔礼道歉；消除影响、恢复名誉。这些承担侵权责任的方式，可以单独适用，也可以合并适用。值得注意的是，民事赔偿以补偿性赔偿为原则，以惩罚性赔偿为例外。当补偿性赔偿不足以弥补权利人损失时，法律赋予其提起惩罚性赔偿的请求权。《民法典》第1185条规定了对故意侵害他人知识产权，情节严重的，被侵权人有权请求相应的惩罚性赔偿。惩罚性赔偿同样适用于电子商务环境下，如果网络服务提供者出现故意侵害他人网络著作权，情节严重的，被侵权人可以基于《民法典》的特殊规则请求惩罚性赔偿。《商标法》第63条规定，对恶意侵犯商标专用权，情节严重的，可以按权利人所受实际损失、侵权人获利、商标许可使用费的倍数的方法确定数额的一倍以上五倍以下确定赔偿数额。这是《商标法》中惩罚性赔偿规则的具体要求。通过特殊的惩罚性赔偿责任的规定，加大对商标恶意侵权行为的惩罚和对潜在商标侵权行为的威慑。

2. 行政责任

《电子商务法》第84条规定，对平台内经营者实施侵犯知识产权行为未依法采取必要措施的，由有关知识产权行政部门责令限期改正；逾期不改正的，处五万元以上五十万元以下的罚款；情节严重的，处五十万元以上二百万元以下的罚款。

《商标法》第60条规定，有本法第57条所列侵犯注册商标专用权行为之一，引起纠纷的，由当事人协商解决；不愿协商或者协商不成的，商标注册人或者利害关系人可以向人民法院起诉，也可以请求工商行政管理部门处理。工商行政管理部门处理时，认定侵权行为成立的，责令立即停止侵权行为，没收、销毁侵权商品和主要用于制造侵权商品、伪造注册商标标识的工具，违法经营额五万元以上的，可以处违法经营额五倍以下的罚款，没有违法经营额或者违法经营额不足五万元的，可以处二十五万元以下的罚款。对五年内实施两次以上商标侵权行为或者有其他严重情节的，应当从重处罚。销售不知道是侵犯注册商标专用权的商品，能证明该商品是自己合法取得并说明提供者的，由工商行政管理部门责令停止销售。

3. 刑事责任

《刑法》关于电子商务经营者可能涉及的商标犯罪，包括第213条“假冒注册商标罪”、第 214 条“销售假冒注册商标的商品罪”以及第 215 条“非法制造、销售非法制造的注册商标标识罪”此外，《最高人民法院、最高人民检察院关于办理侵犯知识产权刑事案件具体应用法律若干问题的解释》也就如上的商标犯罪的具体情形和犯罪数额做了明确的规定。

第四节　电子商务与专利权保护

一、电子商务与专利权侵权

专利权是申请人向国家专利行政部门提出申请，经依法审查合格后，被授予的在一定期限内对该发明创造享有的专有权利。对取得的技术成果申请专利，有益于保护专利权人的合法权益、鼓励发明创造、推动发明创造的应用、提高创新能力、促进科学技术进步和经济社会发展。①

（一）电子商务中专利侵权行为

电子商务中最常见的专利侵权行为主要表现为如下几种形式：

（1）未经专利权人许可，直接销售或许诺销售专利侵权产品。由于据 2021 年我国互联网信息中心 CNNIC 发布的第 47 次《中国互联网网络发展状况统计报告》显示，截至 2020 年 12 月，中国网民规模达到 9.89 亿，互联网的普及率 70.4%，手机网民规模占比为 99.3%，其中网络购物用户规模达 7.82 亿，占网民整体的 79.1%。我国网络直播用户规模达 6.17 亿，占网民整体的 62.4%；其中，电商直播用户规模为 3.88 亿，占网民整体的 39.2%。我国电子商务处于蓬勃发展时期，电子商务平台由于存在市场规模庞大，商品数量众多、种类丰富。因低成本、低风险、易操作等特点，成为专利侵权的高发领域。其中最为常见的侵权行为即行为人未经专利权人许可，擅自销售或许诺销售专利侵权产品。由于电子商务中的专利侵权，特别是发明专利与实用新型专利侵权在认定上比商标或版权侵权更加复杂，需要进行全面的技术特征对比，因而更加具有隐蔽性。

（2）专利假冒。专利假冒是指以非专利产品冒充专利产品，主要实施行为有凭空捏造虚假专利号以及冒充使用他人已有的专利号。② 通过对电商平台上的“专利产品”进行统计发现，网络平台所售“专利产品”的专利信息的呈现形式大致分为三类：专利信息缺失、专利信息模糊、专利信息清晰，经过抽样调查发

① 中华人民共和国专利法（2020 年修订）.

② 唐恒，孙莹琳．基于 B2B2C 的专利侵权假冒协同保护模式探讨［J］. 知识产权，2019（9）：73-81.

现，有效专利仅占12%，专利信息存在一定缺失和模糊的专利假冒与侵权潜在性较高。①

（二）电子商务专利侵权行为特点

一是专利侵权行为更为频发。电子商务领域专利权侵权纠纷明显区别于传统侵权纠纷，我国电子商务目前已发展到成熟阶段，电商平台数量多，市场规模庞大，导致群体性侵权案件较多，权利滥用问题较为突出。

二是侵权判定更为复杂。根据现行法律的规定，在专利侵权纠纷中，需要权利人提供证据来证明其专利权遭到侵犯，专利侵权判定需要有较高专业技术性的要求，仅靠线上网店经营者公开的图片判断是否侵权，存在一定难度。另外我国的实用新型和外观设计只做初步审查，授权的专利权不稳定，在侵权判定前往往先要经过确权，对于权利人而言无疑增加了举证难度。

三是专利侵权纠纷影响范围广。通过电商平台销售产品，产品销售快，销售范围广，电商经营者以及购买者分布在全国各个省市甚至境外，导致专利侵权纠纷往往涉及的投诉面广，权利人寻求救济途径难度增加，不能得到快速解决机制的救助，通常将会造成难以弥补的损失。②

二、电子商务中的专利权保护方式

（一）司法保护

对于专利侵权行为，当事人向有管辖权的法院提起诉讼是解决专利侵权纠纷最常见的保护方式，根据我国《专利法》规定，专利侵权纠纷案件由各省、自治区、直辖市人民政府所在地的中级人民法院和最高人民法院指定的中级人民法院管辖。在电子商务领域中，专利侵权纠纷案件最先在司法诉讼中引起关注，全国首例涉电子商务平台的专利侵权诉讼是2004年上海市第一中级人民法院审理荆玉堂、江苏堂皇家纺有限公司诉易趣网专利侵权案，由于当时我国并未出台关于电子商务领域知识产权侵权相关的法律制度，法院在最后审理判决主要是依据易趣网与用户的协议。2009年《侵权责任法》（现已编入《民法典》新编侵权责任编）颁布实施后，法院受理的涉电子商务平台的专利侵权案件开始增多，司法诉讼判决的影响力也比较大，促进了电子商务平台对专利投诉的处理和平台专利保护规则的设定。目前，审理电子商务中的专利侵权案件主要依据《民法典》《电子商务法》与《专利法》等，案件的难点主要集中证据的认定、电子商务平台商的责任认定以及恶意投诉的

① 唐恒，孙莹琳．基于B2B2C的专利侵权假冒协同保护模式探讨［J］．知识产权，2019（9）：73-81.

② 冀瑜，郭飞翔．电子商务领域专利权保护研究综述［J］．重庆邮电大学学报（社会科学版），2017，29（1）：39-44.

认定与责任。①

（1）证据认定。根据我国《民事诉讼法》的规定，当事人在诉讼中对自己提出的主张有举出证据加以证明其成立的义务。面对线下专利侵权，权利人可以提交侵权产品实物作为证据进行对比认定其是否侵权。但由于电子商务销售物流和信息流分流的特点，消费者在网上平台仅能看到产品的文字和图片，导致在专利诉讼举证中往往仅能展示商品的图片，从而不易判定其是否侵权。

（2）电子商务平台商的责任认定。在电子商务领域专利侵权诉讼中，由于商家通过电子商务平台经营店铺，权利人通常会直接将侵权商家和电子商务平台一同作为被告要求承担共同的侵权责任，但是由于电子商务平台并未直接参与侵权人侵权行为中，所以需判断电子商务平台是否构成帮助侵权，是否需要承担侵权责任进行探讨。在司法实践中，认定电子商务交易平台经营者侵权责任的关键是判断其是否具有过错，即电子商务平台经营者是否是故意或过失为商家侵犯他人专利权提供了帮助。②

（3）恶意投诉的认定与责任。随着知识产权法律制度的不断完善，一些权利人为了非法获利，故意投诉，使平台商判断错误，导致商品链接删除而造成卖家损失，或者在虚假陈述提起诉讼，不仅严重扰乱他人经营活动，而且也造成了司法资源的浪费。如果卖家遭遇恶意投诉而造成损失，那么卖家则可以就其损失向恶意投诉人主张赔偿。

（二）行政保护

与司法保护相比，行政保护程序更加简便，可以快速启动侵权救济程序，及时阻止侵权行为，维护权利人的合法利益。③ 行政保护主要由各个地区设立的管理专利工作的部门受理，当事人可以在侵权行为发生地请求管理专利工作的部门进行侵权处理。根据《专利法实施细则》，专利法和本细则所称管理专利工作的部门是指由省、自治区、直辖市人民政府以及专利管理工作量大又有实际处理能力的设区的市人民政府设立的管理专利工作的部门。在处理过程中，权利人仅限于要求责令被请求人停止侵权，对赔偿问题，可以请求行政机关进行调解。

我国电商领域目前已形成行政与企业联合处理专利侵权纠纷的模式。2010 年浙江省知识产权局和阿里巴巴联合建立 网络专利侵权处理联动机制，处理电商平台侵权问题后，浙江省与阿里巴巴集团合作出台全国首个《电子商务领域专利保

---

① 冀瑜，郭飞翔．电子商务领域专利权保护研究综述［J］．重庆邮电大学学报（社会科学版），2017，29（1）：39-44.

② 苏冬冬．电子商务交易平台经营者在专利侵权中的过错认定问题探析［J］．电子知识产权，2018（4）：40-51.

③ 朱雪忠，乔永忠．知识产权管理［M］．北京：高等教育出版社，2016（5）：113-114.

护工作指导意见》，提出“交易平台提供者对违反平台用户准入协议中专利权（知识产权）保护条款的商品经营者，可以采取删除、屏蔽商品经营者的信息、商品等措施；情节严重的，暂停或终止商品经营者的活动”，开始探索行政、社会中介和企业共同维权的新途径。之后，国家知识产权局以浙江省知识产权局组织浙江省维权援助中心工作人员，设立了中国电子商务领域专利执法维权协作调度（浙江）中心，为阿里巴巴集团转交的专利侵权纠纷案件提供专利侵权判定咨询意见，目前以阿里巴巴集团为中心，以浙江中心为中枢，按照电子商务平台经营者提交专利行政管理调解或判定开展电子商务领域专利侵权纠纷的处理工作，这一模式也是目前全国电子商务领域专利行政执法保护机制的代表性模式。

当前我国电子商务领域专利侵权保护主要采用司法保护与行政保护相结合的方式，根据我国《专利法》第 52 条规定：当事人就实施开放许可发生纠纷的，由当事人协商解决；不愿协商或者协商不成的，可以请求国务院专利行政部门进行调解，也可以向人民法院起诉。即当事人既可以向法院提起诉讼，也可以选择向知识产权行政管理部门提起行政裁决，或者在行政裁决不满的情况下，再向法院提起专利侵权诉讼。

三、电子商务中专利权侵权的法律责任

（一）民事责任

电子商务中专利权侵权的法律责任在《民法典》《电子商务法》《专利法》等都有所规定。

《电子商务法》第 74 条规定，电子商务经营者销售商品或者提供服务……造成他人损害的，依法承担民事责任。这里的损害也包括知识产权方面的损害。《民法典》第 179 条规定了承担侵权民事责任的主要方式包括：停止侵害；排除妨碍；消除危险；返还财产；恢复原状；赔偿损失；支付违约金；消除影响、恢复名誉；赔礼道歉。这些承担侵权责任的方式，可以单独适用，也可以合并适用。电子商务中专利权侵权最基础的责任承担方式是停止侵害。由于网络信息传播的速度极快、范围极广，因此停止侵害是一种源头治理的救济方式，防止侵权损害的进一步扩大和继续。与《民法典》相比，《专利法》属于特别法，因此侵犯专利权的民事责任应当优先适用《专利法》的有关规定。《专利法》第 65 条规定：侵犯专利权纠纷的处理、审理和侵犯专利权的民事责任，未经专利权人许可，实施其专利，即侵犯其专利权，引起纠纷的，由当事人协商解决；不愿协商或者协商不成的，专利权人或者利害关系人可以向人民法院起诉，也可以请求管理专利工作的部门处理。管理专利工作的部门处理时，认定侵权行为成立的，可以责令侵权人立即停止侵权行为，当事人不服的，可以自收到处理通知之日起十五日内依照《中华人民共和国行政诉讼法》向人民法院起诉；侵权人期满不起诉又不停止侵权行为的，管理专

利工作的部门可以申请人民法院强制执行。进行处理的管理专利工作的部门应当事人的请求，可以就侵犯专利权的赔偿数额进行调解；调解不成的，当事人可以依照《中华人民共和国民事诉讼法》向人民法院起诉。本条虽未正面规定侵犯专利权应该承担的民事责任，而是结合侵犯专利权纠纷的解决途径以及执法机关能够提供的救济方式一并规定。从本条可以看出承担专利权侵权的民事责任主要是两种方式：一是立即停止继续侵害，二是赔偿权利人因侵权行为而遭受的损失。

民事侵权责任的主要目标在于填平被侵权人的损失，实现公平正义。但是现有法律实践表明，传统的民事侵权责任并不能完全遏制恶意侵权人的不法行为。因此有必要基于特殊的情况采用更具有针对性的法律责任制度。《民法典》第1185条规定了对故意侵害他人知识产权，情节严重的，被侵权人有权请求相应的惩罚性赔偿。《电子商务法》第42条第3款中同样引入了该规则。总体而言，惩罚性赔偿的适用主要在于主观状态的确认，以其规则的威慑性和超损失赔偿性对于恶意侵权行为的抑制和权利人进行补偿。

（二）行政责任

我国《专利法》对侵权行为中假冒他人专利、泄露国家机密、徇私舞弊、侵犯发明人规定了行政责任，《专利法》第69条规定负责专利执法的部门根据已经取得的证据，对涉嫌假冒专利行为进行查处时，有权采取下列措施：

（1）询问有关当事人，调查与涉嫌违法行为有关的情况；

（2）对当事人涉嫌违法行为的场所实施现场检查；

（3）查阅、复制与涉嫌违法行为有关的合同、发票、账簿以及其他有关资料；

（4）检查与涉嫌违法行为有关的产品；

（5）对有证据证明是假冒专利的产品，可以查封或者扣押。

管理专利工作的部门应专利权人或者利害关系人的请求处理专利侵权纠纷时，可以采取前款第（1）项、第（2）项、第（4）项所列措施。负责专利执法的部门、管理专利工作的部门依法行使前两款规定的职权时，当事人应当予以协助、配合，不得拒绝、阻挠。该规定对于维护广大消费者和社会公众的利益，保证专利制度的健康发展，都有着十分重要的意义。此外《电子商务法》也在行政责任上进行了规定，第75条规定电子商务经营者违法销售、提供法律、行政法规禁止交易的商品、服务的，依照有关法律、行政法规的规定处罚。第84条规定，电子商务平台经营者违反本法第42条、第45条规定，对平台内经营者实施侵犯知识产权行为未依法采取必要措施的，由有关知识产权行政部门责令限期改正；逾期不改正的，处五万元以上五十万元以下的罚款；情节严重的，处五十万元以上二百万元以下的罚款。

（三）刑事责任

专利侵权最严厉、最有效的制裁方式是刑事制裁，我国专利法对假冒他人专利、泄露国家秘密以及专利管理工作的国家机关人员徇私舞弊等三种行为规定了追究其刑事责任，根据《专利法》第68条、第69条以及《刑法》第216条“假冒专利罪”规定，假冒他人专利，情节严重的，处三年以下有期徒刑或者拘役，并处或者单处罚金。

根据最高法院、最高检察院的相关司法解释“情节严重”的情形有：（1）非法经营数额在二十万元以上或者违法所得数额在十万元以上的；（2）给专利权人造成直接经济损失五十万元以上的；（3）假冒两项以上他人专利，非法经营数额在十万元以上或者违法所得数额在五万元以上的；（4）其他情节严重的情形。

【案例阅读】

杭州刀豆网络科技有限公司与长沙百赞网络科技有限公司等侵害作品信息网络传播权纠纷案①

微信小程序是一种不需要下载安装即可使用的应用程序。深圳市腾讯计算机系统有限公司（以下简称腾讯公司）“微信公众平台”官网提供的《微信小程序接入指南》将小程序的“产品定位及功能介绍”表述为：“是一种全新的连接用户与服务的方式，它可以在微信内被便捷地获取和传播，同时具有出色的使用体验。”

杭州刀豆网络科技有限公司（以下简称刀豆公司）经许可取得《武志红的心理学课》的复制权、发行权、信息网络传播权及维权权利。该公司发现长沙百赞网络科技有限公司（以下简称百赞公司）运营的三个微信小程序中均有“武志红心理学”收听栏目，经比对，其中“命运”“自我的稳定性与灵活度”音频内容与权利作品一致。该公司遂以其著作权受到侵害为由向一审法院提起诉讼，请求判令：百赞公司、腾讯公司立即停止侵权，即百赞公司立即删除在被诉三个微信小程序上的涉案作品，腾讯公司立即删除被诉三个微信小程序；百赞公司、腾讯公司赔偿刀豆公司经济损失以及合理费用共计人民币50000元。刀豆公司在提起本案诉讼前，未就百赞公司的被诉侵权行为向腾讯公司通知或投诉。一审审理过程中，被诉三个小程序已下架。一审法院判决：百赞公司赔偿经济损失（含合理开支）15000元。刀豆公司不服，提起上诉，二审法院认为虽然微信小程序是一种新型网络服务提供者，但仍应受到“通知—删除”规则的规制。刀豆公司要求腾讯公司删除小程序的措施明显超出了必要限度，但仍应综合考量相关网络服务的性质、形式、种类，侵权行为的表现形式、特点、严重程度等具体因素，以技术上能够实现，合理且不超必要

① 杭州中院以及有关中国裁判文书网［EB/OL］. https：//wenshu. court. gov. cn/.

限度为宜，以实现各方的利益平衡。

在本案中，因腾讯公司并未收到刀豆公司发出的侵权并要求采取必要措施的通知，故其对百赞公司的被控侵权行为并非明知、不存在过错，不需要承担帮助侵权的责任。因此，二审法院驳回上诉，维持原判。

该案例的典型意义在于网络服务提供者平台属性的界定应当结合技术原理、营利模式、协议约定等因素进行综合考量，以实现平台责任的私法属性和社会责任属性之间的平衡。本案法院以基础性网络服务提供者的被动性和技术无差别性排除其平台责任，提供了从技术角度界定网络服务提供者平台属性的思路，值得借鉴。

◎ 思考与讨论

1. 域名争议判定构成侵权或不正当竞争的司法标准是什么？
2. 域名侵权类型有哪几种？
3. 简述电子商务中专利侵权特点。
4. 简述电子商务中著作权侵权的“避风港”规则和“红旗”规则。
5. 电子商务平台商标侵权的法律救济有哪些？

第六章　电子商务税收

【学习目的】

通过本章的学习与技能训练，掌握我国电子商务法税收的基本前提、电子商务中课税对象的界定，电子商务经营者纳税登记义务、平台经营者税收协助义务及电子商务税法体系的构建，跨境电商税收规则；了解传统税法的概念和特征、税收的分类以及电子商务税收国际立法概况。

【知识结构】

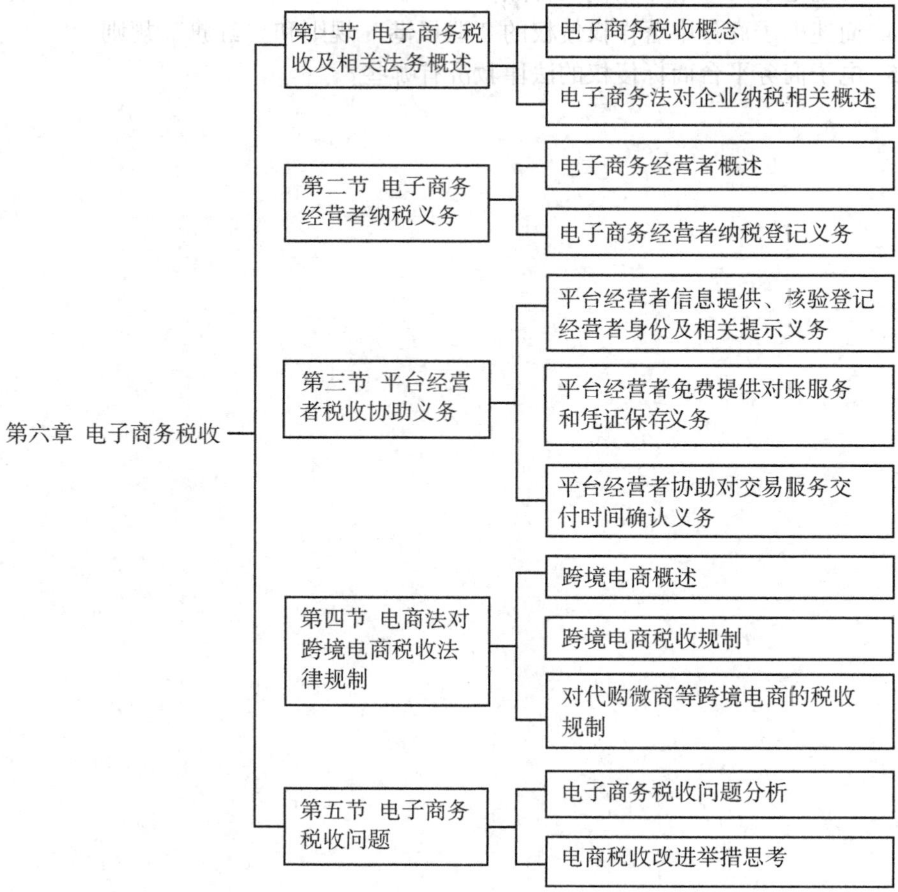

【导语】

通过学习电子商务税收的内容，了解为何《电子商务法》中要专门设立相关税收内容以及具体规定内容是什么，另外了解《电子商务法》其颁布对电子商务未来发展有何影响?

第一节　电子商务税收及相关法条概述

一、电子商务税收概念

电子商务税收，指的是对利用简单、快捷、低成本的电子通信方式，买卖双方不谋面地进行各种商贸活动中有纳税义务的主体进行征税的一系列制度规范与行为。

二、电子商务对现行税收体制的挑战

电子商务以其高科技性、无形性和交易虚拟化等特性，使纳税主体、客体的认定以及纳税环节、地点等基本概念均陷入困境。同时，电子商务也加大了税收征管和稽查的难度，对常设机构概念提出了挑战，各国国家税收管辖权受到严重冲击。

（一）电子商务对税收基本理论的冲击

在电子商务交易模式下，网上交易使传统的税法原则虚拟化，并且，由于网上交易商品形态的变化，使电子商务的课税对象具有较大的不确定性，进而使纳税人、纳税环节等税法要素随之发生变化。

（二）电子商务对传统税法原则的冲击

税法原则是制定税收政策和设计税收制度的指导思想，一经确定，就成为一定时期内一个国家据以制定、修改和贯彻执行税收法令制度的准则。通行观点认为，我国现行税法的基本原则包括税收中性原则、税收法定原则、税收公平原则和税收效率原则，而电子商务交易的虚拟性、高技术性动摇了传统税法存在的实践基础，使税法原则受到不同程度的冲击。

1. 电子商务对税收法定原则的冲击

税收法定原则的基本要求就是税收的征纳必须有法律的明确规定，没有法律的明确确定不得进行征纳。在我国，无论理论界还是实务界，都认为必须对电子商务征税。

2. 电子商务对税收公平原则的冲击

税收公平原则包括普遍征税和平等征税两个方面。普遍征税要求在税收管辖权之内的所有具有纳税能力的人都应毫无例外地纳税；平等征税要求国家征税的比例或数额与纳税人的负担能力相称。电子商务作为一种商业贸易形式，与传统贸易没有本质的区别，但现行税制是以有形贸易为基础的，之前税法中缺少对电子商务征税的内容，从事网络交易的纳税人可以轻易避免纳税义务，所以，现行税制专门提出对电子商务交易征税减缓税负不公的问题。

3. 对税收效率原则的冲击

税收效率原则要求在税务行政方面减少费用支出，尽可能减少税务支出占税收收入的比重。在电子商务中，交易结构性的变化会使原来面对这些中间环节征税的税收征管格局发生结构性的变化，使得原来从中间商及代扣代缴人取得税收变成要向广大的网上交易者及消费者征收税金，之前的税收征管手段还无法实现这一要求，现在建立了基于互联网的新的征管体系。增加耗费大量人力、物力、财力的支持以及各个政府部门的统筹合作，税收成本的提高是不可避免的，从而影响了税收征收效率和增加了税收征收成本。

（三）电子商务对税法要意的影响

由于电子商务是以无形方式在虚拟市场中进行的交易活动，其无纸化操作的快捷性、交易参与者的流动性等特点，使纳税主体、客体、纳税环节以及纳税地点等按照传统税法进行界定存在困难。

1. 电子商务带来纳税主体的不确定性

纳税人又称纳税义务人，是指税法上规定的负有直接纳税义务的单位和个人，包括自然人和法人。传统税制规定，凡从事商务活动的单位和个人都要办理税务登记。税法要解决对谁征税的问题，也就是纳税义务由谁来完成的问题。我国的增值税、所得税、营业税等各税种，都对纳税主体的范围进行了规定，确定纳税主体比较容易。在电子商务中，由于网络对所有交易主体都是开放的，任何人都可以成为交易主体，传统的中介人、中介环节不复存在，交易双方可以隐匿姓名、居住地等，造成电子商务环境下的纳税主体呈现多样化、模物化和边缘化的特征，具有不确定性。

2. 电子商务使纳税地点的确认失去基础

纳税义务发生地的确定是实施税收管辖的重要前提。现行税法规定的纳税地点主要包括机构所在地、经济活动发生地、财产所在地、报关地等。在目前电子商务交易中主要涉及的有买方所在地、服务器所在地、网络服务商所在地、卖方所在地等，它们一般都处在不同的地方，而且行政划分很可能也不同。电子商务的无国界性和无地域性特点，导致无法确定贸易的供应地和消费地，常设机构的概念变得模糊，从而无法正确行使税收管辖权，使传统纳税地点变得难以确定，从而使偷漏税及重复征税行为的发生难以避免。

3. 电子商务中传统纳税环节难以适用

现行税法对纳税环节的规定是基于有形商品流通过程和经营业务活动，主要适用于对流转税的征税。而在电子商务中，由于对交易对象不易认定，因而原有的纳税环节难以适用。

在传统交易中，商品要经历生产、批发、零售和进出口等环节才能从生产者到消费者手中，纳税环节就是要解决在哪些环节征税的问题。它关系到税收由谁负担，税款是否及时足额入库以及纳税是否便利等问题。电子商务简化了传统商品流转过程的多个环节，往往是从生产者直接到消费者，中介环节的消失导致相应的课税点消失，加重了税收流失的现象，其中以流转税为甚。

三、电子商务中课税对象的变化及对税收的影响

课税对象指征税的目的物，规定对什么征税。课税对象作为税收法律制度的核心构成要素，表明国家征税的具体界限，是区分不同税种的主要标志，也是决定税收属性的主要依据。在电子商务中，虚拟的数字化产品与服务对传统课税对象划分方式提出了挑战，并对税收征管产生影响。

（一）电子商务中新型的交易对象

1. 电子商务交易内容的变化

(1) 电子商务商品的表现形态。电子商务具有的数字化特征，使得许多传统的商品交易变成了数字化信息的交易，这在一定程度上改变了产品的性质，使商品、劳务和特许权难以区分。

(2) 电子商务的交易模式。电子商务交易活动不是在传统的物理交易场所进行的，而是在虚拟的交易场所（网上商店）进行，买者与卖者互不谋面直接进行交易，减少了商务活动的中间环节，提高了交易效率。

(3) 电子商务中的财产形态。虚拟财产作为网络空间中虚拟社会的产物，产生于网络空间却已蔓延进入真实社会层面，不仅在整个现实社会具有不容忽视的重要地位，而且已经成为一类全新的财产，已无法纳入传统财产的范畴。

2. 电子商务改变了原有课税对象的形态，使现行税法的相关内容受到冲击

电子商务的出现，改变了产品的流转方式，使以有形货物方式存在的商品可以转化为以数字形式存在，使交易商品与劳务转化为信息流，并通过网络来传递，这就改变了传统所得、传统财产的形式，而且电子商务产生了新的信息资源，这些都导致传统的税法已不敷使用。例如，原来以有形商品形式出现的书籍、报刊和软件等，现在都可以数字化的信息形式从互联网上直接下载使用，还可以通过复制方式进行传播，其性质是提供商品还是提供服务或特许权使用，界限模糊。对于这种交易行为应该按销售货物征收增值税，还是按提供劳务征收营业税，抑或是按转让无形资产征收营业税，根据之前税法难以判断，并且，由此而获得的所得，应视为生产经营所得，还是提供劳务或特许权使用费所得，其标准也很难确定。

（二）电子商务对实体税课税的影响

1. 电子商务对我国现行增值税课税对象的影响

增值税是以商品和劳务价值中的增值额为课税对象而征收的一种流转税，为世界各国普遍采用，也是我国税制结构中居首位的主体税种。《中华人民共和国增值税暂行条例》规定，在我国境内销售货物或者提供加工、修理修配劳务，以及进口货物的单位和个人为增值税的纳税义务人，其课税对象为销售货物或者提供加工、修理修配劳务而产生的增值额。在间接电子商务交易情况下，使用现行增值税规定毫无疑问，而在直接电子商务交易情况下，对无形的数字化商品是否征收增值税以及如何征收却难以套用现行税法。这样，纳税人在电子商务情况下销售产品和提供劳务的界限就变得十分模糊。在税务处理中，交易性质的不同，适用的税种和税率也会不同，对交易性质的认定更是直接影响到税种的应用及税负的大小。对于在直接电子商务条件下的数字化产品交易，究竟是将其视为特殊的版权使用费转让，纳入无形资产转让的范畴，因而征收营业税，还是将其视为商品交易及劳务提供，从而纳入增值税的征收范围，我国至今尚未有明确说法。

2. 电子商务对我国现行关税课税对象的影响

关税本是指进出口商品经过一国关境时，由政府所设置的海关向进出口商所征收的一种流转税。简而言之，关税是对进出口一国边境的货物和物品征税，属于间接税。

传统的关税制度是以属地原则和属人原则为基础建立起来的，征税和行使征税管理的传统依据是通过能够控制的要素来确定的。在电子商务中，由于虚拟化的交易方式和数字化与无形性产品的出现，使纳税主体复杂化、边缘化和模糊化，具有不确定性。电子商务中跨地区、跨国界交易的发生概率加大，数字化产品无须经过传统国界即可进入他国，所有这些，最终弱化了属地管辖权，特别是美国政府发布的《全球电子商务纲要》，在有关电子贸易税收问题上主张“互联网零关税”。如果全球网上贸易实行零关税，那么发展中国家的关税堤防将不攻自破。随着在线交易数量逐年增大，大量数字化产品会以在线交易方式通过网络从国外进入国内，电子商务对我国关税的影响也将逐步增大。

3. 电子商务对我国现行印花税课税对象的影响

印花税是以经济活动中签立的各种合同、产权转移书据、营业账簿、权利许可证照等应税凭证文件为对象所课征的税。这里的应税凭证文件原指书面文件，但在电子商务中，由于数据电文与电子签名被承认与书面文件功能等同，所以，导致许多新形式应税凭证文件的产生。

(1) 电子合同的出现

电子商务中由于交易方式的变化，导致人们的行为发生变化，企业在和客户建立了稳定关系的基础上，为提高业务洽谈的效率，并应客户的要求，在经济活动中改变了传统做法，不再和绝大部分客户签订书面订书面购销合同，而是以互联网为平台，通过数据电文来订立合同。电子合同因其载体和操作过程与传统书面合同不同，具有以下特点；一是书立合同的双方或多方在网络上运作，可以互不见面。合同内容等信息记录在计算机或磁盘中介载体中，其修改、流转、储存等过程均在计算机内进行；二是表示合同生效的传统签字盖章方式被数字签名（及电子签名）所代替；三是电子合同的生效地点为收件人的主营业地；没有营业地的，其经常居住地为合同成立的地点；四是电子合同所依靠的电子数据具有易消失性和易改动性。电子数据以磁性介质保存，是无形物，改动、伪造不易留痕迹。电子合同虽然形式上具有不同于传统纸质书面合同的特点，但其性质和意义并没有发生改变，仍然是为了规范交易，确定交易方各自的权利和义务，以保证经济交往迅捷、正常地进行，功能仍等同于书面凭证。

（2）电子营业账簿

随着企业中EBP（企业资源计划）的不断推进和会计电算化的日益成熟，财务网上处理已经成为必然趋势。在电子商务中主要采取的是会计软件记账、核算收入，产生的账簿和凭证是以网络数字信息的形式存在的，没有传统的纸质账本。

（3）网络营业执照、许可证

随着电子商务的不断发展，网上开店已经成为商家首选。为了保证交易的真实性与合法性，网上经营者必须取得由工商部门颁发的营业执照或经营特许权证照，而这些网上商店多数不具有实体性，且多数网络消费者也不可能再沿用传统的方式鉴定网店或经营许可的真实性与合法性，所以其工商执照只能采用数字方式或电子方式，悬挂于网上商店之中。

电子商务的数字化、无纸化交易将传统交易方式下的合同、凭证隐匿于无形，印花税原有的课税对象——合同、账簿、产权转移书据、结算凭证等不复存在。电子商务的出现使印花税的征收由于法律的缺失，造成税款的大量流失。

四、电子商务法对企业税收的相关规定

针对上述电子商务对传统税收的挑战与影响，新颁布的《电子商务法》中专门有相关规定：

第一，符合《电子商务法》的义务规定，电子商务法明确规定了电子商务经营者的缴税义务，只要从事电子商务的不论个人还是企业都应当依照法定程序缴纳税款。

第二，有助于规范税收公平的交易市场，目前电子商务企业相较于传统市场主体一个最大的成本优势就是税收优势，传统的市场主体符合传统征税要件需要承担相应的税收，而电子商务企业由于省去了中间环节以及虚拟商品的税收标准缺失，可以省下一大笔税收。长此以往大量实体店铺面临经营困境，交易市场公平的税收大环境受到巨大的挑战，电子商务企业逃避税收不仅仅是造成国家税收的流失，更为重要的是由于税收环节缺失，国家难以获得企业的纳税信息无法予以有效监管，故大量电子商务企业制假贩假、虚假刷单、店大欺客，而买家无法获得真实有效的

商品信息，被欺骗后又投诉无门，网络交易秩序受到严重破坏。

《电子商务法》第4条规定，国家平等对待线上线下商务活动，促进线上线下融合发展，各级人民政府和有关部门不得采取歧视性的政策措施，不得滥用行政权力排除、限制市场竞争。国家平等对待线上线下商务活动，这不仅有保护线上交易之义，也可以相应地理解为应该在税收征管上平等对待，给线下交易一个公平竞争的税收环境。

第二节　电子商务经营者的纳税登记义务

《电子商务法》中最重要的就是对电商经营者、主体登记、依法纳税等的概念的明确界定。其中与电子商务经营者纳税登记相关的法律规定具体在第10条到第26条，现详细阐述如下：

一、市场主体登记规定

在《电子商务法》第10条中规定电子商务经营者应当依法办理市场主体登记。其中特别指出一些例外规定：①个人销售自产农副产品、家庭手工业产品；②个人利用自己的技能从事依法无须取得许可的便民劳务活动和零星小额交易活动；③依照法律、行政法规不需要进行登记的除外。

电商法中对电商经营者一般分为两种：一种是法人企业，另一种是非法人企业，二者纳税形式与税率是不同的。对于非法人企业只需要根据全年应纳税所得额，结合经营所得交个人所得税即可。对于法人企业纳税，则需要用查账征收的方式来征税的，因此需要根据具体的采取报表进行核算审查，以及需要发票作为相应的凭证。因此在经营的过程中需要注意的是，发票是必须要有的，否则可能会影响到企业经营的纳税。

同时，以个人身份开店属于《电子商务法》规定的其他不需进行纳税的市场主体的类型，不需要进行登记。如果提供的经营活动属于需取得行政许可才能经营的，则是需要进行市场登记的，并需要取得相应的资质许可证，取得许可证方法可参考。而对不属于电商法办理登记列明则可以看出，许多企业在经营的过程中是需要办理相应资质的，就比如许多疫情防控用品是需要进行经营范围的变更与相关资质的办理的。

以上条款可看出电子商务经营者进行市场主体登记，就是规范网上交易主体履行纳税义务的前提，不管是传统普通企业，或者电商经营者都有依法履行纳税义务。根据本条的规定，所有电子商务经营者包括不需要办理市场主体登记微商、自然人等纳入纳税范畴，其方法是在首次纳税后办理税务登记。既是电子商务法“线上线下一致对待”法律原则的具体体现，也是“公平、平等”原则的应有之义。

二、办理纳税登记概述

《电子商务法》中特别提及了不需要办理市场主体登记的电子商务经营者的纳税流程。我国在市场主体管理中，虽然规定多数情况下，商事登记之后应当办理税务登记，并且进行了多证的合一，但范围是有区别的。

《税务登记管理办法》第2条规定，企业及企业在外地设立的分支机构和从事生产、经营的场所，个体工商户和从事生产、经营的事业单位，均应当按照《税收征管法》及《实施细则》和本办法的规定办理税务登记。前款规定以外的纳税人，除国家机关、个人和无固定生产、经营场所的流动性农村小商贩外，也应当按照《税收征管法》及《实施细则》和本办法的规定办理税务登记。《税务登记管理办法》第8条第3款规定，从事生产、经营的纳税人未办理工商营业执照也未经有关部门批准设立的，应当自纳税义务发生之日起三十日内申报办理税务登记，税务机关发放临时税务登记证及副本。这是办理税务登记与商事登记的区别。《企业所得税税前扣除凭证管理办法》（国家税务总局〔2018〕28号公告）第9条规定，企业在境内发生的支出项目属于增值税应税项目（以下简称"应税项目"）的，对方为依法无须办理税务登记的单位或者从事小额零星经营业务的个人，其支出以税务机关代开的发票或者收款凭证及内部凭证作为税前扣除凭证，收款凭证应载明收款单位名称、个人姓名及身份证号、支出项目、收款金额等相关信息。小额零星经营业务的判断标准是个人从事应税项目经营业务的销售额不超过增值税相关政策规定的起征点。税务总局对应税项目开具发票另有规定的，以规定的发票或者票据作为税前扣除凭证。

在上述两项规定中，国家机关、个人和无固定生产、经营场所的流动性农村小商贩无须办理税务登记，小额零星经营业务可不办理市场主体登记。企业在境内从这些单位、个人所发生的支出，以税务机关代开的发票或者收款凭证及内部凭证作为税前扣除凭证，收款凭证应载明收款单位名称、个人姓名及身份证号、支出项目、收款金额等相关信息。由上可知，第一，税务登记的范围是大于商事登记范围的，包括不需要进行商事登记的一部分纳税人。依法纳税义务市场主体应尽的义务，对于线上线下经营者是一致的；第二，不需要办理市场主体登记并不意味着不履行依法纳税义务。

对电子商务经营者，允许存在小额零星经营者等进行无证经营。对于办理市场主体经营证的电子商务经营者（即有证户），自然需要与一般的主体一样履行纳税义务，无论有无销售，均按照规定进行纳税申报。对于按规定没有办理的电子商务经营者（即无证户）在发生纳税义务之后也要办理税务登记。换句话说，无论有证或无证，只要有纳税义务发生，均需如实纳税申报，同时可以享受税收优惠。

另一方面，电子商务经营者从事经营活动，依法需要取得相关行政许可的，应当依法取得行政许可。电子商务经营者应当在其首页显著位置，持续公示营业执照信息、与其经营业务有关的行政许可信息、属于依照电子商务法规定的不需要办理市场主体登记情形等信息，或者上述信息的链接标识。上述信息发生变更的，电子商务经营者应当及时更新公示信息。电子商务经营者自行终止从事电子商务的，应当提前三十日在首页显著位置持续公示有关信息。

三、电子商务经营者履行纳税义务

在《电商法》第 11 条第 2 款规定，依照前条规定不需要办理市场主体登记的电子商务经营者在首次纳税义务发生后，应当依照税收征收管理法律、行政法规的规定申请办理税务登记，并如实申报纳税。

如何确定“首次”是本条的关键。在对电子商务进行征税时，实际操作中，如何确定纳税地点？一般 B2C（企业对个人）还好说一点，是电商企业机构所在地。但对 C2C（个人对个人）而言，是服务器所在地，还是购买方所在地，还是销售方所在地？2014 年原国家工商行政管理总局出台的《网络交易管理办法》规定，从事网络商品交易的自然人，应当向第三方交易平台提交其姓名、地址等真实身份信息，具备登记注册条件的，依法办理工商登记。现实中，该规定被理解为自然人卖家只需要向平台登记，不需要工商登记。一些地方出于鼓励新兴产业发展的考虑，也没有对电商平台采取严格的征管措施。

电子商务经营者必须履行纳税法定义务。虽然我国国情和电子商务发展实际，为有利于促进就业，可以对部分符合条件的小规模经营者免予登记。但对免予登记的小规模经营者在首次纳税义务发生后，也应当依照税收征收管理法律、行政法规的规定申请办理税务登记。

在明确税务登记义务后，电子商务的纳税地点也就明确了，就是税务登记所在地，各地税务机关也可以对辖区内的电商开展日常税务管理了，由此带来的税收收入按分成比例归当地财政。

四、电商经营者应履行应税开票和数据提交义务

无论是传统线下与电商线上经营主体，依法纳税最重要的依据之一就是销售货物发票。《中华人民共和国发票管理办法》第 19 条规定，销售商品、提供服务以及从事其他经营活动的单位和个人，对外发生经营业务收取款项，收款方应当向付款方开具发票；特殊情况下，由付款方向收款方开具发票。第 20 条规定所有单位和从事生产、经营活动的个人在购买商品、接受服务以及从事其他经营活动支付款项，应当向收款方取得发票。取得发票时，不得要求变更品名和金额。

《电子商务法》第14条规定，电子商务经营者销售商品或者提供服务应当依法出具纸质发票或者电子发票等购货凭证或者服务单据。电子发票与纸质发票具有同等法律效力。本条明确，电商发生增值税应税行为应当按照《中华人民共和国发票管理办法》的规定开具发票。《电子商务法》第25条规定，有关主管部门依照法律、行政法规的规定要求电子商务经营者提供有关电子商务数据信息的，电子商务经营者应当提供。有关主管部门应当采取必要措施保护电子商务经营者提供的数据信息的安全，并对其中的个人信息、隐私和商业秘密严格保密，不得泄露、出售或者非法向他人提供。第75条、第80条也规定了相关的处罚措施。《电子商务法》第31条 电子商务平台经营者应当记录、保存平台上发布的商品和服务信息、交易信息，并确保信息的完整性、保密性、可用性。商品和服务信息、交易信息保存时间自交易完成之日起不少于三年；法律、行政法规另有规定的，依照其规定。电子商务法第53条 电子商务当事人可以约定采用电子支付方式支付价款。

电子支付服务提供者为电子商务提供电子支付服务，应当遵守国家规定，告知用户电子支付服务的功能、使用方法、注意事项、相关风险和收费标准等事项，不得附加不合理交易条件。电子支付服务提供者应当确保电子支付指令的完整性、一致性、可跟踪稽核和不可篡改。

税务部门依法要求电商提供交易数据，电商不能拒绝，否则将依法接受处罚，税务部门还可以依法要求电商平台报送有关信息。一旦税务部门全面掌握电商销售商品或服务的名称、时间、数量、金额等交易数据，未来电商面临的税收征管可能比实体企业更严密。

五、电子商务经营者税率标准及优惠规定

1. 税率规定

电商最关心的问题就是电商经营者的开发票的税点是多少？以淘宝为例，一般的电商平台开专业增值税发票的税点是17%，普通增值税发票的税点是3%。淘宝大部分商家都是小规模纳税人，因此开具一般普通发票的税点是3%。增值税发票分为两种，一种是专业增值税发票，另一种是普通增值税发票。商品货物的销售需要使用国税部门的发票。

如果是一般纳税人，可以向国税部门申请领购增值税专用发票、增值税普通发票、国税部门的通用机打发票或普通手工发票。

普通的消费者购买商品只能开具：增值税普通发票、国税部门的通用机打发票或普通手工发票，也就是通常意思上的普通发票。

如果是具有增值税一般纳税人资格的企业购买商品，可以开具增值税专用发票。

2. 税收起征点

税收起征点是指多少营收才达到纳税标准？以淘宝平台为例，2019 年淘宝开店，税收季营业收入在 9 万元以下免交增值税等税收。每个地区都有 3 万元左右的免税额度。

3. 电商经营者优惠规定

《电子商务法》第 11 条规定，电子商务经营者应当依法履行纳税义务，并依法享受税收优惠。本条明确指出了电商经营者应当依法履行纳税义务。同时本条强调了可以“依法”享受税收优惠，主要有以下几个方面的优惠：

（1）2020 年 12 月 31 日前，增值税小规模纳税人销售货物或者加工、修理修配劳务月销售额不超过 3 万元（按季纳税 9 万元），销售服务、无形资产月销售额不超过 3 万元（按季纳税 9 万元）的，增值税小规模纳税人应分别核算销售货物或者加工、修理修配劳务的销售额和销售服务、无形资产的销售额。可分别享受小微企业暂免征收增值税优惠政策。

（2）自 2018 年 1 月 1 日至 2020 年 12 月 31 日，对年应纳税所得额低于 100 万元（含 100 万元）的小型微利企业，其所得减按 50%计入应纳税所得额，按 20%的税率缴纳企业所得税。

（3）从 2016 年 2 月 1 日起，对月销售额或营业额不超过 10 万元的小微企业，免征教育费附加、地方教育附加、水利建设基金。

从以上规定看出只要符合各项条件，电商与实体都可以享受优惠，这也充分体现了线上线下的平等对待。

第三节 平台经营者税收协助义务

一、平台经营者信息提供、核验登记经营者身份及相关提示义务

我国《公司法》中规定的公司法定义务是要承担社会责任。电商平台经营者区别于实体商场的特殊性体现在：①仅提供互联网交易空间以及相应服务撮合交易，但不直接接入交易；②电商平台中的交易具有瞬时性与便捷性，足不出户几秒钟就可以完成一次交易；③电商平台中交易的数据量十分庞大，需要进行云计算，逐一审查难度巨大。电子商务平台业务领域广、影响力大、延展性强，所以相较一般公司要承担更全面、更重要的社会责任。

平台经营者通过制定和修改平台服务协议和交易规则协助监管部门履行某些监控及征税职责，在协助监管部门对网络市场实行有效监管方面发挥着不可替代的作用。对于平台经营者税收协助义务，具体规定如下：

（一）报送平台内经营者的身份信息和提示、核验依法办理登记

《电子商务法》第 28 条规定了电子商务平台经营者向市场监管部门报送平台内经营者身份信息、提示依法办理市场主体登记，以及为办理登记提供便利的责任。第 27 条电子商务平台经营者应当要求申请进入平台销售商品或者提供服务的经营者提交其身份、地址、联系方式、行政许可等真实信息，进行核验、登记，建立登记档案，并定期核验更新。这一条分两款规定了电子商务平台经营者对于平台内经营者，以及非经营用户主体身份信息的核验和登记的义务。

这就要求平台内经营者及非用户主体要进行相应网络平台市场主体经营资质登记，同时还配合相关监管部门核验信息真实性。

对于已经办理市场主体登记的平台内经营者，市场监管部门在登记注册时已掌握经营者的姓名和住所、组织形式、经营范围、经营场所等登记信息，平台经营者需要对报送的平台内经营者相关信息进行比对、核验，以确保报送信息的真实有效。因此，平台经营者报送身份信息的范围应当与市场主体登记信息基本一致。

（二）向税务部门报送平台内经营者的身份信息和与纳税有关的信息

《电子商务法》根据第 28 条规定，电子商务平台经营者应当按照规定向市场监督管理部门报送平台内经营者的身份信息，提示未办理市场主体登记的经营者依法办理登记，并配合市场监督管理部门，针对电子商务的特点，为应当办理市场主体登记的经营者办理登记提供便利。电子商务平台经营者应当依照税收征收管理法律、行政法规的规定，向税务部门报送平台内经营者的身份信息和与纳税有关的信息，并应当提示依照本法第 10 条规定不需要办理市场主体登记的电子商务经营者依照本法第 11 条第 2 款的规定办理税务登记。

这就要求平台经营者应当依照税收征收管理法律、行政法规的规定，向税务部门报送平台内经营者的身份信息和与纳税有关的信息。

（三）提示电子商务经营者办理税务登记

对于未办理市场主体登记的平台内经营者，平台经营者除应当向市场监管部门报送身份信息外，还需根据其掌握的数据信息，特别是相关平台内经营者的经营信息数据，识别出相应的经营者属于根据法律规定，应当办理市场主体登记的经营者类型，并且平台经营者有义务提示相应的平台内经营者依法办理登记。如果不履行相应的提示义务，那么在性质上属于隐瞒相关事实，需要承担相应的法律责任。

（四）提供相关交易数据信息义务

应有关主管部门要求提供相关信息的义务，也就是《电子商务法》第 25 条之规定："有关主管部门依照法律、行政法规的规定要求电子商务经营者提供相关电子商务交易数据的，电子商务经营者应当提供。”由于交易过程中产生的交易数据和个人信息是行政机关实施监管的前提和依据，基于市场监管、保护消费者的需要做此规定。因此，行政机关行使法律、行政法规规定的职责时，可要求电子商务经营者提供依法履职需要的数据信息。电子商务数据信息应指基于电子商务活动产生的交易数据和个人信息，包括经营者身份信息、经营者资质信息、商品或者服务信息、交易记录、消费者个人信息等。例如，平台经营者应当积极协助市场监管部门查处网上违法经营行为，提供在其平台内涉嫌违法经营的经营者的登记信息、交易数据等资料。

电子商务平台经营者具有将平台内经营者的信息共享到税务机关的责任与义务，为税务机关的征管提供了及时、准确、完整的基础数据。

二、平台经营者协助对交易服务交付时间确认义务

根据《电子商务法》第51条规定合同标的为交付商品并采用快递物流方式交付的，收货人签收时间为交付时间。合同标的为提供服务的，生成的电子凭证或者实物凭证中载明的时间为交付时间；前述凭证没有载明时间或者载明时间与实际提供服务时间不一致的，实际提供服务的时间为交付时间。合同标的为采用在线传输方式交付的，合同标的进入对方当事人指定的特定系统并且能够检索识别的时间为交付时间。对于交付确认时点给予了明确的界定，但与纳税义务发生时间和收入确定时间是有一定区别的，不能简单地认为交付时间就是纳税义务发生时间。因为以淘宝交易为例，淘宝有一个7天无理由退货退款服务，所以当商品交付，货款支付完成后由支付宝先扣款，7天内不发生退货事实，才将扣款转到卖家账户，这中间就有一个时间差。所以纳税义务发生时间不必然也收入时间重合。当然，有了平台交易痕迹化信息保存及提供后，对于事后业务的真实性核实带来了很大便利。

三、平台经营者免费提供对账服务和凭证保存义务

在《电子商务法》第53条中规定电子支付服务提供者应当向用户免费提供对账服务以及最近三年的交易记录。第31条中规定电子商务平台经营者应当记录、保存平台上发布的商品和服务信息、交易信息，并确保信息的完整性、保密性、可用性。商品和服务信息、交易信息保存时间自交易完成之日起不少于三年；法律、行政法规另有规定的，依照其规定。

本条款是针对商户和平台之间的支付交易记录对账的服务定位，明确规定情形的必须免费提供。这其中关联到两个涉税问题：一是，商家或平台法定的免费提供

服务不应征税。二是，平台为税务机关查询最近三年的交易记录提供了有力的保证，成为可信的征税依据，也能最好地保证电子商务企业税收精确性。

其他具体相关法条规定内容如下：

1.《中华人民共和国税收征收管理法实施细则》（国务院令第666号）第96条规定：纳税人、扣缴义务人有下列情形之一的，依照税收征管法第70条的规定处罚：

（1）提供虚假资料，不如实反映情况，或者拒绝提供有关资料的；

（2）拒绝或者阻止税务机关记录、录音、录像、照相和复制与案件有关的情况和资料的；

（3）在检查期间，纳税人、扣缴义务人转移、隐匿、销毁有关资料的；

（4）有不依法接受税务检查的其他情形的。

2.《中华人民共和国税收征收管理法》第70条规定，纳税人、扣缴义务人逃避、拒绝或者以其他方式阻挠税务机关检查的，由税务机关责令改正，可以处一万元以下的罚款；情节严重的，处一万元以上五万元以下的罚款。

3.《刑法》第162条之一规定，隐匿或者故意销毁依法应当保存的会计凭证、会计账簿、财务会计报告，情节严重的，处五年以下有期徒刑或者拘役，并处或者单处二万元以上二十万元以下罚金。单位犯前款罪的，对单位判处罚金，并对其直接负责的主管人员和其他直接责任人员，依照前款的规定处罚。

4.《电子商务法》第76条规定，电子商务经营者违反本法规定，有下列行为之一的，由市场监督管理部门责令限期改正，可以处一万元以下的罚款，对其中的电子商务平台经营者，依照本法第81条第一款的规定处罚：

（1）未在首页显著位置公示营业执照信息、行政许可信息、属于不需要办理市场主体登记情形等信息，或者上述信息的链接标识的；

（2）未在首页显著位置持续公示终止电子商务的有关信息的；

（3）未明示用户信息查询、更正、删除以及用户注销的方式、程序，或者对用户信息查询、更正、删除以及用户注销设置不合理条件的。

电子商务平台经营者对违反前款规定的平台内经营者未采取必要措施的，由市场监督管理部门责令限期改正，可以处二万元以上十万元以下的罚款。

5.《电子商务法》第77条规定，电子商务经营者违反本法第18条第1款规定提供搜索结果，或者违反本法第19条规定搭售商品、服务的，由市场监督管理部门责令限期改正，没收违法所得，可以并处五万元以上二十万元以下的罚款；情节严重的，并处二十万元以上五十万元以下的罚款。

《电子商务法》涉及电子商务经营者纳税义务如表6-1所示。

表 6-1　　　**《电子商务法》涉及电子商务经营者纳税义务**

对象	序号	市场监管要点	《电子商务法》
所有电子商务经营者	1	办理工商登记	1. 依法办理市场主体登记；下列情形除外：（1）销售自产农副产品、家庭手工业产品的个人；（2）利用自己的技能从事依法无须取得许可的便民劳务活动和零星小额交易活动的个人；（3）依照法律、行政法规不需要进行登记的情形。（第 10 条）2. 电子商务平台经营者有下列特殊义务：提示、协助平台内经营者办理市场主体登记。（第 28 条）
	2	履行纳税义务	1. 依法履行纳税义务、享受税收优惠；2. 不需办理市场主体登记的，在首次纳税义务发生后，应当申请办理税务登记，并如实申报纳税；（第 11 条）3. 电子商务平台经营者有下列特殊义务：提示不需要办理市场主体登记的电子商务经营者办理税务登记。（第 28 条）
	3	取得行政许可	依法需要取得相关行政许可的，应当依法取得行政许可。如，食品经营许可等。（第 12 条）
	4	信息公示	1. 营业执照、行政许可、不需要办理市场主体登记情形等信息公示；发生变更的，及时更新（第 15 条，首页显著位置）；2. 电子商务终止公示（第 16 条，首页显著位置）；3. 电子商务平台经营者有下列特殊义务：1）平台服务协议和交易规则信息公示（第 33 条，首页显著位置）；2）平台服务协议和交易规则修改公示（第 34 条，首页显著位置）；3）平台内经营者违法违规被警示、暂停、或终止服务等措施公示（第 36 条）；4）信用评价规则公示（第 39 条）；5）知识产权人的侵权通知、平台经营者未侵权声明及处理结果公示。（第 44 条）
电子商务平台经营者	5	汇报义务	1. 依法提供有关电子商务数据信息义务（第 25 条）；2. 平台内经营者身份信息、纳税信息报送义务（第 28 条，向市场监督管理部门、税务部门）；3. 平台内违法行为（未取得行政许可、产品质量问题、环境问题、法律禁售问题）报告义务（第 29 条）；4. 网络安全事件报告义务。（第 30 条）
	6	交易信息保存	1. 记录、保存平台上发布的商品和服务信息、交易信息；2. 保证信息的完整性、保密性、可用性；3. 保存时间：交易完成之日起不少于三年。（第 31 条）
	7	自营业务标记区分	1. 显著区分标记自营业务和平台内经营者开展的业务；2. 对其标记为自营的业务依法承担民事责任。（第 37 条）
	8	不得删除评价	1. 为消费者提供售后评价途径；2. 不得删除消费者的售后评价。（第 39 条）

第四节　跨境电商税收规则

一、跨境电商概述

（一）跨境电商定义

跨境电商，是指分属于不同国家的交易主体，通过电子商务手段将传统进出口贸易中的展示、洽谈和成交环节电子化，并通过跨境物流或异地仓储送达商品、完成交易的一种国际商业活动。同境内电商一样，跨境电商也包含 B2B、B2C、C2C 等类型，其中 B2B 是一般跨境贸易，B2C 或 C2C 是跨境零售。我国跨境电子商务（以下简称“跨境电商”）快速发展，已经形成了一定的产业集群和交易规模。我们知道，电子商务一个根本特性就是全球化，局限在一国之内的电子商务很少见，也不是电子商务发展的趋势。现在大型的电子商务平台和经营者基本上都是全球范围内经营。根据《电子商务法》第 2 条，“中华人民共和国境内的电子商务活动，适用办法。”

（二）跨境进口电商经营模式

跨境进口电商通常采用直邮和保税自营以及直邮+保税三个模式。

“直购进口”模式是指符合条件的电商平台与海关联网，境内消费者跨境网购后，电子订单、支付凭证、电子运单等有企业实时传输给海关，商品通过海关跨境电商专门监管场所入境。“保税进口”模式，又称 B2B2C 模式或备货模式，是指商家预先将海外商品大批量运至国内保税仓备货，当消费者在网上下单后，由国内保税仓进行配货打包，并为单个订单办理通关手续，再委托国内物流公司派送到消费者手中。

二、跨境电商税收规则

（一）跨境电商平台的市场准入登记与获取许可

《电子商务法》第 26 条电子商务经营者从事跨境电子商务，应当遵守进出口监督管理的法律、行政法规和国家有关规定。

跨境电商平台开展业务的首要要求是完成市场准入登记与获取许可。跨境电商平台除自身完成登记要求外，还须督促协助平台内企业登记——此举与市场监督管理局和海关的注册登记制度实现了有效衔接。

在信息公示方面，为改变交易信息不公开、不透明、不对等的电商交易状态，充分保障消费者的知情权，《电子商务法》及跨境电商零售进口新政均要求跨境电商平台经营者显著公示交易所需的必要信息，包括经营者身份信息、服务协议、交易规则、业务类型、商品服务信息等。记录、保存交易信息是所有电商的普遍义务。第 26 条明确了跨境电商无论何种模式，必须遵守进出口以及国内法律。这一条须引起足够重视。

需要注意的是在《电商法》第 15 条电子商务经营者应当在其首页显著位置，持续公示营业执照信息、与其经营业务有关的行政许可信息、属于依照本法第 10 条规定的不需要办理市场主体登记情形等信息，或者上述信息的链接标识。这条更多是面向国内电商卖家。对于海外销售的卖家，这个营业执照展示暂时还无法实施。

（二）跨境电商国际合作及国际规则遵守

《电子商务法》第 73 条规定，国家推动建立与不同国家、地区之间跨境电子商务的交流合作，参与电子商务国际规则的制定，促进电子签名、电子身份等国际互认。国家推动建立与不同国家、地区之间的跨境电子商务争议解决机制。

（三）电商法中针对跨境电商税收特别规定

我国电商法中有两条法律对跨境电商税收问题作出了规定，虽然规范方式也是比较笼统的，但是态度很明确：支持，为跨境电商提供便利，同时也要求其合法合规。在电商法中特别针对跨境电商税收的条文有：

《电子商务法》第 71 条规定，国家促进跨境电子商务发展，建立健全适应跨境电子商务特点的海关、税收、进出境检验检疫、支付结算等管理制度，提高跨境电子商务各环节便利化水平，支持跨境电子商务平台经营者等为跨境电子商务提供仓储物流、报关、报检等服务。国家支持小型微型企业从事跨境电子商务。

就跨境电商的行政管理问题而言，这里专指其特有的进出境监督管理问题。实践中跨境电子商务存在的最为突出的问题就是海关、税务、外汇等部门的监督管理问题。如何确定跨境电子商务平台销售商品的性质，是货物还是个人物品，如何设定通关模式，如何办理通关手续，如何征收税款，如何办理出口退税，如何办理外汇进出境等，对管理部门和跨境电子商务经营者、消费者来讲都是需要明确的问题。否则，必然会带来不确定性，对跨境电商带来消极影响，实践中也确实产生和存在着大量的问题。但我国现在《电子商务法》对此几乎没有涉及，只是一些原则性的、宏观的、宣言性的规定，对社会实际需求而言是远远不够的。

《电子商务法》第 72 条　国家进出口管理部门应当推进跨境电子商务海关申报、纳税、检验检疫等环节的综合服务和监管体系建设，优化监管流程，推动实现信息共享、监管互认、执法互助，提高跨境电子商务服务和监管效率。跨境电子商务经营者可以凭电子单证向国家进出口管理部门办理有关手续。跨境电商企业平台或自建站内部产生的相关电子销售凭证，将成为公司收入确认的依据。

跨境电子商务经营者可以凭电子单证向国家进出口管理部门办理有关手续。由于电商企业经营模式不同，导致其法律关系不明确，合同关系还是委托关系导致的责任也不同，因此产生了一系列纠纷。此外，跨境交易还存在逃税避税、涉嫌走私。

服务协议和交易规则是平台运营的重要基石。跨境电商平台经营者应与平台内入驻企业及消费者明确权利义务划分，个人消费者是进口货物的纳税义务人，电子商务企业、电子商务交易平台企业或物流企业可作为代收代缴义务人。因此对于跨境电商纳税义务，未来要求跨境电商平台除自身履责外，最重要的是要履行对跨境电商零售进口商品的独立代扣代缴义务，如实、准确地向海关申报法定税收征管要素并按照海关要求补充申报的义务。实务中，一般由电子商务平台或电子商务企业（卖家）代收代缴，境内消费者支付的款项中包含了进口环节的税收。

三、对代购微商等跨境电商的税收规制

跨境进口电商鉴于 B2B 的跨境进口按一般进口贸易处理，其最初的模式是海淘，即国内消费者直接在境外 B2C 平台上购物，并通过转运或直邮等方式将商品邮寄回国。大部分海淘的商品无法直邮送达，需要通过在境外设有转运仓库的转运公司代为收货（即在网上下单时，收货地址是转运仓库，再由转运公司将货物自行或委托第三方物流公司运至境内，耗时较长。因语言、支付方式等限制，最初的海淘在实际操作中较有难度，于是出现了代购，在分分钟买遍全世界的概念促使下，海淘与代购的业务量与日俱增，随着天猫国际、京东全球购等大型电商平台的上线，消费者海淘更为便捷。

《电子商务法》对代购的重要影响主要集中于从根源上讲，代购同跨境电商一样，既不属于非贸易进出境，也不属于传统意义上的国际贸易，而是处于两者的交叉地带。法律并未出台相应的管理规定，但是随着电商法的实施，有关市场主体登记和纳税的规定。登记的实质在于配合对电子商务经营者的监管和征税。一旦个人经营行为在登记后转变为公司或商业主体经营行为，缴纳增值税和所得税将在所难免。今后，跨境电商经营行为将会有着严格的监管措施，如果有违规现象，将受到巨额的罚款。之前代购主要是为了赚取免交关税、消费税等利润，目前有了相应的规定，代购者也需要办理登记和依法纳税，微商和代购方的优势将会大大减弱，具体表现为成本的增加，经营门槛提高。

表 6-2　**“直购进口”模式与“保税进口”模式对比**

对比项目	直购进口	保税进口
模式类型	进口 B2C 模式	进口 B2B2C 模式
海关监管特色	电子订单、支付凭证、电子运单实时传输，实现阳光化清关	货物存放在海关监管场所可实现快速通关
适用企业	代购、品类宽泛的电商平台、海外电商	备货量大的电商企业

这样其中一些大型电商平台已开始为平台代购商家转型跨境电商提供仓储物流、商品备案、代缴税收等服务，部分代购商家也开始积极转型布局，相比代购的正规化模式，《电子商务法》的实施将促成一些尚未转型的代购离场，为已转向跨境电商的合规代购留下大片市场空间。

第五节　电子商务税收存在的问题

课程思政主题：守税法之责，筑电商之基

案例主题：电子商务税收征管与责任意识

《电子商务法》颁布实施后，对我国电商企业发展环境有一个很好的改善，但目前对电子商务行为进行税收征收管理中仍存在以下问题：

一、缺少对电子商务进行税收征收管理的专门法律

由于电子商务的无纸化、虚拟化、数字化特征，其交易双方的信息具有隐蔽性并容易被篡改，这使得原有的征管法所规范的“税务登记、账簿凭证管理、发票管理及纳税申报”等事项均不太适用于电子商务的行为，而《电子商务法》重在规范电子商务经营者的经营行为，对其税收的征收管理只是一笔带过，这使得税务机关在对电子商务行为进行征税时无法可依。传统的征管模式也无法对其进行有效监管，主要表现在以下几个方面：

（1）法律法规不明确、不具体

现行的法律法规对电子商务如何征税及税务机关如何监督管理规定不明确、不细化。《电子商务法》第 11 条规定“电子商务经营者应当依法履行纳税义务，并依法享受税收优惠。依照前条规定不需要办理市场主体登记的电子商务经营者在首次纳税义务发生后，应当依照税收征收管理法律、行政法规的规定申请办理税务登记，并如实申报纳税。”但对纳税义务发生时间、课税对象、纳税地点、纳税期限、税收管辖权等没有明确规定。特别是对于第 10 条规定的“不需要办理市场主体登记的电子商务经营者”如何办理税务登记，在何处办理税务登记、如何申报纳税（申报时间、期限、地点等）及如何监管均未见相关规定。其应缴纳的税种除了增值税、消费税外，个人所得税如何确认其所得额及扣除项目。

（2）税务机关无法对电子商务经营者进行监管

电子商务经营者，特别是个人经营者数量众多且个人经营者未办理工商及税务登记，会造成税务机关无法对该部分应税行为进行监管。

如在淘宝网上开店，只需利用手机号或者邮箱进行注册登记，绑定支付宝并支付宝认证即可，并未要求要持税务登记证件方可注册。至于注册成功后发生了纳税义务但未按《电子商务法》第11条规定申请办理税务登记并如实申报纳税的部分网店，没有相关法律规定它们该由何地的税务机关进行监管以及如何监管。这部分网店如果没有网络平台的协助是无法对其进行监管的。

《电子商务法》第28条规定了网络平台在这方面的责任和义务："电子商务平台经营者应当依照税收征收管理法律、行政法规的规定，向税务部门报送平台内经营者的身份信息和与纳税有关的信息，并应当提示不需要办理市场主体登记的电子商务经营者办理税务登记"。规定中未对违反规定的电子商务经营者，电子商务平台经营者如何进行惩戒及如何协助税务机关进行监管。

（3）电子商务经营者的经营场所不固定

即使是企业经营者被发现有偷税漏税嫌疑，税务机关也很难对其账簿凭证进行检查认定偷税漏税事实，更难以对其实物资产进行查封、冻结，采取税收保全措施或者强制执行措施。

（4）纳税义务发生时间较难确定

增值税纳税义务发生时间是"发生应税销售行为的，为收讫销售款项或者取得索取销售款项凭据的当天；先开具发票的，为开具发票的当天。进口货物，为报关进口的当天"。但在电子商务模式下，大部分消费者不索要发票，货款是先由第三方电商平台收款，消费者收货后确认付款或收货期满后系统自动转入经营者账户，而且不少经营者都有承诺的无理由退货期。那么纳税义务发生时间是电商平台收款后、还是经营者收款后或是退货期满后？

（5）计税基础难以确定

2019年1月9日国务院常务会议决定，将增值税小规模纳税人免税标准由月销售额3万元提高到10万元。并且明确，按照固定期限纳税的小规模纳税人可以根据自己的实际经营情况选择实行按月纳税或按季纳税。为确保年度内纳税人的纳税期限相对稳定，同时也明确了一经选择，一个会计年度内不得变更。那么对于电子商务中的自然人经营者是否能按小规模纳税人享受税收优惠呢？

对电子商务征管缺乏法律规范，无法可依，不仅给税务机关工作人员操作带来困难，而且使大量的电子商务经营者钻法律的空子，偷逃税款现象普遍。不利于维护公平竞争的市场环境，也不利于国家组织财政收入。

二、消费者索要发票的意识不强或者索取发票困难

一般相对而言，电子商务的零售化和直销化比例较高，因此，消费者向商家索取发票的比例较传统交易更低，这将加大税务机关对销售收入统计的困难，难以准确把控税源，并对现行的以票控税的征管模式造成影响。《电子商务法》第 14 条规定“电子商务经营者销售商品或者提供服务应当依法出具纸质发票或者电子发票等购货凭证或者服务单据”。实际操作中根本不满足这条规定。

一是因为许多消费者没有相关的知识和概念，不会选择“多此一举”向商家索要发票；二是许多个人经营者根本没有办理税务登记，无法开出发票。相信不少人都有过索要发票未果的经历，卖家往往用以下方式搪塞：干脆承认没有发票；告诉消费者开发票要再加几个点的税，让消费者“知难而退”推脱商品是其他公司的，需联系其他人开票。能够很顺利地同意开发票又不额外加税的 1/10 都不到。这就造成了税务机关“以票管税”无法发挥作用。

三、税务征管人员缺乏相关知识

税务征管人员业务知识缺乏，对新生事物缺乏积极主动学习的态度，对互联网技术应用不熟练，仅将先进的税收管理平台作为数据查看和处理的工具缺乏分析应用能力。部分税务人员年龄偏大，思维定格在传统的征管模式中。对电子商务是否应征税，应如何征税问题，反正法律没有明确规定，且抱着多一事不如少一事，睁一只眼闭一只眼的态度，不去主动思索并解决问题。

四、企业电子商务经营者偷逃税款

由于国家缺乏对个人电子商务经营者的监管，使得一些企业电子商务经营者觉得有机可乘。Yong Z（2012）研究指出，许多中小型的电子商务企业为了逃避缴纳税款，利用 C2C 电子商务领域税收管理方面的漏洞，在电子商务平台上以个人身份进行注册登记，达到逃避缴纳税款的目的。

由上看出，电子商务税收法律法规仍然非常不完善，实际操作仍有很多困难，但互联网商务飞速发展并在国民经济中占有重要地位的信息时代，要保持国民经济的持续稳定发展，必须对相关行为以立法的形式进行规范，特别是税务征管问题，要尽快建立与我国互联网商务相适应得更细致务实的税收征管法律，以使互联网税收征管有法可依，打造一个公平竞争的经济环境。

【案例阅读】

利用电商平台寻找稽查线索①

近日，江苏省无锡市国税局稽查局利用购物网站的软件查询分析功能，发现并成功查处了全市首起网络交易偷税案，补征税款及罚款合计12余万元。

无锡市国税局稽查局相关负责人告诉记者，近年来，无锡市跟其他地方一样，网络交易日益红火，但因网络交易具有后台运转、数据电子化、交易信息容易更改等特征，税务机关按照传统征管方式很难掌握购物网站的电子交易信息，导致网络交易流失税款不断增多。为改变这种状况，使网络交易不再是“征税盲区”，无锡市国税局稽查局前不久经过深入调研，决定利用辖区内一家电子商城的交易平台查询分析功能，开展涉税交易情报分析工作，主动选案。

据介绍，该电子商城是一个综合性的购物网站，具有以下三大特征。一是入驻该电子商城的商家必须是在中国内地注册的企业，商城管理人员可以通过商城交易平台查询企业的电子营业执照，进而查到对应电商店铺的实际企业名。二是电商店铺收取货款账户必须是公司账户，电子商城会向店铺收取不同点数的佣金及服务费，消费户可以要求电商商户开具发票。三是电子商城的各项销售记录可以通过查看网店的“总销量”查询到，这个“总销量”是由电子商城的交易平台服务器根据网店销售出多少货物来记录的，网店不能自行更改。

针对上述特征，无锡市国税局稽查局组织人员，先通过网络搜索该电子商城的无锡本地店铺，再利用该电子商城交易平台的查询分析功能查询各网店的总销量，接着将网店总销量数据与企业申报数据进行比对和筛选。通过如此分析筛选，一家私营电器商贸有限责任公司成为稽查人员的检查样本。

申报资料显示，该公司于2011年成立，主要从事家用电器、家居用品的销售，为增值税小规模纳税人，2011—2013年6月共申报销售收入50万元左右。稽查人员利用该电子商城提供的交易平台销量统计查询功能，统计出该店铺2011—2013年6月累计网上销售近380万元左右，与其申报数据差异悬殊。

掌握上述情况后，稽查人员立即对该公司进行立案检查。通过登录该公司在该电子商城的店铺后台系统，稽查人员证实，该公司2011—2013年6月的确通过网上店铺累计销售近380万元左右。但该公司经营者提出，网上店铺的销售额中有相当一部分是公司为了提高自己店铺的知名度与销量，请人代刷的

① 施志群．电子商务稽查案例：利用电商平台寻找稽查线索［EB/OL］．施志群—税务律师博客，2014-01-07.

"虚假销售"，此种方式在网店行业属于由来已久的"传统"。

稽查人员随即对"虚假销售"问题进行了进一步的调查取证。经查询网络信息及向多方求证，稽查人员确认的确有代刷销量情况存在。但通过缜密分析和实地查看，稽查人员从快递单的金额入手，通过与该公司提供的发货单进行核对，最终确认了该公司真实的网上销售量。多方数据证明，该公司约有200万元网上真实销售收入没有申报纳税，需要依法补缴税款及罚款共计12余万元，在掌握网络销售规律的基础上，无锡市国税局稽查局按照上述流程又选取某数码有限公司为检查对象。截至目前，稽查人员已经查实，该公司成立两年以来，已有近500万元销售收入未申报纳税。该公司正在接受进一步处理。

◎ 思考与讨论

1.《电子商务法》对于经营者纳税有什么规定？哪些不属于《电子商务法》办理登记的标准？

2.《电子商务法》实施之后，从事电商平台的企业或者个人就需要进行必要的市场登记吗？需要纳税登记吗？

3. 对经营者而言，纳税的时候需不需要补税？同时又有哪些是不列入到电商法办理登记的标准的？

4. 作为电商从业者或者关注电子商务的人，如何判断自己是否需要办理营业执照，如何交税，以及怎么合理避税节税？

5. 针对个人销售自产农副产品、家庭手工业产品，个人利用自己的技能从事依法无须取得许可的便民劳务活动，根据《企业所得税税前扣除凭证管理办法》，是否存在税前扣除的凭证不明朗的情况？对于无证户究竟是否应当索取发票，还是可以以收款凭证作为扣除依据？

第七章　电子商务消费者权益保护

【学习目的】

掌握电子商务消费者权益的概念与分类；电子商务消费者知情权的内涵、性质、内容、保障和救济；电子商务消费者选择权的内涵、性质、内容和实施；电子商务消费者个人信息权的内涵、性质、内容、分类和必要性；电子商务消费者的其他权利。

【知识结构】

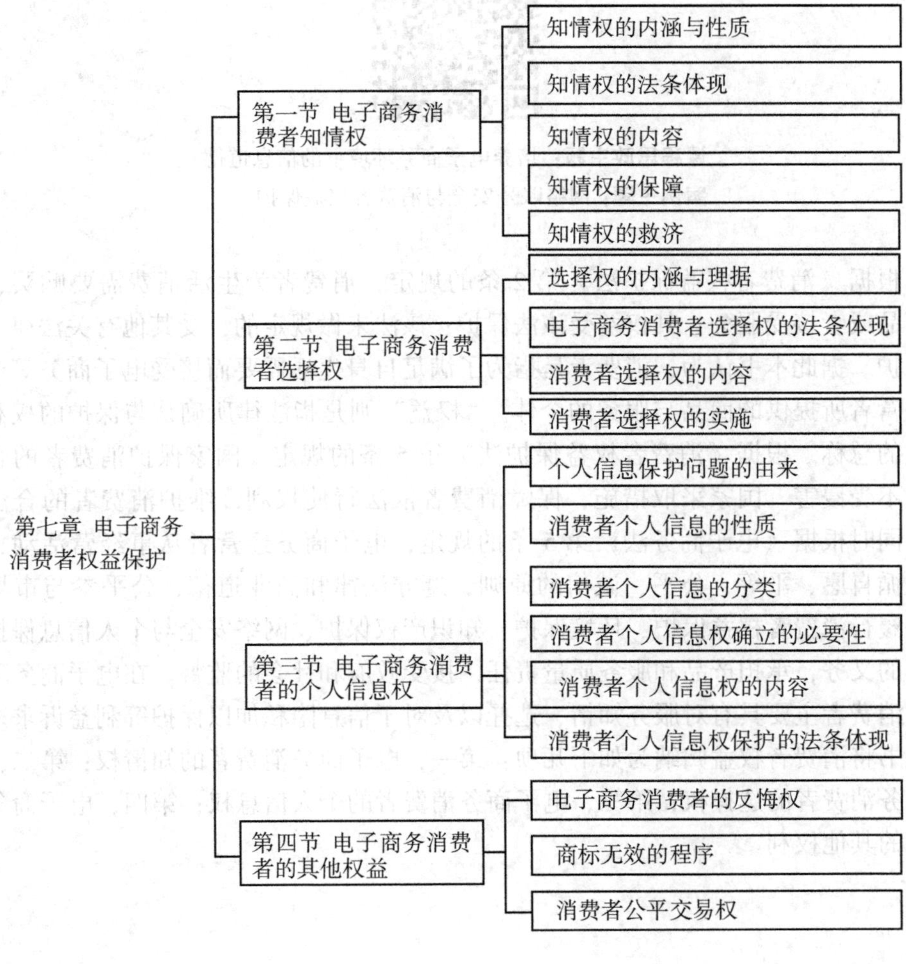

【导语】

由于调整对象与立法宗旨等因素，《电子商务法》未通过专章专节规定消费者权益保护的问题。然而在司法层面，《中华人民共和国消费者权益保护法》的内容可以直接适用于保护电子商务环境下的消费者权益。因此本章将主要围绕该法展开，同时涉及《电子商务法》《民法典》等其他相关法律规范的内容。在通过法权模式保护主体权益的我国，立法者往往是按照消费者的需求来展开权利体系。在电子商务环境下，消费者主要具有对服务知情、选择以及对于信息隐私加以保护等利益诉求。

第一节　电子商务消费者知情权

课程思政主题：培养电子商务环境下的信息道德

案例主题：网络账号安全与消费者权益保护

根据《消费者权益保护法》第 2 条的规定，消费者为生活消费需要购买、使用商品或者接受服务，其权益受该法保护；该法未做规定的，受其他有关法律、法规保护。据此本书认为，消费者是指为了满足自身生活需要而接受电子商务等产业的经营者所提供的商品与服务的个体。“权益”则是指法律所确认与保护的权利和利益的总称。根据《消费者权益保护法》第 5 条的规定，国家保护消费者的合法权益不受侵害。国家采取措施，保障消费者依法行使权利，维护消费者的合法权益；同时根据《电子商务法》第 5 条的规定，电子商务经营者从事经营活动，应当遵循自愿、平等、公平、诚信的原则，遵守法律和商业道德，公平参与市场竞争，履行消费者权益保护、环境保护、知识产权保护、网络安全与个人信息保护等方面的义务，承担产品和服务质量责任，接受政府和社会的监督。在电子商务环境下，消费者主要具有对服务知情、选择以及对于信息隐私加以保护等利益诉求。据此本书将消费者权益归纳为如下几项：第一，电子商务消费者的知情权；第二，电子商务消费者的选择权；第三，电子商务消费者的个人信息权；第四，电子商务消费者的其他权利。

一、知情权的内涵与性质

“知情权”的语源为 right to know，其字面意思是对于特定事务加以了解的权利，又称为了解权。知情权作为政治民主化的一种必然要求和结果，首先出现于公法领域。《公民权利与政治权利公约》第 19 条是集中地体现了解权：人人有权持有主张，不受干涉。人人有自由发表意见的权利；此项权利包括寻求、接受和传递各种消息和思想的自由，而不论国界，也不论口头的、书写的、印刷的、采取艺术形式的，或通过他所选择的任何其他媒介。本条第 2 款所规定的权利的行使带有特殊的义务和责任，因此得受某些限制，但这些限制只应由法律规定并为下列条件所必需：尊重他人的权利或名誉；保障国家安全或公共秩序，或公共卫生或道德。

在网络与大数据时代下，知情权已经作为一项独立权利的发展演变，其内涵与外延已不断扩大，不仅涉及公法领域也涉及私法领域。按照外延的不同，“知情权”的概念有不同的理解。从广义的角度而言，知情权是指知悉、获取信息的自由与权利，其中既包括通过官方的渠道，也包括通过非官方知悉、获取相关信息。与此不同的是，狭义知情权仅指知悉、获取官方信息的自由与权利。

二、知情权的法条体现

根据《消费者权益保护法》第 8 条，消费者享有知悉其购买、使用的商品或者接受的服务的真实情况的权利。消费者有权根据商品或者服务的不同情况，要求经营者提供商品的价格、产地、生产者、用途、性能、规格、等级、主要成分、生产日期、有效期限、检验合格证明、使用方法说明书、售后服务，或者服务的内容、规格、费用等有关情况。根据该法第 18 条，经营者应当保证其提供的商品或者服务符合保障人身、财产安全的要求。对可能危及人身、财产安全的商品和服务，应当向消费者作出真实的说明和明确的警示，并说明和标明正确使用商品或者接受服务的方法以及防止危害发生的方法。经营者发现其提供的商品或者服务存在严重缺陷，即使正确使用商品或者接受服务仍然可能对人身、财产安全造成危害的，应当立即向有关行政部门报告和告知消费者，并采取防止危害发生的措施。

为确保消费者在电子商务环境下知悉与消费相关的信息，《消费者权益保护法》第 19 条规定，经营者应当向消费者提供有关商品或者服务的真实信息，不得作引人误解的虚假宣传。经营者对消费者就其提供的商品或者服务的质量和使用方法等问题提出的询问，应当作出真实、明确的答复。商店提供商品应当明码标价。根据该法第 20 条，经营者应当标明其真实名称和标记。租赁他人柜台或者场地的经营者，应当标明其真实名称和标记。根据该法第 21 条，经营者提供商品或者服务，应当按照国家有关规定或者商业惯例向消费者出具购货凭证或者服务单据；消费者索要购货凭证或者服务单据的，经营者必须出具。

三、知情权的内容

从前述法条可知，在电子商务环境下，消费者行使知情权的对象主要包括：

第一，产品与服务的通常性能。其中包括：价格、产地、生产者、用途、性能、规格、等级、主要成分、生产日期、有效期限、检验合格证明、使用方法说明书、售后服务，或者服务的内容、规格、费用等有关情况。

第二，产品与服务中具有的潜在风险。经营者应当保证其提供的商品或者服务符合保障人身、财产安全的要求。对可能危及人身、财产安全的商品和服务，应当向消费者作出真实的说明和明确的警示，并说明和标明正确使用商品或者接受服务的方法以及防止危害发生的方法。

第三，消费者权益受侵害后可能的维权途径。根据《消费者权益保护法》第39条，消费者和经营者发生消费者权益争议的，可以通过下列途径解决：(1) 与经营者协商和解；(2) 请求消费者协会或者依法成立的其他调解组织调解；(3) 向有关行政部门投诉；(4) 根据与经营者达成的仲裁协议提请仲裁机构仲裁；(5) 向人民法院提起诉讼。

四、知情权的保障

正所谓“无救济则无权利”，没有强制性措施作为实施保障的权益将会沦为具文。为了保障消费者知情权的行使，《消费者权益保护法》规定了经营者的告知义务，从而保障消费者知情权的实现。根据该法第22条，经营者应当保证在正常使用商品或者接受服务的情况下其提供的商品或者服务应当具有的质量、性能、用途和有效期限；但消费者在购买该商品或者接受该服务前已经知道其存在瑕疵的除外。经营者以广告、产品说明、实物样品或者其他方式表明商品或者服务的质量状况的，应当保证其提供的商品或者服务的实际质量与表明的质量状况相符。根据该法第23条，经营者提供商品或者服务，按照国家规定或者与消费者的约定，承担包修、包换、包退或者其他责任的，应当按照国家规定或者约定履行，不得故意拖延或者无理拒绝。根据该法第24条，经营者不得以格式合同、通知、声明、店堂告示等方式作出对消费者不公平、不合理的规定，或者减轻、免除其损害消费者合法权益应当承担的民事责任。格式合同、通知、声明、店堂告示等含有前款所列内容的，其内容无效。

针对电子商务领域消费者知情的问题，《电子商务法》做了规定。根据该法第15条，电子商务经营者应当在其首页显著位置，持续公示营业执照信息、与其经营业务有关的行政许可信息、属于依照该法第10条规定的不需要办理市场主体登记情形等信息，或者上述信息的链接标识。前款规定的信息发生变更的，电子商务经营者应当及时更新公示信息。根据该法第16条，电子商务经营者自行终止从事电子商务的，应当提前三十日在首页显著位置持续公示有关信息。根据该法第17条，电子商务经营者应当全面、真实、准确、及时地披露商品或者服务信息，保障消费者的知情权和选择权。电子商务经营者不得以虚构交易、编造用户评价等方式进行虚假或者引人误解的商业宣传，欺骗、误导消费者。

五、知情权的救济

为救济消费者的知情权，《消费者权益保护法》第56条规定，经营者有下列情形之一，除承担相应的民事责任外，其他有关法律、法规对处罚机关和处罚方式有规定的，依照法律、法规的规定执行；法律、法规未做规定的，由工商行政管理部门或者其他有关行政部门责令改正，可以根据情节单处或者并处警告、没收违法所得、处以违法所得一倍以上十倍以下的罚款，没有违法所得的，处以五十万元以下的罚款；情节严重的，责令停业整顿、吊销营业执照：（1）提供的商品或者服务不符合保障人身、财产安全要求的；（2）在商品中掺杂、掺假，以假充真，以次充好，或者以不合格商品冒充合格商品的；（3）生产国家明令淘汰的商品或者销售失效、变质的商品的；（4）伪造商品的产地，伪造或者冒用他人的厂名、厂址，篡改生产日期，伪造或者冒用认证标志等质量标志的；（5）销售的商品应当检验、检疫而未检验、检疫或者伪造检验、检疫结果的；（6）对商品或者服务做虚假或者引人误解的宣传的；（7）拒绝或者拖延有关行政部门责令对缺陷商品或者服务采取停止销售、警示、召回、无害化处理、销毁、停止生产或者服务等措施的；（8）对消费者提出的修理、重作、更换、退货、补足商品数量、退还货款和服务费用或者赔偿损失的要求，故意拖延或者无理拒绝的；（9）侵害消费者人格尊严、侵犯消费者人身自由或者侵害消费者个人信息依法得到保护的权利的；（10）法律、法规规定的对损害消费者权益应当予以处罚的其他情形。经营者有前款规定情形的，除依照法律、法规规定予以处罚外，处罚机关应当记入信用档案，向社会公布。

与此同时，根据《电子商务法》第76条，电子商务经营者违反该法规定，有下列行为之一的，由市场监督管理部门责令限期改正，可以处一万元以下的罚款，对其中的电子商务平台经营者，依照该法第81条第1款的规定处罚：（1）未在首页显著位置公示营业执照信息、行政许可信息、属于不需要办理市场主体登记情形等信息，或者上述信息的链接标识的；（2）未在首页显著位置持续公示终止电子商务的有关信息的；（3）未明示用户信息查询、更正、删除以及用户注销的方式、程序，或者对用户信息查询、更正、删除以及用户注销设置不合理条件的。电子商务平台经营者对违反前款规定的平台内经营者未采取必要措施的，由市场监督管理部门责令限期改正，可以处二万元以上十万元以下的罚款。

第二节 电子商务消费者选择权

一、选择权的内涵与理据

电子商务环境下，消费者享有自主选择商品或者接受服务的权利，此即为选择权的内涵。换言之，消费者可以根据自己的消费需求，自主选择自己满意的商品或服务，决定是否购买产品或接受服务。从性质而言，消费者与电子商务活动经营者构成平等的人身与财产的法律关系——民事法律关系。调整该关系的民法中意思自治原则是消费者选择权的理据。意思自治是整个私法的基本原则，其基本内核是民事主体在进行民事活动时意志独立、自由和行为自主，以自己的真实意思来充分表达自己的意愿，并根据自己的意愿来设立、变更和终止民事法律关系。因此有些德国学者将意思自治称为“私法自治”，并认为：“人总是生活在同他人的不断交往中，每个人都需要私法自治制度，只有这样他才能在自己的切身事务方面自由地作出决定，并以自己的责任处理这些事情。一个人只有具备了这种能力，他才能充分发挥自己的人格，维护自己的尊严。”①

意思自治充分体现了私法所追求的自由价值。在法哲学的视野中，自由欲望的根源是人类内心一种根深蒂固的本能渴求，人的本能和自然倾向要求理性的社会里承认并保护自由。因此，“自由”理所当然地成为构建社会道德和法律哲学的核心。整个法律和正义的哲学就是以自由观念为核心而建立起来的。可见历代的哲学家都对自由积极呼吁，并推崇其为法律、社会所应实现的目标。作为一种重要的法的价值，自由是指主体做法律许可的任何事的可能性，但并非没有边际。黑格尔就指出：“自由并不意味着一个人具有为所欲为的权利”②；康德也认为自由意志并不是那种可以自由地、不受限制地满足意愿、爱好和欲求的东西，相反它是一种可以对非理性冲动进行完全控制的东西。他强调“自由是独立于别人的强制意志。而且依据普遍的法则，它能够与所有人的自由并存……”③ 可见从“自由”的出现开始，哲学家们就意识到了自由与法律约束密不可分，自由的实现必须依赖法律的存在为前提。具体来说，立法者应界定自由的范围、划定自由的量度、确定自由的边际，并且解决自由之间的冲突，唯其如此方能最终保障自由的实现。

① ［德］卡尔·拉伦茨．德国民法通论（上册）［M］．北京：法律出版社，2004：54.
② ［德］黑格尔．法哲学原理［M］．北京：商务印书馆，1996：218.
③ ［德］康德．法的形而上学原理［M］．北京：商务印书馆，1991：50.

二、电子商务消费者选择权的法条体现

根据《消费者权益保护法》第8条，消费者享有自主选择商品或者服务的权利。消费者有权自主选择提供商品或者服务的经营者，自主选择商品品种或者服务方式，自主决定购买或者不购买任何一种商品、接受或者不接受任何一项服务。消费者在自主选择商品或者服务时，有权进行比较、鉴别和挑选。

与此同时，为了防止在电子商务环境下尤其是网购环境下消费者的选择权受到侵害，《中华人民共和国反不正当竞争法》第12条进行了规制，根据本条，经营者利用网络从事生产经营活动，应当遵守该法的各项规定。经营者不得利用技术手段，通过影响用户选择或者其他方式，实施下列妨碍、破坏其他经营者合法提供的网络产品或者服务正常运行的行为：（1）未经其他经营者同意，在其合法提供的网络产品或者服务中，插入链接、强制进行目标跳转；（2）误导、欺骗、强迫用户修改、关闭、卸载其他经营者合法提供的网络产品或者服务；（3）恶意对其他经营者合法提供的网络产品或者服务实施不兼容；（4）其他妨碍、破坏其他经营者合法提供的网络产品或者服务正常运行的行为。

针对电子商务环境下经营者向消费者强制推送服务的行为，《电子商务法》做了规定。根据该法第18条，电子商务经营者根据消费者的兴趣爱好、消费习惯等特征向其提供商品或者服务的搜索结果的，应当同时向该消费者提供不针对其个人特征的选项，尊重和平等保护消费者合法权益。根据该法第19条，电子商务经营者搭售商品或者服务，应当以显著方式提请消费者注意，不得将搭售商品或者服务作为默认同意的选项；根据该法第20条，电子商务经营者应当按照承诺或者与消费者约定的方式、时限向消费者交付商品或者服务，并承担商品运输中的风险和责任。但是，消费者另行选择快递物流服务提供者的除外。

三、消费者选择权的内容

根据前述规范，电子商务环境下的消费者选择权的行使方式主要有：

第一，消费者有权自主选择经营者。交易相对方是最基本的交易条件，经营者是电子商务环境下消费者重要的交易相对方。除了直接提供商品和服务的经营者之外，淘宝、京东、阿里巴巴与天猫等提供交易平台的主体也是消费者自主选择的对象。

第二，消费者有权自主选择商品品种和服务方式。电子商务主要是以线上交易，交易的活动贯穿于要约邀请、要约、承诺以及合同履行等各个环节。在实践中，任何环境都存在选择权被侵害的风险。

第三，消费者有权自主决定购买或不购买商品、接受或不接受服务的。譬如消费者在电子商务活动当中，有权拒绝经营者提供的强制性服务。

四、消费者选择权的实施

根据《中华人民共和国价格法》第23条，制定关系群众切身利益的公用事业价格、公益性服务价格、自然垄断经营的商品价格等政府指导价、政府定价，应当建立听证会制度，由政府价格主管部门主持，征求消费者、经营者和有关方面的意见，论证其必要性、可行性。很显然，消费者针对价格等交易条件有权自主选择，并且反对强制性交易。又如根据《电子商务法》第81条，电子商务平台经营者违反该法规定，有下列行为之一的，由市场监督管理部门责令限期改正，可以处二万元以上十万元以下的罚款；情节严重的，处十万元以上五十万元以下的罚款：（1）未在首页显著位置持续公示平台服务协议、交易规则信息或者上述信息的链接标识的；（2）修改交易规则未在首页显著位置公开征求意见，未按照规定的时间提前公示修改内容，或者阻止平台内经营者退出的；（3）未以显著方式区分标记自营业务和平台内经营者开展的业务的；（4）未为消费者提供对平台内销售的商品或者提供的服务进行评价的途径，或者擅自删除消费者的评价的。其中的第（2）项就是针对经营者强制向消费者提供服务以及擅自更改交易条件的规定。

第三节　电子商务消费者的个人信息权

一、个人信息保护问题的由来

个人信息的概念滥觞于1968年联合国“国际人权会议”中提出的“资料保护”（data protection），这一年也因此被称为“资料革命”年。最早的国内个人信息保护立法是德国黑森州《个人资料保护法》（1970年），而最早的国家级个人信息保护立法则是瑞典的《资料法》（1973年）。自此之后，个人信息保护立法逐步在全球范围内展开。这个时期，立法文件上使用的基础概念多为“个人资料”，但也有“个人信息”或“个人隐私”出现。很多国家和国际组织在其法律文件中，个人资料和个人信息是相互通用的概念，美国法也直接将个人资料和个人信息等同。本书认为，个人资料和个人信息在个人信息保护法领域是可以通用的概念。

而随着个人信息保护法的发展，人们越来越多地开始使用“个人信息”这一概念，其主要原因是突出立法对个人权利的关注①。在这个意义上讲，本书提倡使用“个人信息”作为基础概念。个人信息是指个人的姓名、性别、年龄、血型、健康状况、身高、人种、地址、头衔、职业、学位、生日、特征等可以直接或间接

① 戴恩·罗兰德，伊丽莎白·麦克唐纳．信息技术法［M］．宋连斌，林一飞，吕国民译．武汉：武汉大学出版社，2004：315-318.

识别该个人的信息。所谓“识别”，就是指个人信息与信息主体存在某一客观确定的可能性，简单说就是通过这些个人信息能够把信息主体直接或间接“认出来”。识别包括直接识别和间接识别，直接识别就是通过直接确认本人身份的个人信息来识别，比如身份证号码、基因等；间接识别是指现有信息虽然不能直接确认当事人的身份，但借助其他信息或者对信息进行综合分析，仍可以确定当事人的身份。一般而言，姓名可以构成“直接识别”，但在有几个相同姓名的人的情况下，还要依靠生日、地址、职业、身高等信息才能识别。

二、消费者个人信息的性质

在以网络化与电子化为特征的电子商务环境下，消费者的人格利益正被越来越多地体现为能够将其与他人区分开来的数字与符号，即个人信息。从传统意义而言，消费者个人信息包括为姓名、籍贯、年龄、学历职务、消费偏好以及购物记录等；而在电子商务环境下，它还以电子邮箱地址、个人网站网址与域名、IP 地址、网络用户名、密码等电子数据形式存在。

个人信息的性质是什么？这是在探讨为何以及如何保护它之前首先应当明确的问题。此前有学者认为，个人信息属于财产，而消费者对该信息享有财产权。① 对此笔者不敢苟同。按照新制度经济学财产权理论，财产必须能直接体现经济利益并得以被转让，而个人信息不符合这一属性。② 这是因为，转让意味着归属的变化，而个人信息的归属改变势必会使它与本人脱离关系，这就使其被剥离识别功能从而丧失被处理与保护意义。因此，该说难以在法理上成立；另外从比较法的角度看，抛开整齐划一地采用人格权模式的大陆法系不谈，以英国以及澳大利亚为代表的英美法系国家都倾向于将个人信息作为一种人格利益加以保护，真正采纳财产说的仅美国部分判例，其影响甚微。③ 何况，美国立法者因刻求实用性而忽略了逻辑自足性，在立法形式上又采用判例，这都与我国法律思维与法制传统不相容。

个人信息就本质而言是一种独立的人格利益。在概念法学视野里，人格利益彰显着主体尊严、自由与独立等重要价值，与主体相生相随不可分割。而个人信息表征着本人的特性，故与本人的人格尊严与自由息息相关，本人一旦与个人信息分离即丧失人之为人的根本。在近代，人文主义催生并壮大了资本主义立法中的人格权制度，美国学者 Samuel Warren 和 Louis Brandeis 于 1890 年在《哈佛法学评论》上

---

① 刘德良．个人信息的财产保护［J］．法学研究，2007（3）：80-81.

② 柯武刚，史曼飞．制度经济学——社会秩序与公共政策［M］．上海：商务印书馆，2000：56.

③ 胡·贝弗利-史密斯，人格的商业利用［M］．北京：北京大学出版社，2007：158.

撰文，首次提出将敏感信息作为一种独立人格利益加以维护的观点。① 发展到后来，以美国与德国为代表的两大法系国家多用单独的人格权模式对一切个人信息作了全方位保护。可见世界主流国家的立法者已承认，个人信息应当作为人格利益的一种而受到法律保护。

而作为人格权客体的个人信息也承载着经济利益。正如黑格尔所言，人能将他的意志体现在现实的物中。② 据此，表征着人精神属性的人格也可以在社会生活中被用于谋利。尤其是在电子商务实践中，个人信息所识别的个人主要是商业客户，其中很多是消费者。该信息能为经营者提供商情，以便拓宽销路与优化经营进而带来丰厚利润。按照德国学者柯武刚的观点，具备以上功能的个人信息得以被分割给其所有人以外主体（如经营者）使用进而提高社会整体效益。以上理论也体现到了实然法层面。从古罗马信誉被侵害后的损害赔偿之诉到当今大陆法系国家人格利益被许可使用制度，无不体现了立法者对个人信息等人格所包含的经济利益加以承认与保护的态度。只不过，个人信息的物质利益性仅能通过交易间接体现，其本质仍是人格尊严与自由的载体，从而它虽可被许可使用但不得转让，这与财产不同。

三、消费者个人信息的分类

按照不同的标准，个人信息可进行不同的分类：

第一，直接个人信息和间接个人信息。根据能否直接识别自然人为标准，个人信息可以分为直接个人信息和间接个人信息。所谓直接个人信息是指可以单独识别本人的个人信息。间接个人信息是指不能单独识别但和其他信息结合可以识别本人的个人信息。在立法上，有国家和地区并不主张对间接个人信息进行保护。我国台湾地区相关部门曾认为：关于电话号码、电子邮件地址等信息，由于尚不足以识别个人，因此不属于受保护的个人信息。但是由于电话号码或电子邮件地址与其他信息相互后，往往成为足以识别特定个人之信息（例如电子邮件之地址中可能有本人姓名），因此将适用个人资料保护法。③ 挪威资料法明确地将间接个人信息纳入保护法的范围。其第一条规定："能间接地确认本人的资料构成个人资料。" 划分直接个人信息和间接个人信息的目的在于：第一，法律保护的不仅是直接个人信息，还保护间接个人信息；第二，对直接个人信息的侵害可能导致更为严重的后果；第三，对于不能构成间接个人信息，更不可能构成直接个人信息的那些信息，法律不予纳入个人信息保护法予以保护。

---

① 诺曼·维拉．宪法公民权［M］．北京：法律出版社，1999：130.

② 黑格尔．法哲学原理［M］．上海：商务印书馆，1995：52.

③ 周胜邻主持．我国 ENUM 注册政策及服务模式规划［EB/OL］．http：//www.twnic.net.tw/file/TWNIC-DN-92001.doc，［2005-05-06］.

第二，敏感个人信息和琐细个人信息。以是否涉及个人隐私为标准，个人信息可以分为敏感个人信息和琐细个人信息（trivial data）。敏感个人信息，指涉及隐私的个人信息。在社会生活中，判断一个信息是否构成敏感个人信息并不容易。有时候，由于这些信息和个人的关系过于“松散”而使得人们对它能否构成个人信息产生争议。如果一个人购买性生活用品的信息被泄露，就可能导致两种判断结果：一种争论说产品主题（性）和购买者人身（性格和倾向）的联系过于“松散”，并不必然意味着购买者本人使用这种产品，因此此信息不构成购买者的敏感信息。另一种意见则认为购买者的“品位”和“倾向”是由他的生活反映出来的，他购买的商品是他本身个性和倾向的最好的例证，因为一般情况下，我们只看到他人购买商品，而不可能看到商品的使用。因此，该信息属于购买者的敏感信息。本书认为，仅仅一次的交易记录或许不能说明购买者的个人喜好，但并不是说不构成敏感信息，如果这个信息的确指向了该购买者，那么它就是购买者的敏感个人信息，如果，购买者的购买行为的确是出于偶然，也就是说交易记录的敏感内容并不指向购买者本人，那么，它就不是购买者的敏感个人信息。

第三，电脑处理个人信息与手工处理个人信息。以个人信息的处理技术为标准将个人信息划分为电脑处理个人信息与手工处理个人信息。电脑处理，是指使用电脑或自动化机器为信息输入、储存、编辑、更正、检索、删除、输出、传输或其他处理。手工处理个人信息是指不适合电脑处理和尚未进行电脑处理的个人信息。

将个人信息划分为电脑处理的个人信息和手工处理的法律意义在于，电脑处理的个人信息更容易受到侵害。有很多国际组织和国家的个人信息保护法仅适用于电脑处理的个人信息，将手工处理的个人信息排除在保护法的范围之外，尤其是在个人信息保护的初期阶段。欧洲议会公约所下的定义：“（资料保护是）指对于个人在面临关于其个人信息之自动化处理时，所给予之法律上保护”。我国台湾地区的立法更直接以“电脑处理个人资料保护法”来命名。从全球范围看，最初制定个人资料保护法的国家和国际组织在保护的资料范围上均倾向于技术特定主张，而随着人们对个人资料保护认识的加深，越来越多的国家和国际组织转而采用技术中立的主张。所谓技术特定是指在个人资料保护范围问题上，以特定技术作为标准而对个人资料进行划分，并区别对待。这种主张认为，在资料自动化处理情况下，人格遭受到前所未有的威胁，于是产生了对个人资料加以专门保护的法律。因此，个人资料保护的对象应该限于自动化处理的个人资料，对非自动化处理的个人资料不应给予专门保护。1977 年的德国资料法是技术特定立场的反映，其对“个人资料”的保护仅限于自动化处理。与技术特定相反，技术中立主张对个人信息进行同等保护，不因处理技术不同而对个人信息作区别对待，主张将采用一切技术手段的个人信息均纳入个人信息保护法的保护范围。经过 1990 年修正，德国资料法放弃了以自动化技术作为标准加以限制的规定，采纳了技术中立的主张，对个人信息给予全面保护。

第四，公开个人信息和隐秘个人信息。以个人信息是否公开为标准，可以分为公开个人信息和隐秘个人信息。公开个人信息，是指通过特定、合法的途径可以了解和掌握的个人信息。我国台湾地区“资料保护法施行细则”第 32 条第 3 项规定：“电脑处理个人信息保护法第 18 条第 3 款所称已公开之资料，指不特定之第三人合法取得或知悉之个人信息。”隐秘个人信息和公开个人信息对应，是指未向社会公开的个人信息。将个人信息划分为公开个人信息和隐秘个人信息的法律意义在于公开个人信息，无论是否属于敏感个人信息，都已经丧失了隐私利益，不能取得敏感个人信息的特殊保护。1998 年英国资料法第 59 条关于“信息的机密性”条款中规定：现任或曾任委员、委员助理或委员代理人的人不得披露在披露时还没有从其他来源公开，或还没有从其他来源公开的信息。

第五，属人的个人信息和属事的个人信息。以个人信息的内容为标准，个人信息可以分为属人的个人信息和属事的个人信息。属人的个人信息反映的是个人信息本人的自然属性和自然关系，它主要包括本人的生物信息。属事的个人信息反映的是本人的社会属性和社会关系，它是信息主体在社会中所处的地位和扮演的角色的反映。

第六，客观个人信息和主观个人信息。以个人信息的主观属性和客观属性为标准，个人信息可以分为客观个人信息和主观个人信息。客观个人信息是反映信息主体的客观方面的个人信息；主观个人信息是反映信息主体思想的个人信息，具体说就是思想的表达和意图的表达。联合国 1966 年批准的《公民权利和政治权利国际公约》第 18 条规定，“表示自己的宗教或信仰的自由，仅只受法律所规定的以及为保障公共安全、秩序、卫生或道德、或他人的基本权利和自由所必需的限制”。《世界人权宣言》第 18 条规定，“人人有思想、良心和宗教自由的权利；此项权利包括改变他的宗教或信仰的自由，以及单独或集体、公开或秘密地以教义、实践、礼拜和戒律表示他的宗教或信仰的自由”。第 19 条规定，“人人有权享有主张和发表意见的自由；此项权利包括持有主张而不受干涉的自由，和通过任何媒介和不论国界寻求、接受和传递消息和思想的自由”。因此，在基本人权意义上说，反映信息主体思想表达和意图的主观个人信息，其重要性远远大于客观个人信息。尤为注意的是，主观个人信息，既包括信息主体的主观表达，也包括他人对信息主体的评价。无论是正确的评价还是错误的评价都可能构成个人信息的一部分。

另外，按照不同专业领域，个人信息还可以分为纳税信息、福利信息、医疗信息、刑事信息、人事信息和户籍信息等，不同的领域具体的保护方式不同，并且在立法方面呈专业化的发展方式。欧洲议会公约颁布后，部长委员会针对不同的专业领域的个人信息保护提出了许多建议案，例如：《自动化医疗资料库建议案》《为科学研究与统计用之个人资料保护建议案》《为直销用之个人资料保护建议案》《为社会安全之个人资料保护建议案》《警察部门使用个人资料保护建议案》《就学个人资料建议案》，等等。我国台湾地区各大专业领域在“95资料保护法”的基础上针对自身专业领域以及处理个人信息的特点，纷纷出台了各类规则。其中有：《医院计算机处理个人资料登记管理办法》《征信业电脑处理个人资料办法》《金融业申请电脑处理个人资料登记程序许可要件及收费标准》《证券业即期货业申请电脑处理个人资料登记程序及收费标准办法》《大众传播业电脑处理个人资料管理办法》，等等。

四、消费者个人信息权确立的必要性

根据新制度经济学的有限理性理论，社会主体受阻于信息不完全以及主观偏好等因素，往往对其自身行动做出不完全理性的决策。① 譬如在电子商务环境下，经营者出于对经营绩效最优化的偏好，需要在弄清他人（尤其是消费者）对商品与服务需求的基础上有选择地开展后续营销活动。为了实现以上目的，经营者往往通过收集、存储、传输与分析等方式对他人的个人信息加以处理。较之于其他商事活动的参与者，电子商务中的经营者更多地对消费者个人信息通过安装搜索软件来收集、凭借电子数据库予存储、依赖互联网以传输，这使得处理行为在手段上更加多样与隐秘，所影响的时间与地域范围也更广。

经营者的有限理性决定了其在实现自身效益最大化的同时会侵害他人权益，尤其是消费者等个人信息本人的人格与财产利益，从而不利于利益在不同社会主体之间合理分配。② 因此从价值论的角度观之，这一矛盾可以还原为公平与效率之间的冲突。CNNIC 于 2005 年 7 月公布的《中国互联网络发展状况统计报告》显示，现阶段我国对电子商务环境下个人信息处理的立法几近空白，极少受到制约的经营者常常不经消费者等人许可而径自处理其个人信息。人格利益屡受侵犯的个人信息本人对经营者日渐不信任甚至敌视，由此不利于后者业务范围的进一步拓展，从而使电子商务在一定时期内发展受阻。

按照合作博弈原理，制度（尤其是法律等正式制度）的设立能够有效（甚至是强制）地约束社会主体的行为，促使他们彼此展开合作博弈。这不仅能够改变博弈参与者的不良偏好（如经营者为谋求商业利润而无视消费者的人格与财产利

① G. 霍奇逊．现代制度主义经济学宣言［M］．北京：北京大学出版社，1993：95.

② 威廉·K. 弗兰克纳．善的求索：道德哲学导论［M］．沈阳：辽宁人民出版社，1987：107.

益）从而扩展其有限理性，还得以通过帕累托改进来兼顾公平与效率，从而实现社会财富的最大化以及利益分配的最合理化。①

而根据新制度经济学的财产权理论，创设具有排他性特征的权利（如个人信息权）能够使消费者等权利人与其他社会主体的权利与义务变得明晰，从而激励他们对个人信息合理与有效利用，进而增进其社会效用；同时从价值论角度观之，无论在新自然法学代表罗尔斯还是新制度经济学代表诺斯的眼中，公平都是实现与维持效率的必要条件。② 制度安排者只有赋予消费者自由支配其个人信息并对抗一切人（包括电子商务经营者）侵害的权利——个人信息权，才能在本人与经营者等主体之间合理地分配利益以实现公平，进而促进电子商务长时期的健康发展，由此提高社会整体效率。

另外从概念法学角度，个人信息权制度在我国被确立也是必要与可行的。深受大陆法系传统思维影响的我国，自改革开放以来，已构建了包括肖像权、姓名权、名誉权以及生命权等在内的人格权概念与制度体系。立法者通过法权模式对个人信息本人权益加以保护，有利于实现我国人格权概念、理论与制度体系的有序与和谐，进而维护整个民事权利理论与制度体系的完整性和一贯性。这在已将个人信息民法保护工作提上日程的当今，无疑更具有现实意义。

五、消费者个人信息权的内容

传统环境下，消费者个人信息权包括如下内容：

第一，信息决定权。是指信息主体有权决定其个人信息是否以及如何被收集、处理与利用，同时对他人以盗窃等方式侵害其个人信息权的行为加以对抗。信息决定权的法理基础在于人格利益支配以及信息自决。我国此前在《刑法修正案（七）》当中体现了这一权能，该修正案第 7 条规定："国家机关或者金融、电信、交通、教育、医疗等单位的工作人员，违反国家规定，将本单位在履行职责或者提供服务过程中获得的公民个人信息，出售或者非法提供给他人，情节严重的，处三年以下有期徒刑或者拘役，并处或者单处罚金。""窃取或者以其他方法非法获取上述信息，情节严重的，依照前款的规定处罚。""单位犯前两款罪的，对单位判处罚金，并对其直接负责的主管人员和其他直接责任人员，依照各该款的规定处罚。"然而逾于刑法规范的功能，这一条只能作为公诉机关向非法处理个人信息者提起刑事诉讼的公法依据，但不能作为个人信息本人提请私法救济的请求权基础。

① 克劳德·梅纳尔．制度、契约与组织——从新制度经济学角度的透视［M］．北京：经济科学出版社，2003：21.

② 约翰·博德利·罗尔斯．正义论［M］．北京：中国社会科学出版社，1988，1；道格拉斯·诺斯．经济史中的结构与变迁［M］．上海：上海三联书店，1991：161.

为了保障主体信息决定权的行使，信息管理者自收集个人信息之时起就对个人信息负有保密义务。对此我国现行法也做了规定。根据国务院于2013年颁行的《征信业监管条例》第13、14条，“采集个人信息应当经信息主体本人同意，未经本人同意不得采集。但是，依照法律、行政法规规定公开的信息除外。企业的董事、监事、高级管理人员与其履行职务相关的信息，不作为个人信息”；“禁止征信机构采集个人的宗教信仰、基因、指纹、血型、疾病和病史信息以及法律、行政法规规定禁止采集的其他个人信息。征信机构不得采集个人的收入、存款、有价证券、商业保险、不动产的信息和纳税数额信息。但是，征信机构明确告知信息主体提供该信息可能产生的不利后果，并取得其书面同意的除外。”我国台湾“95资料保护法”第17条也规定：“公务机关保有个人数据文件者，应指定专人依相关法令办理安全维护事项，防止保有资料被窃取、篡改、毁损、或泄露。”

第二，信息查询权。按照信息查询权规则，主体得以就其被收集、处理与利用的个人信息进行查询，并对于共享者采取的保密与防止盗窃等措施有权知悉。一般而言，主体得以查询的事项包括：第一，储存、处理与利用的个人信息档案的名称、类别及范围；如从1998年至2007年的个人身体健康状况信息档案，其时间范围就是1998年至2002年，而内容范围就是个人健康信息。第二，信息处理的依据、目的与使用的领域；“领域”主要是指被储存、处理与利用的个人信息将具体运用到什么样的社会领域。和目的相比，领域则是客观的，并且同一领域可以有多种目的。卫生部门在SARS防治期间，收集个人体温信息，属于社会医疗领域，包括了公益目的（人民福利）和私益目的（如药品经营机构制定相关药品的生产和销售计划）。第三，收集方式，步骤及传输与保密方法。按主体分类，个人信息的收集方式可以分为信息主体主动提供方式和信息管理者收集方式；按收集手段分类，个人信息的收集方式可以分为手工收集方式和计算机技术收集方式。第四，主体权利被侵害后可以寻求到的权利救济手段。

第三，信息的变更、删除与封锁权。根据这些权能，个人信息主体在发现错误、过时或不完整时，有权请求共享者通过更正、更新或补充来保持好信息的正确、时新与完整；当出现了特定事由（如信息共享与存储的合同届满）出现时，信息主体得以请求信息共享者删除其个人信息的权利，或者请求共享者通过特定技术手段防止信息被存储、处理与共享。信息的变更、删除与封锁等权能旨在维护主体在信息之上的人格利益不因为盗窃等原因而受到侵害，对此我国现行法已做了规定。根据颁行于2017年的《网络安全法》第42、43条：“网络运营者不得泄露、篡改、毁损其收集的个人信息；未经被收集者同意，不得向他人提供个人信息。但是，经过处理无法识别特定个人且不能复原的除外。网络运营者应当采取技术措施和其他必要措施，确保其收集的个人信息安全，防止信息泄露、毁损、丢失。在发生或者可能发生个人信息泄露、毁损、丢失的情况时，应当立即采取补救措施，按照规定及时告知用户并向有关主管部门报告。个人发现网络运营者违反法律、行政法规的规定或者双方的约定收集、使用其个人信息的，有权要求网络运营者删除其个人信息；发现网络运营者收集、存储的其个人信息有错误的，有权要求网络运营者予以更正。网络运营者应当采取措施予以删除或者更正。”

在电子商务环境下，消费者个人信息权的内容包括：

第一，获取报酬权。在大数据下个人信息能够带来经济利益，因而是重要的社会资源。而规定主体得以请求处理者（主要是经营者）支付相应报酬，可以使利益被分配得更加合理；同时，要求处理者给付利用个人信息的对价以及确定报酬数额时的谈判成本，可以防止其肆意收集与传输个人信息从而保护客户的权益。这一权利行使方式首先得到美国判例法承认，现逐渐为其他国家与地区所认可。① 报酬的形式不仅限于金钱与实物，只要能体现物质利益即可（譬如网络经销商向客户提供优先成交机会以及特殊服务）在信息社会，应该对信息主体支付对价或者提供服务。此时的服务提供就不为“免费”，因而，在法律适用上，应适用双务法律行为的规定，而不能适用单务法律行为的规定，以不当免除或者减轻信息管理者的责任。

然而，迄今为止，尚未有报酬请求权的立法例出现。从属性上而言，个人信息既可能被盗窃，也可以作为一种商品进行重复买卖。从另一个角度看，个人信息的财产价值和可重复使用的使用方式更接近财产权客体，而远离人格权的其他客体。因此，立足于个人信息交易频繁发生的社会现实，笔者主张应该赋予信息主体报酬请求权若信息管理者出于公共利益，或者依照法律的特别规定收集个人信息，则不发生报酬请求的问题。

第二，被遗忘权与可携带权。根据2018年颁行的《欧盟一般数据保护条例》第17条被国内学术界普遍认为是被遗忘权的法条体现。② 国内学术界普遍认为，前述内容是对“被遗忘权”（the right to be forgotten）的表述。从本质而言，被遗忘权的设立是对删除权加以强化保护的结果。这是因为，删除权针对的是信息本身，而被遗忘权除此之外，还包括与信息有关的链接、备份与复制。对于我国是否应该确立被遗忘权问题，学者们众说纷纭、莫衷一是。比较具有代表性的反对意见

① James G. Match，Johan P. Olen. Rediscovering Institutions：The Organization Basis of Politics [M]. The Free Press，1989：178.

② 根据这一条，数据主体有权要求控制者擦除关于其个人数据的权利，当具有如下情形之一时，控制者有责任及时擦除个人数据。当控制者已经公开个人数据，并且负有第1段所规定的擦除个人数据的责任，控制者应当考虑可行技术与执行成本，采取包括技术措施在内的合理措施告知正在处理个人数据的控制者们，数据主体已经要求他们擦除那些和个人数据相关的链接、备份或复制注释。

是，被遗忘权可能导致信息自由流通受到阻碍。① 笔者认为，出于平衡主体人格权保护与促进信息自由流通的考虑，我国立法者可以参照前述条例的规定，对于该规则的适用设定如下限制：当信息处理者为了行使人口普查、恶性传染病防控等公益目的而收集、处理与共享信息时，信息主体不得行使被遗忘权。

根据该条例第20条，数据主体有权获得其提供给控制者的相关个人数据，且其获得个人数据应当是经过整理的、普遍使用的和机器可读的，数据主体有权无障碍地将此类数据从其提供给的控制者那里传输给另一个控制者。一般认为，这是对于可携带权（the right of portability）的表述。从本质而言，这是对信息决定权强化保护的结果。由于该权利涉及信息处理者和控制者的权益（譬如对于数据库享有的知识产权）保护，因此该权利的确立以及相关规则的适用同样应当受到严格限制。

在特定情形下，消费者的个人信息权会受到一定限制，具体来说：

第一，处理已公开的个人信息无须经过本人同意。此处的“公开”特指基于本人同意等合法事由个人信息已进入公共领域，从而能被公众通过正当渠道获取，例如明星的爱好经本人授权被公布在网站广告栏中。进一步处理本人已同意公开的个人信息，无损其个人信息自决权；此时允许经营者不经同意即利用个人信息，还可省去其与本人谈判的高额成本从而提高效率。因此恰如德国联邦个人资料保护法第28条所规定的，当个人信息取自一切大众可得之资讯来源时，处理行为无须经过本人同意。为公平起见，经营者仍应向本人履行支付报酬以及保持个人信息最新与完整状态等义务。

第二，善意处理个人信息的行为被允许。处理人为进一步获利，根据与第三方的合同将个人信息传输给后者进一步利用。而在网络空间中个人信息传输渠道众多，流通范围也常跨越地域甚至国界。如果要求第三方必须在查明其前手确已取得客户本人的真实授权后才能对个人信息作后续处理，该方就会因检索以及缔约的支出过高而退出。这样不仅交易秩序受影响，经营活动也无法更高效地展开，从而客户难以获得优质的服务与商品。因此，当第三方难于知悉其前提是否取得本人真实授权的事实时即构成善意，其处理行为不应被禁止。但为本人利益考虑，第三方只能在其与前手所签订的合同所约定范围内处理；同时本人仍得以请求第三方保密、更正、删除以及支付报酬等，并向非法传输其个人信息者（通常为第三方的前手）主张相应责任。

第三，本人为满足其他利益而承担相关义务。正如一些欧盟国家法律所规定的，当对个人信息的处理涉及他人重大利益时，消费者等本人在行使权利同时还应当承担容忍与保密等义务。具体到电子商务活动中，消费者承担义务的方式主要

① 杨立新，韩煦．被遗忘权的中国本土化及法律适用［J］．法律适用，2015（2）．

有：其一，当个人信息与经营者的商业秘密发生关联时，本人可查询的范围受限制，或者在查询后应当对商业秘密保密；其二，当数名客户的个人信息被一并收集与存储时，其中一人在查询自己个人信息时对他人信息应当保密并不得任意更改与删除；其三，当个人信息属上市公司重大交易信息时（如公司高级管理人员的持股情况等），为满足投资者知情的需求，本人应当容忍这部分信息被强制公开。

六、消费者个人信息权保护的法条体现

作为电子商务下消费者享有的重要权益《消费者权益保护法》作为详细规定。根据该法第14条，消费者在购买、使用商品和接受服务时，享有人格尊严、民族风俗习惯得到尊重的权利，享有个人信息依法得到保护的权利。根据该法第29条，经营者收集、使用消费者个人信息，应当遵循合法、正当、必要的原则，明示收集、使用信息的目的、方式和范围，并经消费者同意。经营者收集、使用消费者个人信息，应当公开其收集、使用规则，不得违反法律、法规的规定和双方的约定收集、使用信息。经营者及其工作人员对收集的消费者个人信息必须严格保密，不得泄露、出售或者非法向他人提供。经营者应当采取技术措施和其他必要措施，确保信息安全，防止消费者个人信息泄露、丢失。在发生或者可能发生信息泄露、丢失的情况时，应当立即采取补救措施。经营者未经消费者同意或者请求，或者消费者明确表示拒绝的，不得向其发送商业性信息。为防止个人信息权被侵害，该法第50条规定，经营者侵害消费者的人格尊严、侵犯消费者人身自由或者侵害消费者个人信息依法得到保护的权利的，应当停止侵害、恢复名誉、消除影响、赔礼道歉，并赔偿损失。

对于电子商务环境下消费者个人信息保护的特殊问题，《电子商务法》作为专门规定。根据该法第5条，电子商务经营者从事经营活动，应当遵循自愿、平等、公平、诚信的原则，遵守法律和商业道德，公平参与市场竞争，履行消费者权益保护、环境保护、知识产权保护、网络安全与个人信息保护等方面的义务，承担产品和服务质量责任，接受政府和社会的监督。根据该法第23、24、25条，电子商务经营者收集、使用其用户的个人信息，应当遵守法律、行政法规有关个人信息保护的规定。电子商务经营者应当明示用户信息查询、更正、删除以及用户注销的方式、程序，不得对用户信息查询、更正、删除以及用户注销设置不合理条件。电子商务经营者收到用户信息查询或者更正、删除的申请的，应当在核实身份后及时提供查询或者更正、删除用户信息。用户注销的，电子商务经营者应当立即删除该用户的信息；依照法律、行政法规的规定或者双方约定保存的，依照其规定。有关主管部门依照法律、行政法规的规定要求电子商务经营者提供有关电子商务数据信息的，电子商务经营者应当提供。有关主管部门应当采取必要措施保护电子商务经营者提供的数据信息的安全，并对其中的个人信息、隐私和商业秘密严格保密，不得

泄露、出售或者非法向他人提供。

第四节　电子商务消费者的其他权益

课程思政主题： 守护网络安全，捍卫消费权益

案例主题： 销售承诺的法律约束与违约责任

一、电子商务消费者的反悔权

电子商务环境下，消费者在购买商品后的一定时间内，有权将所购商品退还经营者而无须任何条件并且无须支付任何费用，此即为反悔权的内涵。在传统环境下，经营者无论在掌握的信息还是谈判力量方面相对于消费者而言处于优势地位。在电子商务环境下，这种不均衡博弈的态势更为明显，为了平衡双方不对等地方，立法者赋予消费者反悔权，从而防止消费者因信息不对称而遭受损失。从性质而言，消费者的反悔权是其知情权与选择权的延伸。《消费者权益保护法》第 25 条规定，经营者采用网络、电视、电话、邮购等方式销售商品，消费者有权自收到商品之日起七日内退货，且无须说明理由，但下列商品除外：（1）消费者定做的；（2）鲜活易腐的；（3）在线下载或者消费者拆封的音像制品、计算机软件等数字化商品；（4）交付的报纸、期刊。除前款所列商品外，其他根据商品性质并经消费者在购买时确认不宜退货的商品，不适用无理由退货。尤其可见，后悔权的行使需要满足如下条件：第一，行使主体仅限于消费者；第二，消费者以网络、电视、电话、邮购等方式获得商品；第三，不属于法定例外情形。

二、消费者安全权

在电子商务环境下的购物及服务接受中，消费者的人身与财产安全不受侵害，这项权益即为消费者的安全权，消费者的人身财产安全是其接受产品与服务的基础，因此该项权益是消费者其他权益的基础。对于这项权益，我国通过立法进行了确认与保护。《消费者权益保护法》第 7 条规定，消费者在购买、使用商品和接受服务时享有人身、财产安全不受损害的权利。消费者有权要求经营者提供的商品和服务，符合保障人身、财产安全的要求。《电子商务法》第 13 条规定，电子商务

经营者销售的商品或者提供的服务应当符合保障人身、财产安全的要求和环境保护要求，不得销售或者提供法律、行政法规禁止交易的商品或者服务。为了在产品领域强化对于消费者人身与财产安全的保护，《中华人民共和国产品质量法》第13条规定，可能危及人体健康和人身、财产安全的工业产品，必须符合保障人体健康和人身、财产安全的国家标准、行业标准；未制定国家标准、行业标准的，必须符合保障人体健康和人身、财产安全的要求。禁止生产、销售不符合保障人体健康和人身、财产安全的标准和要求的工业产品。具体管理办法由国务院规定。

三、消费者公平交易权

在电子商务环境下，消费者在支付了对价后有权享有公平的交易条件，此即为公平交易权的内涵。该项权利是民法的公平原则在电子商务下的消费领域的具体体现。根据《消费者权益保护法》第10条，消费者在购买商品或者接受服务时，有权获得质量保障、价格合理、计量正确等公平交易条件，有权拒绝经营者的强制交易行为。公平交易权的行使条件有：第一，主体须为消费者；第二，消费者需支付合理的价格，即对价。

【案例阅读】

腾讯科技（深圳）有限公司、深圳市腾讯计算机系统有限公司起诉北京奇虎科技有限公司、奇智软件（北京）有限公司、北京三际无限网络科技有限公司不正当竞争纠纷案①

2010年10月14日腾讯科技（深圳）有限公司、深圳市腾讯计算机系统有限公司起诉北京奇虎科技有限公司、奇智软件（北京）有限公司、北京三际无限网络科技有限公司共同实施了不正当竞争行为的案件，在本案中，原告请求法院判令三被告立即停止涉案不正当竞争行为，公开赔礼道歉、消除影响，连带赔偿原告经济损失400万元。在本案中，腾讯科技公司作为QQ2010正式版的著作权人，对于QQ软件及各升级版本软件运营的专用使用权人。2010年9月，被告奇智软件公司开发了一项浏览器软件，软件被命名为“360隐私保护器”，奇虎科技公司所注册网站的域名也相应改为“360. CN”的“360网”。该被告以从事信息服务业务的方式向消费者提供服务。

本案原告通过举证证明，本案开发的开发运营的“360隐私保护器”软件仅针对QQ2010软件进行监测，同时通过标志与告示形式向电子商务的消费者提示：“共有××个文件或目录被QQ查看过，其中××项可能涉及您的隐私”。与此同时，三被告还在“360隐私保护器”等网页中添加如下标注：

① 中国裁判文书网［EB/OL］. https：//wenshu. court. gov. cn/.

“本工具将监督并记录其他软件对您电脑内的隐私文件的“窥视”“腾讯QQ”运行后将自动监测某些软件除了运行自身必需的文件外，还为了谋取利益‘窥视’您的隐私文件，可能导致您的隐私泄露”。为了回应三被告的行为，腾讯公司也发布了名为《QQ用户安全保卫战始末》告示。法院经审理认为，“360隐私保护器”如果只针对QQ软件进行监测，且具有唯一针对性，双方客户群同一，由此足以认定，本案的原被告之间存在竞争关系。法院判决，三被告停止发行使用涉案“360隐私保器”V1.0Beta版软件；在“360网”上删除涉案侵权内容；在“360网”的首页以及《法制日报》上公开发表声明，消除不良影响；共同赔偿原告经济损失40万元。

◎ 思考与讨论

1. 电子商务消费者权益包括哪些？
2. 简述消费者知情权的内容。
3. 简述消费者个人信息权的性质。

第八章　电子商务网络广告

【学习目的】

通过本章的学习与技术训练，掌握电子商务广告的概念和特征；理解电子商务广告的主要类型、电子商务广告的主要法律问题；了解我国电子商务广告法律制度的完善。

【知识结构】

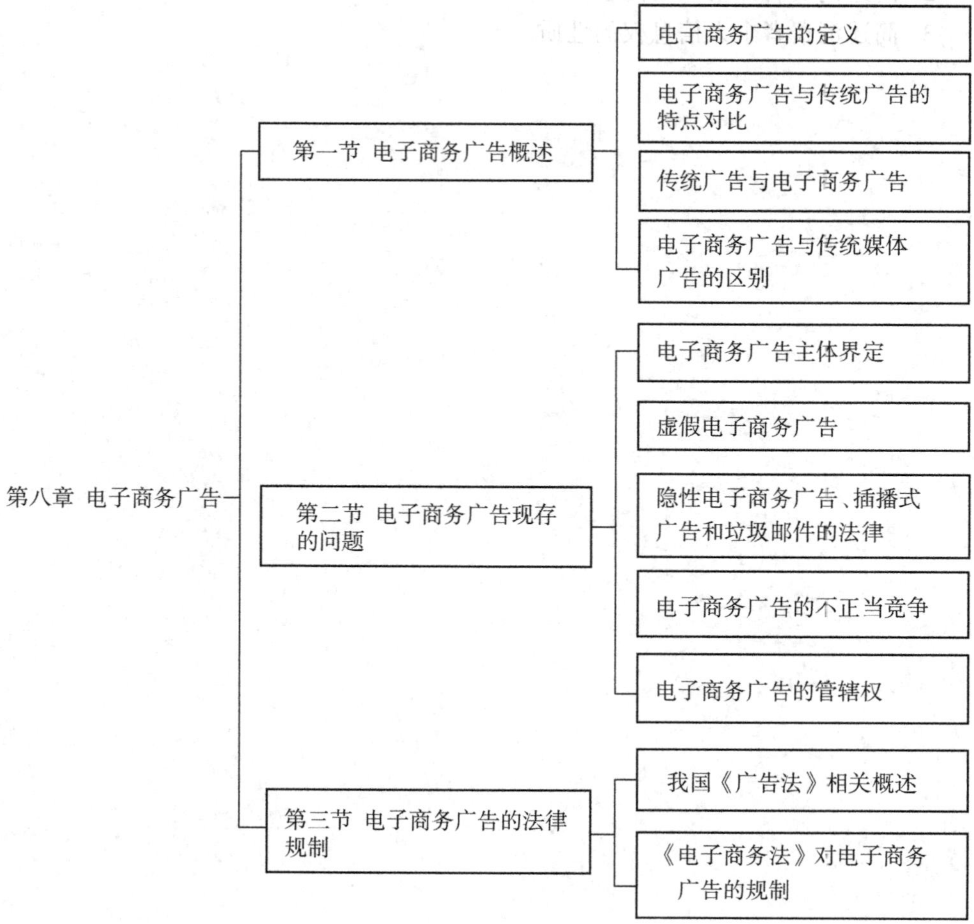

第一节　电子商务广告概述

一、电子商务广告的定义和形式

（一）电子商务广告定义

电子商务广告（Internet Advertisement）又被称为电子商务广告（E-commerce Advertisement）或在线广告（Online Advertisement），是指商品经营者或者服务提供者通过互联网直接或者间接地介绍自己所推销的商品或者所提供劳务的商业广告。即是指在互联网的站点上发布的以数字代码为载体的各种经营性广告。

（二）电子商务广告形式

（1）推销商品或者服务的含有链接的文字、图片或者视频等形式的广告；

（2）推销商品或者服务的电子邮件广告；

（3）推销商品或者服务的付费搜索广告；

（4）推销商品或者服务的商业性展示中的广告，法律、法规和规章规定经营者应当向消费者提供的信息的展示依照其规定；

（5）其他通过互联网媒介推销商品或者服务的商业广告。

电子商务（互联网）广告是最近几年来随着计算机互联网技术而迅速崛起的一种新的广告媒介，是继电视、广播、报纸、杂志等媒介之后新兴的一种广告媒介，有第五媒介之称，网络经济被人们戏称为“眼球经济”。与英、美等国相比，我国的电子商务广告业起步较晚，1997 年 3 月，Chinaabyte 网站发布了我国第一则动画旗帜广告。现代商业在很大程度上依赖于广告的推动，现实生活中广告可说是无孔不入，网络空间也不例外，电子商务广告的出现与风靡便是证明，自 1994 年 10 月第一例电子商务广告在互联网上出现以来，电子商务广告凭借它的发布便捷、覆盖面广、互动性强、自由度高等优势迅速发展壮大，在电子商务领域占据举足轻重的地位，对网络经济的繁荣起到不可忽视的重要作用。

二、传统广告与电子商务广告的特征对比

（一）传统广告特点

一般情况下，传统媒体的广告具有以下几个主要特征：

第一，广告活动是以营利为目的的商业活动。这里所说的营利具有两方面的含义：一方面，广告主通过广告推销其产品或者服务，其方式可以是直接推销也可以是间接推销；另一方面，广告经营者和广告发布者通过为广告主制作和发布商品或者服务的广告获得商业利益。

第二，广告必须有明确的广告主。广告主是进行广告宣传的重要主体，对广告

主的确认既可以明确其对广告内容的要求，又可以在发生广告纠纷时明确各广告主体的责任。

第三，广告是一种传播工具，其内容是经过一定的艺术处理后以特定形式或在特定媒体上加以表现的。

（二）电子商务广告特点

电子商务广告既不同于平面媒体广告，也不是电子媒体广告的另一种形式。网络商务广告与传统媒体广告相比具有方式多样、制作方法简单、费用低廉、传播范围广、极强的互动性和针对性等特点。这是由电子商务广告的制作技术和发布平台的特殊性决定的。具体具有特征如下：

（1）多样性。电子商务广告是以文字、图像、影音或多媒体等形式展现的，形式多样的广告不但加深了网络用户对企业以及其产品和服务的印象，而且还能传递更多的信息。

（2）便捷性。电子商务广告的制作方法与发布形式比传统媒体广告更加简单、便捷、廉价。在技术上，利用数字技术制作和表示，并且具有可链接性，交流方式具有双向性，计算机技术的发展使具有一定软件操作能力的网络用户都可以利用相关软件制作多种形式的广告并在互联网上发布，其费用远远低于传统媒体广告。

（3）广泛性。电子商务广告的另一大优势就是其传播范围广、受众多。互动的开放性使任何人在世界的任何地点、任何时间都可以自主地获取的广告信息，覆盖范围广泛，种类繁多，同时隐性广告趋多且更加隐蔽，其自由程度灵活性是传统媒体广告所不具备的。

（4）针对性。电子商务广告与传统媒体广告最大的不同是其具有较强的互动性和针对性。电子商务广告可以实现与网络用户的双向互动，彻底改变了传统媒体广告信息单向流动的局面。用户可以在互动界面上直接订购商品，发表评论，参与在线调查等，使网络用户拥有了更多的自主性和参与性。电子商务广告的针对性表现在对市场细分后广告主可以根据需要随时更新广告内容或者有针对性地制作满足特定用户的广告或向其发送商业信息。广告经营主体范围广，且广告主、广告经营者、广告发布者三者界限日益模糊。

（5）交互性。对电子商务广告的宣传效果可以进行量化统计。电子商务广告的广告主可以通过访客流量统计来统计出其广告被浏览的次数，有助于广告主正确评估广告效果，制定正确的广告策略以实现其广告目标。

三、传统广告与电子商务广告的类型

（一）传统广告的类型

（1）按广告的目的划分。根据广告的投放目的可以将广告分为产品广告、企业广告、品牌广告、观念广告等。

(2) 按广告所推销的产品或服务划分。根据广告所推销的产品或服务来分，可将广告分为公益广告、食品广告、用品广告等。

(3) 按广告传播所使用的媒体划分。按照广告投放的媒体来对广告进行分类是最常见的一种分类方法，根据这一分类方法，广告可以被分为电视广告、广播广告、报纸广告、杂志广告、招牌广告和电子商务广告、手机短信广告等。使用不同的媒体，广告就具有不同的特点。

(二) 电子商务广告类型

电子商务广告的形式多样，依不同标准，可以对电子商务广告进行不同的分类。按广告发布主体的不同，可分为企业自行发布的广告和委托广告经营者或广告发布者发布的广告；按广告的表现形式不同，可分为文本链接广告和图像、多媒体广告等。下面简单介绍一下主要的电子商务广告类型。

1. 文本链接广告

文本链接广告又被称为文字广告，是以文字的形式发布的广告。从形式上看，文本链接广告类似于传统报刊文字广告的网络版本。文本链接广告可以出现在页面的任何位置，可以竖排，也可以横排，每一行就是一个广告，点击这些广告后，将被链接到相应的广告页面上。文本链接广告是一种最简单的网上广告形式，也是对网络用户干扰最少但却最有效果的电子商务广告形式。

2. 网幅广告

网幅广告又称旗帜广告，是最早出现的电子商务广告形式。网幅广告多以条状图像横向出现在网页中，点击后可以链接到广告主的页面上。早期的网幅广告以静态为主，即在网页上显示一幅固定的图片。随着技术的进步，出现了动态网幅广告和交互式网幅广告。动态网幅广告是目前主要的电子商务广告形式，其特点是广告的画面可以移动或闪烁，在加深浏览者印象的同时也可以向浏览者传递更多的信息。交互式网幅广告的形式多种多样，比如游戏式、插播式、问答式、下拉菜单式、填写表格式等，这类广告给浏览者提供了更直接的交互平台，比单纯的点击包含更多的内容。

3. 电子邮件广告

电子邮件广告是以电子邮件为传播载体的一种网络广告形式。电子邮件广告通常采用文本格式把一段广告性的文字放置在新闻邮件或电子邮件中，也可以设置一个网页地址，链接到广告主的主页或提供产品或服务的特定页面。电子邮件广告有可能全部是广告信息，也可能含有相关广告信息，可能是一次性发送的，也可能是多次的或者定期发送的。电子邮件广告具有针对性强、费用低廉的特点。通常状况下，网络用户需要事先同意加入该电子邮件广告邮件列表中，以表示同意接受这类广告信息，才会接收电子邮件广告。那些未经许可而收到的电子邮件广告通常被称为垃圾邮件。

4. 企业网站或主页广告

企业网站或主页广告就是企业利用自己独立的网站或主页发布的有关企业产品和服务的广告。企业网站或主页广告是企业进行电子商务应用的最佳途径，也是一种比较特殊的广告。它将企业形象和产品或者服务直接发布于互联网上，因此这种类型的广告兼具向浏览者提供产品和服务信息以及提供和树立企业形象的功能。

5. 隐性广告

隐性广告也被称为植入式广告或嵌入式广告，是将产品或服务的广告信息植入到一定的影视动画场景或者故事情节中，在受众无意识的状态下，将商品或品牌信息展现给受众，进而达到广告主所期望的传播目标。简言之，隐性广告是媒体广告形式出现但包含广告信息的广告形式。隐性广告的形式多样，常见的有企业赞助式广告和与内容结合式广告。

企业通过对网站提供赞助取得某一栏目的冠名权或成为网站的合作伙伴是企业赞助式广告最常见的形式，如阿迪达斯搜狐体育频道。与内容结合式广告主要包括使用电子公告栏或新闻组发布广告信息，通过问上调查的形式发布广告信息，以论坛等形式讨论企业产品与服务信息的广告等。由于对隐性广告没有相关的法律规范加以规制，所以隐性电子商务广告是目前被广泛使用的一种市场营销手段。

6. 插播式广告

插播式广告也称弹出式广告，访客在请求登录网页时强制插入一个广告页面或弹出广告窗口。它们有点类似电视广告，都是打断正常节目的播放，强迫观看，且它们的出现没有任何征兆。插播式广告有各种尺寸，有全屏的，也有小窗口的，而且互动的程度也不同，从静态的到全部动态的都有。浏览者可以通过关闭窗口不看这些广告，但是某些插播式广告是无法关闭的。

7. 官媒体广告

官媒体广告一般指由声音、图像、文字等多媒体组合的媒介形式使用浏览器插件或其他脚本语言、Java 语言等编写的具有复杂视觉效果和交互功能的电子商务广告。与其他类型的电子商务广告相比，官媒体广告能表现更多、更精彩的广告内容。

四、电子商务广告与传统媒体广告的区别

电商广告与传统媒体广告的区别最大在于，传统媒体广告通常与广告所推销的商品销售经营场所相分离，而电商广告恰恰是这二者紧密结合在一起。线下实体店的营业员常做的推介、说明、示范等活动，在电子商务平台上只能通过平台网页展示。电商网页中的商品照片或视频展示就如同线下实体店的商品陈列、试用示范，电商网页中有关商品性能、功能、产地、用途、质量、成分、价格、生产者、有效期限、允诺等或者对服务的内容、提供者、形式、质量、价格、允诺等方面的客观

叙述，乃至商品性能、功能和商品的评价等数据，就成为消费者选择商品时必需的信息。

按照线上线下一致的原则，线下不属于广告的信息，到了电商平台上也不应作为广告信息对待。电商平台上的用户评价是由用户（或消费者）作出的购买、使用、消费的经历、体验、体会等信息的集合，更是消费者作出消费选择决定时必需的参考信息，此类信息不算广告信息。至于电商网页上的合同订立步骤、注意事项、下载方法等合同订立、履行、支付等信息，电子商务争议解决约定信息等，本来并非介绍推销商品服务的信息，自然不属于电商广告信息。对这一条款的理解，有助于进一步区分界定电商平台上的广告信息与非广告信息。

五、我国《广告法》相关概述

1. 我国的广告法律体系

我国对商业广告的管理始于 20 世纪 80 年代。1982 年国务院发布的《广告管理暂行条例》是我国第一部广告管理行政规章，在此基础上国务院又于 1987 年公布了《广告管理条例》。随着广告业的迅速发展，国务院有关部门和一些地方政府还制定了大量的配套规定，将我国的广告业纳入了法制的轨道。与此同时，广告的行政管理也从过去分散的、没有统一的管理机关的状况发展到以国家工商行政管理局统一管理全国广告业的局面，促进了我国广告业的规范发展。1994 年 10 月 27 日第八届全国人民代表大会常务委员会第十次会议审议通过的《广告法》是我国广告法律体系的核心，该法于 1995 年 2 月 1 日起施行。《广告法》《民法典》《广告管理条例》《广告管理条例施行细则》《广告经营许可证管理办法》《医疗广告管理办法》《烟草广告管理暂行办法》《医疗器械广告审查标推》等法律、法规构成了我国的广告法律体系。

2.《广告法》的主要内容

（1）立法宗旨和适用范围。《广告法》的立法宗旨是规范广告活动，促进广告业的健康发展，保护消费者的合法权益，维护社会经济秩序，发挥广告在社会主义市场经济中的积极作用。根据《广告法》的规定，该法适用于一切在我国境内从事的商业广告活动，无论广告主体是单位还是个人。

（2）广告法的基本原则。在广告的内容上，广告的内容首先应当真实、合法，符合社会主义精神文明建设的要求。

广告活动必须真实地、客观地传播有关商品或者服务的情况，而不能作虚假的传播，不得欺骗和误导消费者。广告的设计、制作、发布等广告行为必须符合法律的规定，即要求广告主、广告经营者和广告发布者在进行广告活动时，必须遵守法律。广告必须尊重社会主义的社会公德和社会公共利益，不能宣扬、传播腐朽的思想和观念。

在广告活动中，广告主体从事广告活动，应当遵守法律、行政法规，遵循公平、诚实信用的原则。广告主、广告经营者、广告发布者在进行广告设计、制作、代理服务、发布等活动时，必须符合法律、行政法规的规定。广告活动主体应本着公平的观念进行广告活动。广告活动主体在进行广告活动时，应当讲诚实、守信用，以善意的方式履行自己的义务，不得规避法律和合同。广告必须具有可识别性，使消费者辨明其为广告，媒体也不得以新闻报道等形式发布广告信息。为了与其他非广告信息相区别，电子商务广告应当有广告标记，不得使消费者产生误解。

3. 广告准则、广告活动和法律规定

《广告法》关于广告内容的规定包括：广告内容的基本准则，对未成年人和残疾人的保护，广告表述和赠品广告的规定，广告引用有关材料的要求的规定，广告中涉及专利的规定，广告不得贬低他人商品或者服务的规定，广告具有可识别性的规定，关于药品、医疗器械和烟草广告的特别规定，农药广告要求的规定以及关于食品、酒类、化妆品广告内容的规定。电子商务广告的内容应有利于人民的身心健康，促进商品和服务质量的提高，保护消费者的合法权益，遵守社会公德和职业道德，维护国家的尊严和利益。以下内容不得用于广告信息：(1) 使用中华人民共和国国旗、国徽、国歌；(2) 使用国家机关和国家机关工作人员的名义；(3) 使用国家级、最高级、最佳等用语；(4) 妨碍社会安定和危害人身、财产安全，损害社会公共利益；(5) 妨碍社会公共秩序和违背社会良好风尚；(6) 含有淫秽、迷信、恐怖、暴力、丑恶的内容；(7) 含有民族、种族、宗教、性别歧视的内容；(8) 妨碍环境和自然资源保护的内容；(9) 法律、行政法规规定禁止的其他情形。为了保护社会弱势群体的合法权益，广告也不得损害未成年人和残疾人的身心健康。

电子商务广告的内容必须真实，广告中对商品的性能、产地、用途、质量、价格、生产者、有效期限或者对服务的内容、形式、质量、价格、允诺有表示的，应当清楚、明白。广告使用数据、统计资料、调查结果、文摘、引用语应当真实、准确，并标明出处。广告中涉及专利产品或者专利方法的，应当标明专利号和专利种类。未取得专利权的，不得在广告中谎称取得专利权。禁止使用未授予专利权的专利申请和已经终止、撤销、无效的专利做广告。

《广告法》对参与广告主体的广告行为及义务，对特殊商品广告的审查制度、程序、广告审查机关以及广告主体违反法律规定所应承担的民事、行政和刑事责任等都做出了明确的规定。广告主体不得进行不正当竞争，为了保护网络用户的利益，防止不正当竞争行为，电子商务广告不得贬低其他生产经营者的商品或者服务，网上经营者不得捏造、散布虚伪事实，损害竞争对手的商业信誉和商品声誉。此外，《广告法》对某些特殊商品如药品、医疗器械、烟草、食品、酒类、化妆品的广告发布做出了严格的规定，以保障消费者的人身和财产安全。如《广告法》

第19条规定："食品、酒类、化妆品广告的内容必须符合卫生许可的事项，并不得使用医疗用语或者易与药品混淆的用语。"这些规定都应适用于电子商务广告。

第二节　电子商务广告现存的问题

课程思政主题：净化网络广告环境，提升电子商务诚信

案例主题：从拼多多店铺违法广告案例看网络广告的法律边界与道德责任

一、电子商务广告主体界定问题

（一）广告主体的定义

广告主体，是指广告主和参与设计、制作、发布广告的自然人、法人或者其他组织，主要包括广告主、广告经营者、广告发布者和广告代言人。广告主，是指为推销商品或者服务，自行或者委托他人设计、制作、发布广告的自然人、法人或者其他组织。广告经营者，是指接受委托提供广告设计、制作、代理服务的自然人、法人或者其他组织。广告发布者，是指为广告主或者广告主委托的广告经营者发布广告的自然人、法人或者其他组织。广告代言人，是指广告主以外的，在广告中以自己的名义或者形象对商品、服务做推荐、证明的自然人、法人或者其他组织。

我国《广告法》对传统的广告主、广告经营者和广告发布者的法律地位做出了明确的规定。广告主是指为推销商品或者提供服务，自行或者委托他人设计、制作、发布广告的法人、其他经济组织或者个人，主要是企业。广告经营者是指受委托提供广告设计、制作、代理服务的法人、其他经济组织或者个人，主要是广告公司。广告发布者是指为广告主或者广告主委托的广告经营者发布广告的法人或者其他经济组织，主要是各种类型的媒体。

但是在电子商务环境下，以上三个广告主体之间的界限日渐模糊。一个网站可能集广告主、广告经营者和广告发布者于一身，既制作广告，又利用自己和其他的网站发布广告，因此很难将其界定为某个具体的广告主体以适用《广告法》的规定对其加以管理，增加了法律对电子商务广告管理的难度。具体表现在：首先，广告主体身份的重叠不利于广告主管部门对广告行为的监管，难以保证广告内容的真实性。其次，广告主体身份的重叠不利于广告内容的审查，产品的生产者或服务的

提供者可以自己制作并发布广告，广告的真实性难以保证。最后，电子商务广告主体侵权责任的划分难以界定。一方面，根据《广告法》的规定，消费者可以要求广告主、广告经营者和广告发布者承担赔偿责任。在电子商务广告主体身份不清的情况下，网上消费者只能向广告主追偿，《广告法》的制约机制无法实现，不利于保护广告主的合法权益。另一方面，《广告法》禁止个人从事广告发布活动，但是互联网的开放性和虚拟性打破了这一法律限制。由于电子商务广告主体外延的扩大，任何网络用户都可以在互联网上利用某些电子商务网站提供的信息平台发布广告信息，或者通过电子邮件的形式向网络用户直接发送广告信息。

电子商务广告的出现打破了《广告法》对广告主体的范围和发布方式的界定，因此，现行《广告法》对广告主体的定义及规范方式已经不能适应电子商务广告的发展现状，我们也不能采取与传统广告同样的方式对电子商务广告行为进行监管。

2000 年 5 月 26 日北京市工商行政管理局发布的《关于对电子商务广告经营资格进行规范的通告》首次对电子商务广告经营资格做出了规定。2001 年 5 月 18 日，国家工商行政管理局发布了《关于开展电子商务广告经营登记试点的通知》，开始在北京、上海、广东三地进行电子商务广告经营登记试点，拟选择 20 家网络信息技术服务企业进行登记试点，核发《广告经营许可证》（时间为一年），准许其经营电子商务广告。同年 5 月 25 日，包括新浪、搜狐和首都在线公司在内的全国 27 家知名度较高的网络公司取得了由国家工商行政管理局颁发的（广告经营许可证）。电子商务广告经营许可制度的建立，不但有利于对电子商务广告经营主体的认定，而且有利于对这些主体广告发布行为的监管。

由于《广告法》的某些条款对其适用的媒体范围并未做出开放性的规定，而且目前我国也无相关的法律、法规和司法解释出台，所以在《广告法》对广告内容的具体规定能否适用于电子商务环境的问题上仍存在某些不确定的因素，这也给电子商务广告的监管带来了一定的困难。以《广告法》第 18 条为例，该条规定："禁止利用广播、电影、电视、报纸、期刊发布烟草广告。"这一规定限制了该法的适用范围，使执法机关不能依法对在互联网上进行烟草销售这一明显违反行业规定的行为予以制止，同时也为烟草行业开了一个"后门"，致使国内烟草企业开始不平等竞争营销。

（二）相关法律法规

1. 电子商务广告主体的法律法规

广告主、广告经营者、广告发布者从事广告活动，应当遵守法律、法规，诚实信用，公平竞争，不得在广告活动中进行任何形式的不正当竞争。《广告法》第 30 条规定，广告主、广告经营者、广告发布者之间在广告活动中应当依法订立书面合同。根据《广告法》和相关法律法规的规定，涉及广告主体的内容主要包括以下几点。

（1）广告主的广告业务委托。广告主委托设计、制作、发布广告，应当委托具有合法经营资格的广告经营者、广告发布者。广告主或者广告经营者在广告中使用他人名义或者形象的，应当事先取得其书面同意使用无民事行为能力人、限制民事行为能力人的名义或者形象的，应当事先取得其监护人的书面同意。

（2）广告经营者、广告发布者的广告业务承接。广告经营者、广告发布者应当按照国家有关规定建立、健全广告业务的承接登记、审核、档案管理制度。依据法律、行政法规查验有关证明文件核对广告内容。对内容不符或者证明文件不全的广告，广告经营者不得提供设计、制作、代理服务，广告发布者不得发布。收费标准和收费办法，应当事先公布。广告发布者向广告主、广告经营者提供的覆盖率、收视率、点击率、发行量等资料应当真实。

（3）广告代言人的活动。广告代言人在广告中对商品、服务做推荐、证明，应当依据事实，符合广告法和有关法律、行政法规规定，并不得为其未使用过的商品或者未接受过的服务做推荐、证明。

不得利用不满10周岁的未成年人作为广告代言人。对在虚假广告中作推荐、证明受到行政处罚未满的自然人、法人或者其他组织，不得利用其作为广告代言人。

（4）中小学校、幼儿园广告限制。不得在中小学校、幼儿园内开展广告活动，不得利用中小学生幼儿的教材、教辅材料、练习册、文具、教具校服、校车等发布或者变相发布广告，但公益广告除外。

2. 电子商务广告主体的相关法律法规

根据《广告法》《互联网广告管理暂行办法》相关法律法规，涉及互联网广告主体的规定主要以下几点。

（1）互联网广告订立书面合同。

互联网广告主、广告经营者、广告发布者之间在互联网广告活动中应当依法订立书面合同。

（2）互联网广告主发布互联网广告。

互联网广告主应当对广告内容的真实性负责。互联网广告主发布互联网广告需具备的主体身份、行政许可、引证内容等证明文件，应当真实、合法有效。广告主可以通过自设网站或者拥有合法使用权的互联网媒介自行发布广告，也可以委托互联网广告经营者、广告发布者发布广告。互联网广告经营者，广告发布者发布广告、修改广告内容时，应当以书面形式或者其他可以被确认的方式通知为其提供服务的互联网广告经营者、广告发布者。

（3）互联网广告发布者。

为广告主或者广告经营者推送或者展示互联网广告，并能够核对广告内容、决定广告发布的自然人、法人或者其他组织，是互联网广告的发布者。

（4）互联网广告发布者、广告经营者的义务。

互联网广告发布者、广告经营者应当按照国家有关规定建立、健全互联网广告业务的承接登记、档案管理制度；审核查验并登记广告主的名称、地址和有效联系方式等主体身份信息，建立登记档案并定期核实更新。互联网广告发布者、广告经营者应当查验有关证明文件，核对广告内容，对不符或者证明文件不全的广告，不得设计、制作、代理、发布。互联网广告发布者、广告经营者应当配备熟悉广告法规的广告审查人员；有条件的还应当设立专门机构，负责互联网广告的审查。

（5）互联网广告程序化购买广告的方式及其法律法规。

互联网广告可以以程序化购买广告的方式，通过广告需求方平台、媒介方平台以及广告信息交换平台等所提供的信息整合、数据分析等服务进行有针对性的发布。通过程序化购买广告方式发布的互联网广告，广告需求方平台经营者应当清晰标明广告来源。

广告需求方平台是指整合广告主需求，为广告主提供发布服务的广告主服务平台。广告需求方平台的经营者是互联网广告发布者、广告经营者。媒介方平台是指整合媒介方资源，为媒介所有者或者管理者提供程序化的广告分配和筛选的媒介服务平台。广告信息交换平台是提供数据交换、分析匹配、交易结算等服务的数据处理平台。

广告需求方平台经营者、媒介方平台经营者、广告信息交换平台经营者以及媒介方平台的成员，在订立互联网广告合同时，应当查验合同相对方的主体身份证明文件、真实名称、地址和有效联系方式等信息，建立登记档案并定期核实更新。媒介方平台经营者、广告信息交换平台经营者以及媒介方平台成员，对其明知或者应知的违法广告，应当采取删除、屏蔽、断开链接等技术措施和管理措施，予以制止。

按《电子商务法》第18条第2款规定："电子商务经营者向消费者发送广告的，应当遵守《中华人民共和国广告法》的有关规定。"这是《电子商务法》直接提到广告的条款。

（三）电子商务广告经营者身份确定

《电子商务法》第15条规定："电子商务经营者应当在其首页显著位置，持续公示营业执照信息、与其经营业务有关的行政许可信息、属于依照本法第10条规定的不需要办理市场主体登记情形等信息，或者上述信息的链接标识。"

互联网以手机实名制为基础，实行的是后台实名制，监管机关及社会公众无法及时获知电子商务经营者的真实身份。《电子商务法》规定电子商务经营者必须依法办理市场主体登记且有义务在首页公示自己的市场主体登记等信息，平台经营者应依法向市场监管部门报送平台内经营者的身份信息。对电子商务经营者主体的确定，及对其在推送、发布广告上也起到警示与约束作用。

第 10 条第 3 款规定：广告主可以通过自设网站或者拥有合法使用权的互联网媒介自行发布广告，也可以委托互联网广告经营者、广告发布者发布广告。此款隐含着广告主对广告介质具有“所有权”并承担相应责任，或者广告主与广告经营者、发布者之间具有“代理权”关系，各方各自或者共同承担违法法律责任。第 4 款：互联网广告主委托互联网广告经营者、广告发布者发布广告，修改广告内容时，应当以书面形式或者其他可以被确认的方式通知为其提供服务的互联网广告经营者、广告发布者。此款隐含着广告主与广告经营者、发布者之间所具有的“代理权”关系。

《电子商务法》第 59 条规定：“电子商务经营者应当建立便捷、有效的投诉、举报机制，公开投诉、举报方式等信息，及时受理并处理投诉、举报。”负责广告监管的市场监管机关应监督电子商务经营者依法建立、健全投诉举报受理机制，及时妥善处理其受理的投诉举报，将部分涉及广告的投诉举报有效分流，实现社会共治，提升行政资源使用效率。此外，条文中还规定，没有按照要求区分标记自营业务和其他业务的经营者，需要接受市场监督管理部门的监督，在限期内整改，且处以十万元以上，二十万元以下的罚款，如情节十分严重者，则可处以十万元以上，五十万元以下的罚款。该规定的执行和落实也未明确电子商务广告信息责任主体，提供了有力的法律支持，显著降低了执法成本。

（四）电子商务广告性质认定

《电子商务法》第 2 条规定：“本法所称电子商务，是指通过互联网等信息网络销售商品或者提供服务的经营活动。”商业广告属于商品销售或者服务提供的组成部分，因此电子商务广告也应当归属于广义上的电子商务。

《电子商务法》第 9 条规定：“本法所称电子商务经营者，是指通过互联网等信息网络从事销售商品或者提供服务的经营活动的自然人、法人和非法人组织，包括电子商务平台经营者、平台内经营者以及通过自建网站、其他网络服务销售商品或者提供服务的电子商务经营者。”虽然电子商务广告并不是一个规范的法律概念，但是电子商务广告应当是以电子商务经营者为广告主或广告发布者的电子商务广告。

第 42 条第 1 款规定：“知识产权权利人认为其知识产权受到侵害的，有权通知电子商务平台经营者采取删除、屏蔽、断开链接、终止交易和服务等必要措施。通知应当包括构成侵权的初步证据。”第 43 条第 1 款规定：“平台内经营者接到转送的通知后，可以向电子商务平台经营者提交不存在侵权行为的声明。声明应当包括不存在侵权行为的初步证据。”

《电子商务法》设定的电商平台经营者处理知识产权侵权的“通知—转送通知—反声明”程序，可以在经过改造后，为电商平台经营者处理电商广告投诉举报事宜所参考。

譬如《电子商务法》第59条规定："电子商务经营者应当建立便捷、有效的投诉、举报机制，公开投诉、举报方式等信息，及时受理并处理投诉、举报。"负责广告监管的市场监管机关应借此机会，监督电子商务经营者依法建立、健全投诉举报受理机制，及时妥善处理其受理的投诉举报，将部分涉及广告的投诉举报有效分流，实现社会共治，提升行政资源使用效率。

《电子商务法》第18条规定，"电子商务经营者向消费者发送广告的，应当遵守《广告法》的有关规定。"根据这一规定，电子商务广告虽然属于广义上的电子商务，但是该广告活动不属于《电子商务法》调整，而由《广告法》调整，《广告法》没有明确规定的，电子商务广告应当由《互联网广告管理暂行办法》调整。可看出《电子商务法》中明确指出，电子商务经营者务必严格遵守《广告法》的规定，向消费者推送相关广告。

（五）《电子商务法》对电子商务广告信息的认定

《电子商务法》对电子商务广告信息认定提出了详细的规定和要求。电子商务广告认定本质上是广告的可识别性。《广告法》中对广告的可识别性作出了明确的要求，以便消费者迅速认定某类网络信息为广告，而借助大众传播媒体发布的广告，则应当特别标注为广告，并且区别于其他的非广告信息，以免混淆消费者的视听。

互联网是现今社会发展中影响力最强，影响面最广的大众传播媒介。互联网信息的数量较大，变化较为迅速，而且影响范围较广，所以电子商务广告必须具备较强的可识别性。对此，第40条规定："电子商务平台经营者应当根据商品或者服务的价格、销量、信用等以多种方式向消费者显示商品或者服务的搜索结果；对于竞价排名的商品或者服务，应当显著标明'广告'。"第81条第2款规定："电子商务平台经营者违反本法第40条规定，对竞价排名的商品或者服务未显著标明'广告'的，依照《中华人民共和国广告法》的规定处罚。"

另外在《互联网广告管理暂行办法》中规定，电子商务广告需明确标注，以便群众准确地识别。再者，要明确付费搜索广告与自然搜索的结果。但实际情况是，当前诸多电子商务广告活动主题并不明确标注电子商务广告信息，导致电子商务广告认定难度也有所提高。上述规定对明确认定电子商务广告信息具有十分重要的作用。

与传统交易相比，电子商务交易主要以互联网为媒介和桥梁。与传统广告相比，电商广告与商务交易的时空性高度重叠，电子商务网络平台是开展经营活动的重要场所，同时，其也是发布电子商务广告信息的重要媒介，其对认定电商商业性展示中的广告信息有着十分重要的作用。《互联网广告管理暂行办法》中，并未将法律法规中规定的经营者应向消费者提供的信息展示，列入推销商品或服务的商业性展示广告之中。但是，该条例仅为部门的章程，其不具备较强的法律效力，在执法的过程中，对排除规定存在不同的意见。

电子商务平台高度融合了网络经营、促成交易和信息发布等多种功能，电子商务平台上显示了平台经营者发布的信息、平台内经营者所发布的信息以及其他电子商务经营者发布的信息。若无法正确区分广告信息的类型，就会对广告信息认定产生十分显著的影响。《电子商务法》中明确规定，电子商务平台经营者若开展自营业务，则需明确标注自营业务及平台内经营者的业务，避免对消费者产生误导，且经营者需要对自营业务承担相应的法律责任，切实保障消费者的合法权益。

此外条文中还规定，没有按照要求区分标记自营业务和其他业务的经营者，需要接受市场监督管理部门的监督，在限期内整改，且处以十万元以上，二十万元以下的罚款，如情节十分严重者，则可处以十万元以上，五十万元以下的罚款。该规定的执行和落实也未明确电子商务广告信息责任主体，提供了有力的法律支持，显著降低了执法成本。

《电子商务法》中明确指出，电子商务经营者务必严格遵守《广告法》的规定，向消费者推送相关广告。从某种意义上来看，电子商务广告属于广义上的电子商务，但是其不在《广告法》的调整范畴之中，且条文中没有做出明确规定的，需要按照《互联网广告管理暂行办法》来调整。

二、虚假电子商务广告问题

（一）虚假电子商务广告问题

虚假电子商务广告是指以欺骗方式进行不真实宣传的电子商务广告。某些网上经营者为达到引诱消费者购买商品或接受服务的目的而发布关于其商品或服务的不真实的信息构成了虚假电子商务广告。虚假电子商务广告的大量产生是由于互联网的开放性和对其监管的力度不够造成的。利用电子商务广告对商品或者服务做虚假宣传的，主要有以下几种表现：

（1）消息虚假，即对不存在或不能进行交易的商品或者服务进行广告宣传，或者对商品的数量、有效期限、服务承诺等在广告中不予明示，以此引诱顾客前来购买。

（2）品质虚假，即夸大产品的性能，而广告宣传的商品或者服务并未达到广告中所说的质量或者技术标准。

（3）功能虚假，即夸大产品的功效，而广告所宣传的商品或者服务并不具备广告中所宣传的功能或者服务内容。

（4）价格虚假，即消费者购买商品或者服务所支付的价格与广告所宣传的商品或者服务的价格不符。

（5）证明虚假，即假借他人的未经证实带欺骗性的广告词宣传商品的质量、功能，这种广告也被称为“不实证词广告”或“不实证据广告”。另外，某些不法经营者还利用网络技术通过匿名方式进行虚假商业宣传对消费者进行商业欺诈。

虚假广告具有行为的违法性、内容的不真实性、手段的欺骗性、主体的复杂性等几个基本特征。利用广告对商品或者服务进行虚假宣传违反了《广告法》对于广告真实性的最基本的要求。对此，《消费者权益保护法》《反不正当竞争法》《刑法》都对发布虚假广告做出了处罚规定。

（二）虚假广告法律规制

1. 虚假广告的法律界定

《广告法》第28条规定，广告以虚假或者引人误解的内容欺骗、误导消费者的，构成虚假广告。广告有下列情形之一的，为虚假广告：第一，商品或者服务不存在的；第二，商品的性能、功能、产地、用途、质量、规格、成分、价格、生产者、有效期限、销售状况、曾获荣誉等信息，或者服务的内容、提供者、形式、质量、价格、销售状况、曾获荣誉等信息，以及与商品或者服务有关的允诺等信息与实际情况不符，对购买行为有实质性影响的；第三，使用虚构、伪造或者无法验证的科研成果、统计资料、调查结果、文摘、引用语等信息作证明材料的；第四，虚构使用商品或接受服务的效果的；第五，以虚假或者引人误解的内容欺骗、误导消费者的其他情形。

《反不正当竞争法》第8条规定，经营者不得对其商品的性能、功能、质量、销售状况、用户评价、曾获荣誉等做虚假或者引人误解的商业宣传，欺骗、误导消费者。经营者不得通过组织虚假交易等方式，帮助其他经营者进行虚假或者引人误解的商业宣传。

2. 虚假广告的处罚

违法违规广告的查处，是广告行政管辖权的重要内容。对违反广告法规定，发布虚假广告的，不仅由市场监督管理部门负责处罚，还涉及卫生行政等部门；情节严重者，构成犯罪的，由司法部门依法追究刑事责任。

（1）行政处罚

《广告法》第55条第1款规定，违反本法规定，发布虚假广告的，由市场监督管理部门责令停止发布广告，责令广告主在相应范围内消除影响，处广告费用3倍以上5倍以下的罚款，广告费用无法计算或者明显偏低的，处20万元以上100万元以下的罚款；2年内有3次以上违法行为或者有其他严重情节的，处广告费用5倍以上10倍以下的罚款，广告费用无法计算或者明显偏低的，处100万元以上200万元以下的罚款，可以吊销营业执照并由广告审查机关撤销广告审查批准文件、年内不受理其广告审查申请。

《广告法》第55条第2款规定，医疗机构有前款规定违法行为，情节严重的，除由市场监督管理部门依照本法处罚外，卫生行政部门可以吊销诊疗科目或者吊销医疗机构执业许可证。

《广告法》第55条第3款规定，广告经营者广告发布者明知或者应知广告虚假仍设计、制作、代理、发布的，由市场监督管理部门没收广告费用，并处广告费用3倍以上5倍以下的罚款，广告费用无法计算或者明显偏低的，处20万元以上100万元以下的罚款；2年内有3次以上违法行为或者有其他严重情节的，处广告费用5倍以上10倍以下的罚款，广告费用无法计算或者明显偏低的，处100万元以上200万元以下的罚款，并可以由有关部门暂停广告发布业务、吊销营业执照、吊销广告发布登记证件。

《消费者权益保护法》第45条规定消费者因经营者利用虚假广告或者其他广告提供商品或者服务，其合法权益受到损害的，可以向经营者要求赔偿。广告经营者、发布者发布虚假广告的，消费者可以请求市场监督管理部门予以惩处，广告经营者、发布者不能提供商品或者服务的经营者的真实名称、地址和有效联系方式的，应当承担赔偿责任，广告经营者、发布者设计、制作、发布关系消费者生命健康的商品或者服务的虚假广告，造成消费者受到损害的，应当与提供该商品或者服务的经营者承担连带责任。社会团体或者其他组织、个人在关系消费者生命健康的商品或者服务的虚假广告或者其他虚假宣传中向消费者推荐该商品或者服务，造成消费者受到损害的，应当与提供该商品或者服务的经营者承担连带责任。

(2) 追究刑事责任

《广告法》第55条第4款规定，广告主、广告经营者、广告发布者有本条第一款、第三款规定行为，构成犯罪的，依法追究刑事责任。

《刑法》第222条规定，广告主、广告经营者、广告发布者违反国家规定，利用广告对商品或者服务做虚假宣传，情节严重的，处两年以下有期徒刑或者拘役，并处或者单处罚金。第231条规定，单位犯本节第221条至第230条规定之罪的，对单位判处罚金，并对其直接负责的主管人员和其他直接责任人员，依照本节该条的规定处罚。

三、电子商务广告的不正当竞争问题及法律规制

（一）电子商务广告不正当竞争行为概述

1. 电子商务广告不正当竞争行为定义

一般认为，电子商务广告是指利用国际互联网作为载体，以图文或多媒体方式发布的营利性商业广告，是在网络上发布的有偿信息传播。而电子商务广告不正当竞争行为，就是指在网络经济活动中，经营者使用电子商务广告，违反法律规定，损害其他经营者的合法权益，扰乱网络经济秩序的行为。电子商务广告不正当竞争行为形式的多元化，不仅制约了电子商务广告本身的发展，而且严重损害了同业竞争者的利益，损害了消费者的合法权益，进而扰乱了正常的市场竞争秩序。具体来

讲，判断一个广告是否构成贬低他人商品或者服务，应当从其广告中是否含有指名或者不指名、特指或者泛指、直接的或者间接的故意降低他人商品或者服务的评价，损害他人商品或者服务的商业信誉的内容。含有压低内容的广告，是对竞争对手的人格权的严重侵犯。这种损害对手合法权益的市场竞争行为，破坏了社会主义市场经济的竞争秩序，属于不正当竞争行为。

从性质上看，网上经营者捏造、散布虚伪事实贬低竞争对手既属于不正当竞争行为，也属于违法的广告宣传行为。从表现形式上看，网上经营者利用其网站或主页贬低其竞争对手的产品或服务或者诋毁他人的商业信誉，或利用论坛、电子布告板等信息平台匿名对竞争对手及其产品或者服务进行诽谤。从技术手段上看，某些网上经营者利用超级链接技术在其他网站上建立链接，网络用户点击后就会进入该网上经营者的广告页面。以上这些行为都构成了电子商务广告中的不正当竞争。

2. 电子商务广告不正当竞争行为的表现形式

(1) 关键词广告的不正当竞争行为

竞价排名是一些搜索引擎公司所推出的一种按效果付费的网络推广方式，其具体做法是，广告主在购买该项服务后，通过注册一定数量的关键词，按照付费最高者排名靠前的原则，购买了同一关键词的网站按不同顺序进行排名，出现在网民相应的搜索结果中。如果搜索引擎把他人的商业标识或者著名广告语卖给不相干的广告客户，搜索引擎应当与广告客户一起承担侵权责任，是属于不正当竞争法上的责任。其本质上也违反了经营者在市场交易中应当遵循的公平竞争、诚实信用原则，客观上给商标权人造成了损害。该行为由反不正当竞争法来规制，具有应然性和实然性。

(2) 有奖电子商务广告的不正当促销行为

一些网络公司通过向访问者提供奖品达到吸引观众，扩大销售业务的目的，比如某广告内容是"点击该广告，就有机会赢取万元大奖"，网民点击了该广告，虽然没有成为该广告的购买客户，但却有机会获得奖品，而网主可通过广告点击率的增加而赚更多广告费。利用有奖网络促销广告的行为。有奖网络促销广告的销售双方是经营者与消费者的关系，网民到网站访问该广告，广告主根据广告中的承诺而给予奖品。在传统形式下行政规章对有奖销售的认定中，有奖销售的当事人仅限定于经营者和购买者，而在网络环境下，该类行为有两种表现：一是电子商务类网站，此类网站站主制作网页是为了销售商品或提供服务，因此属于传统形式的经营者。网络用户访问网站是为了获取消费机会。此时有奖网络促销广告的双方符合经营者和消费者的特征，因此此类不正当竞争行为可以适用《反不正当竞争法》。二是综合性网站，该类网站以为网络用户提供综合性服务为目的，网络用户访问这类网站也是为了获得服务。在此情况下，网络用户不需要为此向网站支付费用，而网站则可以通过增加网站广告点击率等方式营利。因此，网络用户与网站之间的关系，也应看作一种消费者与经营者之间的关系，也应受《反不正当竞争法》的调整。

(3) 垃圾邮件广告引起的不正当竞争

垃圾邮件——这是将广告信息以电子邮件远距离并大规模寄送的行为，最恶劣的情形是使用一个让人无法轻易认出发送人是一则不请自来的广告的标题，诱导收件人阅读该电子邮件，并使用造假的回复地址以阻止敌意回复。尽管这是通过电子邮件进行的，但是电子邮件地址通常是为了获得免费提供的服务而被网站收集去的。这属于不正当竞争行为，侵害了其他消费者和经营者的合法权益。

(4) 抄袭模仿竞争者网站内容的不正当竞争行为

抄袭、模仿竞争者广告的行为，是一种不正当地利用和享有竞争者的商品声誉和商业信誉，从而不正当地利用和享有竞争者竞争优势的行为，其后果足以使消费者对两种不同经营者制作的广告发生混淆，这种混淆不仅包括将两种广告误认为同一广告，也包括将不同的经营者误认为是同一企业或者关联企业；抄袭、模仿竞争者广告，也是一种会使公众对该经营者商品的性质、制造方法、特点易于产生误解的表示或说法。就此而言，抄袭、模仿性质的广告属于虚假广告，不具备广告所必须具有的真实性、合法性以及诚挚性的法律特征。此外，抄袭、模仿竞争者广告的行为，还是一种不正当利用和享有竞争者在设计、制作广告过程中的智力劳动成果的行为。抄袭或模仿他人网站的内容。为了吸引网络用户的注意，某些网站有意模仿或抄袭知名网站的页面设计或网站内容，以使浏览者误认为此网站为某知名网站。这一做法不但侵犯了被抄袭或被模仿网站的著作权，也是一种通过混淆视听达到提高点击率目的的不正当竞争行为。

根据《广告法》的规定，广告主体贬低其他生产经营者的商品或者服务的，应承担民事责任。我国《刑法》第 221 条（损害商业信誉、商品声誉罪）规定："捏造并散布虚伪事实，损害他人的商业信誉、商品声誉，给他人造成重大损失或者有其他严重情节的，处二年以下有期徒刑或者拘役，并处或者单处罚金。"

(5) 利用超链接技术进行的不正当竞争行为

超链接是指通过超文本标记语言与通用资源定位符指向其他内容，使得访问者可以通过一个网址访问其他站点的文件、文字、图片、声音、数据库、视频、网页及它们的组合都可以成为链接对象。客观上，未经允许，设链者实施了大量深度链接的设置行为。使得用户点击链接时，直接绕过他人网站主页而访问某一次页面，直接发布他人网站制作信息，使得用户对于分页内容制作者与权属产生误认，对于资料来源产生混淆，增加自己的交易机会，获得他人市场优势，给他人的主页访问量与广告收益造成明显损失，构成不正当竞争。主观上，明知分页属于他人网站投入财力、物力的智力成果，以无偿利用他人竞争优势为目的，以深度链接技术获得商业利益，具有搭便车，排挤竞争对手的不正当竞争意图与恶意目的。

3. 对互联网广告不正当竞争相应法律法规

针对不正当竞争行为的传统手段传统网络广告主要包括以下几种：（1）虚假宣传和欺诈广告，《反不正当竞争法》第 8 条规定，经营者不得对其商品的“销售状况”“用户评价”等作虚假或者引人误解的商业宣传，欺骗、误导消费者。经营者也不得通过组织虚假交易等方式，帮助其他经营者进行虚假或者引人误解的商业宣传；（2）利用网络广告贬低对手或诋毁对方商誉行为。新《反不正当竞争法》第 12 条第 2 款第（四）项规定：“其他妨碍、破坏其他经营者合法提供的网络产品或者服务正常运行的行为”；（3）在广告形式或内容上与竞争对手相混淆行为。《反不正当竞争法》第 6 条第 3 项规定，擅自使用他人有一定影响的域名主体部分、网站名称、网页等，引人误认为是他人商品或者与他人存在特定联系的，构成商业混淆的不正当竞争行为。对于上述行为的规制，在《反不正当竞争法》《广告法》中都有明确规定。同时，虚假宣传和欺诈各种行为的诈骗数额如果达到一定程度，还可依据《刑法》以诈骗罪论处。

四、隐性电子商务广告、插播式广告和垃圾邮件的法律问题

（一）隐性电子商务广告、插播式广告和垃圾邮件的问题

1. 隐性电子商务广告

在互联网上，在 BBS 上发布的广告，通过网上调查的方式发布的广告，在商业网站主页上开辟专业论坛讨论企业产品与服务的性能、质量、功能之类的问题所做的广告。以网上新闻所做的广告等，都是较为典型的隐性广告。此外，以文字或影像植入方式将隐性广告渗透至各个网站的搜索引擎广告联盟的现象也是普遍存在的。这些网站广告形式出现的隐性广告不具备《广告法》规定的可识别性，因此是被《广告法》明令禁止的。虽然互联网上的隐性广告变得越来越难以识别，但是从性质上看，网络隐性广告具有广告的本质特征，具有明确的广告主、所推销的产品或者服务以及明确的广告受众等，因此应受《广告法》的规制。传统媒介上的隐性广告一般比较容易识别，但在互联网上，对隐性广告的识别则有很大的难度，因此，网络隐性广告是否属于我国《广告法》管理的范围，对待网络隐性广告是否应该像对传统广告一样一律加以禁止是一个争议比较大的问题。

2. 插播式广告

所谓插播式广告是指在网络用户下载和浏览网页的过程中，突然弹出的全屏或半屏、可退出或不可退出的广告。插播式广告类似于打断正常节目的播放而强迫观众观看的电视广告。这种广告给网络用户带来了极大的不便，尤其是那些不可退出、强迫网络用户观看的全屏广告，侵犯了消费者的合法权益。2011 年 6 月，美国在线的用户由于美国在线在页面中插入弹出式广告而提出集体诉讼，要求美国在线停止这种侵权行为，并向用户赔偿2 000万美元。网络用户认为：美国在线在既

无事先告知，用户也不希望的情况下，在用户阅览时突然出现弹出式广告，这是对用户合法权益的侵害，因为用户已经为接入网站支付了定额的费用。

对于插播式广告，我国可以借鉴广播电视中对插播广告耽搁时间、形式等的规定。《中华人民共和国广播电视管理条例》第 42 条规定："广播电台、电视台播放广告，不得超过广播电视行政管理部门规定的时间。"

3. 垃圾邮件

(1) 垃圾邮件指未经许可向电子邮件用户发送的含有商业内容的电子邮件。根据 2011 年 2 月 27 日颁布实施的《中国互联网协会反垃圾邮件规范》第 3 条规定，电子广告邮件包括：收件人事先没有提出要求或者同意接受的广告、电子刊物、各种形式的宣传品和宣传性的电子邮件；收件人无法拒绝的电子邮件；隐藏发件人身份、地址、标题等信息的电子邮件；含有虚假的信息源、发件人、路由等信息的电子邮件。这是我国对电子广告邮件做出的概括性规定。

互联网上大量的垃圾邮件不但占用了大量的传输带宽和存储空间，造成电子邮件系统爆炸、瘫痪，提高了网站拦截、屏蔽垃圾邮件的技术成本，而且也成为计算机病毒的主要传播手段之一。在电子商务活动中，未经电子邮件用户许可发送垃圾邮件的行为侵犯了电子邮件用户的隐私权，也为网络敲诈打开了方便之门。

(2) 垃圾邮件的法律管制。欧盟（隐私与电子通信指令）规定未经收件人事先同意不得在欧盟范围内向个人发送商业、宣传性的电子邮件。美国和日本等国也专门制定了单行法对垃圾邮件加以规制。在我国，对于垃圾邮件可以适用《宪法》和《消费者权益保护法》以及相关法规的规定。

由于电子邮件属于通信方式的一种，发送垃圾邮件的行为违反了我国《宪法》中关于公民通信自由保护的规定。根据《宪法》第 40 条的规定，中国公民的通信自由和通信秘密受法律保护。除因国家安全或者追查刑事犯罪的必要，由公安机关或检察机关依照法律规定的程序对通信进行检查外，任何组织或个人不得以任何理由侵犯公民的通信自由和通信秘密。

根据《消费者权益保护法》的规定，发送垃圾邮件的行为侵犯了邮件接收者的自主选择权。该法第 9 条规定："消费者享有自主选择商品或者服务的权利。消费者有权自主选择提供商品或者服务的经营者，自主选择商品品种或者服务方式，自主决定购买或者不购买任何一种商品、接受或者不接受任何一项服务。"北京市 2000 年 5 月出台的《关于对利用电子邮件发送商业信息行为进行规范的通告》是我国第一部关于电子邮件广告的地方性法规。该通告明确规定，互联网使用者利用电子邮件发送商业信息应本着诚实信用的原则，不得违反有关法律、法规，不得侵害消费者和其他经营者的合法权益。同时，应当遵守以下规范：①未经收件人同意不得擅自发送；②不得利用电子邮件进行虚假宣传；⑧不得利用电子邮件诋毁他人商业信誉；④利用电子邮件发送商业广告的，广告内容不得违反《广告法》的有关规定。我国《计算机信息网络国际联网安全保护管理办法》第7条规定："用户的通信自由和通信秘密受法律保护。任何单位和个人不得违反法律规定，利用国际互联网侵犯用户的通信自由和通信秘密。"

我国2011年3月30日实施的《互联网电子邮件服务管理办法》规定，未经电子邮件接收者明确同意，任何组织或者个人不得发送或者委托发送垃圾邮件；发送垃圾邮件时，应在邮件标题信息前注明"广告"或者"AD"字样。以上法律、法规对垃圾邮件的规制起到了一定的作用，但这些规定多为原则性的，因而在对垃圾邮件发送者的处罚种类和力度方面受到了一定的局限。

根据公安部《计算机信息网络国际联网安全保护管理办法》、国务院《计算机信息系统安全保护条例》以及《刑法》第286条的规定，滥发垃圾邮件对计算机信息系统功能进行干扰造成计算机不能正常运行的，应承担行政责任，后果严重构成犯罪的，应当承担刑事责任。

五、电子商务广告的管辖权问题及法律法规

（一）电子商务广告管辖权问题

传统广告的发布范围具有特定性。由于受国界的限制，广告的发布一般由国内法管辖，由责任主体所在地的广告管理机关管辖，造成侵权的由侵权行为发生地或结果地的广告管理机关管辖。即使是发布跨国广告，对于是适用本国法还是外国法也是容易区分的，一般不会发生管理冲突的问题。然而，互联网开放性、虚拟性的特点决定了在互联网上发布的广告可以被世界上任何的网络用户所获取。由于一条电子商务广告可能涉及多个国家，却又无法将其分割为几个部分，也就无法确定哪个国家与该电子商务广告联系更为密切。因此，电子商务广告对传统的广告司法管辖权构成了挑战。

由于法律传统上的差异，各国的法律对同一内容和形式的广告可能会有不完全相同甚至是截然相反的规定，某些国家禁止的内容，可能在其他国家不受限制。某些广告经营者、广告发布者有可能利用各国法律上的差异规避一国的法律发布电子商务广告。另外，即使一国依据自己国家的管辖权规则和法律规则做出判决，能否得到别的国家的承认和执行也还是个问题，因此法律管辖与适用的国际性冲突也就不可避免了。

在广告市场准入方面，我国对广告经营资格实行审批登记制，而在很多广告准入要求比较低的国家，广告经营者无须特别审批登记即可从事广告经营活动。广告准入制度的不同，必然也会造成违法广告责任追究制度的差异。

（二）电子商务广告管辖权相关法律法规

对于电子商务广告的违法追究管辖权问题，从理论上来说既可以是广告发布网站所在地、广告主所在地，也可以是广告利益获得地；而对于广告造成授权的，可

以是广告发生地管辖，也可以是广告造成的受害人所在地管辖。对于这种管辖权的冲突，目前各国的法律都显得无能为力。电子商务广告监管中在立法方面需要相关人员正确区分电子商务广告与非广告信息同时还应明确互联网平台经营者的广告法律责任。

1. 广告的行政管辖权

广告的行政管辖权，是指对行政管理监督主体的广告，相应的行政事务的管理监督处罚等划分首次处置权限。首次处置权交由哪个监管机构或部门，并不是个简单的问题。行政管辖权不仅确定行政事务首次处置权的行政监管主体，有利于监管行政事务，而且，也会使行政监管的相对人事先知道行政事务受理的行政主体，便于问题的处理和解决。广义的行政管辖权，应该包括行政事务监管办法的制定、行政事务的监督管理和行政事务的违法违规的查处等权力。狭义的行政管辖权，一般包括级别管辖权、地域管辖权和特别管辖权。

（1）广告的级别管辖权。

我国的广告监督管理，实行的是级别管辖。《广告法》第 6 条规定，国务院市场监督管理部门主管全国的广告监督管理工作，国务院有关部门在各自的职责范围内负责广告管理相关工作。县级以上地方市场监督管理部门主管本行政区域的广告监督管理工作，县级以上地方人民政府有关部门在各自职责范围内负责广告管理相关工作。

（2）广告的地域管辖权。

广告违法案件的处罚，实行地域管辖。《中华人民共和国行政处罚法》第 20 条规定，行政处罚由违法行为发生地的县级以上地方人民政府具有行政处罚权的行政机关管辖。法律、行政法规另有规定的除外。对涉及违法广告活动进行行政处罚，应当遵守该规定。

（3）广告的具体监管权限。

在市场监督管理部门履行广告监督管理职责时，涉及具体的权限问题，需要授予或明确，以便监管机构依法执法。《广告法》第49 条规定，市场监督管理部门履行广告监督管理职责，可以行使下列职权：第一，对涉嫌从事违法广告活动的场所实施现场检查；第二，询问涉嫌违法当事人或者其法定代表人、主要负责人和其他有关人员，对有关单位或者个人进行调查；第三，要求涉嫌违法当事人限期提供有关证明文件；第四，查阅、复制与涉嫌违法广告有关的合同、票据、账簿、广告作品和其他有关资料；第五，查封、扣押与涉嫌违法广告直接相关的广告物品、经营工具、设备等财物；第六，责令暂停发布可能造成严重后果的涉嫌违法广告；第七，法律、行政法规规定的其他职权。

市场监督管理部门应当建立健全广告监测制度，完善监测措施，及时发现和依法查处违法广告行为。

2. 受理投诉、举报监管权

在行政事务监督管理中，市场监督管理部门对违法违规者进行社会监督，发挥社会监管的力量，所以，需要确定一个受理投诉、举报的机构并授予其相应的监管权。

《广告法》第53条规定，任何单位或者个人有权向市场监督管理部门和有关部门投诉、举报违反本法的行为。市场监督管理部门和有关部门应当向社会公开受理投诉、举报的电话、信箱或者电子邮件地址，接到投诉、举报的部门应当自收到投诉之日起7个工作日内，予以处理并告知投诉、举报人。市场监督管理部门和有关部门不依法履行职责的，任何单位或者个人有权向其上级机关或者监察机关举报接到举报的机关应当依法作出处理，并将处理结果及时告知举报人。有关部门应当为投诉、举报人保密。第54条规定，消费者协会和其他消费者组织对违反本法规定，发布虚假广告侵害消费者合法权益，以及其他损害社会公共利益的行为，依法进行社会监督。

3. 互联网广告管辖权的相关法律法规

（1）以广告发布者所在地管辖为主。

《互联网广告管理暂行办法》第18条第1款规定，对互联网广告违法行为实施行政处罚，由广告发布者所在地工商行政管理部门管辖。广告发布者所在地工商行政管理部门管辖异地广告主，广告经营者有困难的，可以将广告主、广告经营者的违法情况移交广告主、广告经营者所在地工商行政管理部门处理。这是根据《工商行政管理机关行政处罚程序规定》中确定的广告发布者所在地管辖的原则为基础，对网络广告管辖权的确定。

（2）以广告主所在地、广告经营者所在地管辖为辅。

《互联网广告管理暂行办法》第18条第2款规定，广告主所在地、广告经营者所在地市场监督管理部门先行发现违法线索或者收到投诉、举报的，也可以进行管辖。这是考虑到互联网广告发布链条长，广告资源碎片化、广告精准投放带来的不同浏览者同一时间在同一网站上看到的是完全不同的广告等特征，而对网络广告管辖权的确定。

（3）广告主自行发布广告的，由广告主所在地管辖。

《互联网广告管理暂行办法》第18条第3款规定，对广告主自行发布的违法广告实施行政处罚，由广告主所在地市场监督管理部门管辖。

从互联网广告的情况看，大量的互联网广告是由广告主在自设网站或者其拥有合法使用权的互联网媒介上自行发布的。这一部分广告出现违法，由互联网广告的广告主所在地管辖。这样规定的优点是，发现违法线索或者接到投诉、举报后，可以更快断开违法广告链接，形成“一处违法被查，全网清扫干净”的高效监管局面，更具可操作性。

【案例阅读】

安徽某科技有限公司发布违法广告案

当事人安徽某科技有限公司在官方网站发布“厂家直销托玛琳木质远红外线全息能量理疗汗蒸足疗桶”的广告，内容有“加速血液循环，具有减肥功效”等用语。公司设在阿里巴巴平台上的网店，发布含有“目前国内最大的一家现代化的，集生产、研发、销售为一体的桑拿房研发企业”等内容的违法广告。法院判定当事人的行为违反《广告法》第9条第3项以及第17条的规定。2019年3月，该公司所在地市场监管局做出行政处罚，责令当事人停止发布违法广告，罚款20.6688万元。

思考一下，什么是违法电商广告？电商法对电子商务广告有哪些规定？法院判定有法律依据吗？判决合理吗？

◎ 思考与讨论

1. 电商广告相较传统广告的异同？其适用《广告法》中的相应规定，是否完全合理？有无更好的想法？

2. 《电子商务法》中对电商经营者发布虚假信息有何具体可操作法律依据？

3. 你如何看待电商平台是商务经营地还是广告信息发布地？

第九章　电子商务纠纷解决机制

【学习目的】

了解电子商务纠纷解决的基本方式，学习和解、调解、仲裁和诉讼的基本要求，掌握电子商务纠纷案件诉讼的地域管辖与级别管辖，明确电子证据的概念、内涵和外延，树立证据意识。

【知识结构】

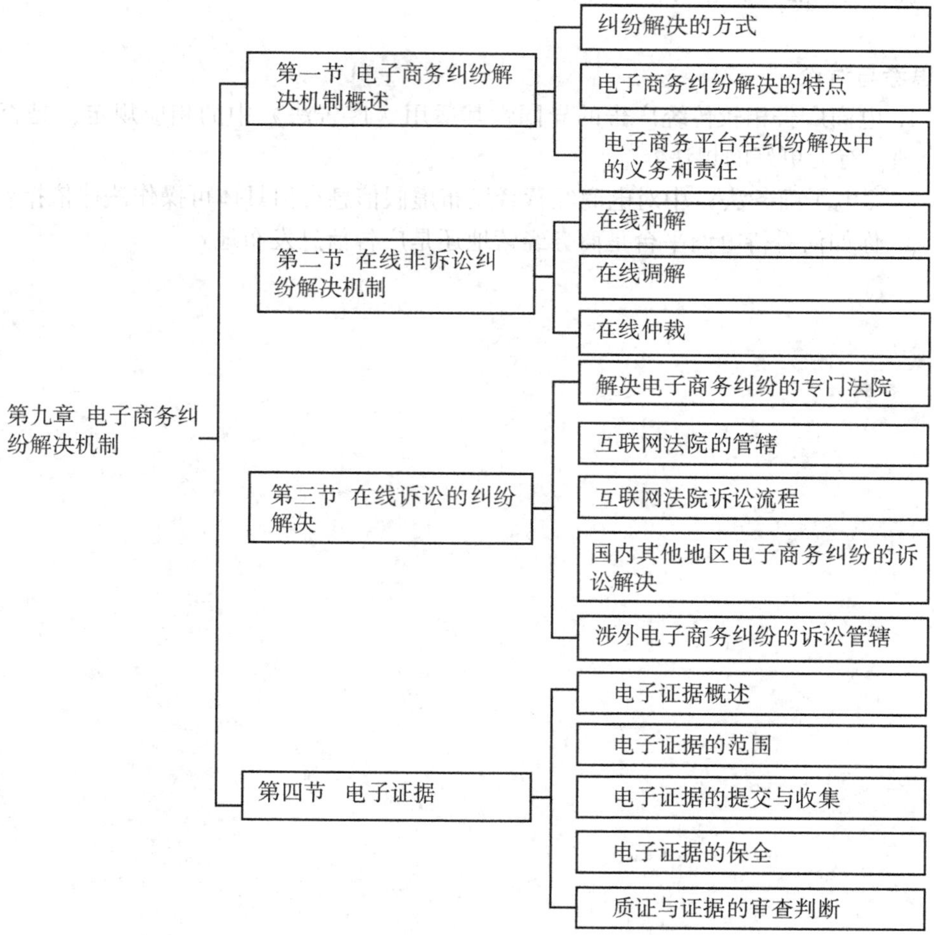

【导语】

互联网和信息技术的发展，深刻地改变了经济发展模式。以电子商务为代表的数字经济取得了长足进步，在推动经济社会发展方面发挥了重要作用。2020 年初的新冠肺炎疫情扰乱了中国经济的发展步伐。在抗击疫情过程中，电子商务展示出了强劲的活力和韧性，成为经济社会发展的稳定器。据统计，2019 年，全国网上零售额达 10.63 万亿元，比上年增长 16.5%。① 为适应电子商务的发展，必须建立科学合理的纠纷解决体系，妥善解决电子商务发展过程中产生的各类纠纷。

第一节　电子商务纠纷解决机制概述

一、纠纷解决的方式

从方式上看，纠纷解决具有回避、和解、调解、仲裁和诉讼等五种基本的方式。公权力在五种纠纷解决方式中的介入程度逐渐加深。在回避阶段，一方当事人完全避免与对方当事人接触，希望以“冷处理”的方式实现纠纷化解。一旦当事人无法以回避的方式化解纠纷，那么就必须与对方当事人进行协商，达成一致的解决方案。当凭借当事人的力量和智慧无法实现纠纷解决，那么就会诉诸有权威的第三方，请求其接入纠纷的处理。第三方可能是获得纠纷双方信任的调解人，也可能是具有纠纷解决专业知识的仲裁人，也可能是以国家强力做后盾的法庭。

（一）回避

在纠纷解决的传统理论中，并未将回避作为典型的纠纷解决方式。但在实践中，回避也是实现纠纷化解的一种有益方式，特别是利益争分较小的情况下，回避能够快速化解纠纷，并避免冲突的进一步激化。所谓回避，就是纠纷发生后，一方当事人主动避免与另一方当事人进一步接触，通过保持有效的物理距离，促使二者脱离纠纷场域，实现纠纷的化解。日常生活中较为典型的例子是，甲乙二人在行走中发生轻微碰撞，即便一方当事人也许会因为该碰撞而大发雷霆，但如果一方主动远离碰撞现场，任由另一方独自发泄情绪，那么该纠纷就会因为回避而得到化解。如果双方都不依不饶，则极有可能导致纠纷激化而酿成更大的冲突。当然，回避这一方式尽管在日常生活中较为常见，但限于特定的领域，适用范围有限。回避是一种零费用的反应形式，但是却使事物的发展保持着巨大的变数。②

---

① 商务部电子商务和信息化司．中国电子商务报告（2019 年）［M］．北京：中国商务出版社，2020：2.

② ［英］西蒙·罗伯茨，彭文浩．纠纷解决的过程：ADR 与形成决定的主要形式［M］．刘哲玮，等译．北京：北京大学出版社，2011：109.

（二）和解/谈判

社会生活中的大多数纠纷是靠当事人之间的协商/谈判而解决。所谓协商/谈判，即是纠纷当事人执行提出解决方案，和平解决纠纷的方式。具体而言纠纷的当事人通过充分的信息交换，各自提出解决该纠纷的方案，通过反复比较与磋商，在纠纷解决方案最为接近或者完全相同的情况下，当事人愿意自动履行方案所确定的义务，最后实现纠纷的化解。和解/谈判解决纠纷的主体是处于纠纷中的各方当事人。解决的过程是当事人之间的“讨价还价”，最终使解决纠纷的“对价”达致所有纠纷当事人的预期，使其愿意自愿支付该“对价”。

（三）调解

调解被称为纠纷解决的“东方经验”，在我国具有悠久的历史。所谓调解，是指在第三方的主持下，纠纷当事人达成纠纷解决的一致意见，最终实现纠纷的化解。调解与和解/协商相同之处在于没有公权力的介入，纠纷解决的方案均由当事人提出或者获得当事人的同意。二者的区别在于，和解/协商完全由当事人自行主导纠纷的解决进程与解决方案，没有第三方参与。调解则在第三方的参与下完成纠纷解决。解决纠纷的第三方是当事人均认可的、具有一定权威的人。如果第三人得不到纠纷当事人的认可，其不能在调解过程中发挥作用。一般而言，在当事人眼中，参与调解的第三方具有一定威望，在调解过程中处事公正，无偏颇。调解人的作用在于主持调解进程，听取纠纷当事人对纠纷解决的意见，并根据自身的知识和经验提出解决方案，或者对当事人提出的解决方案进行评判修正，促使当事人各自提出的解决方案更为接近。综上，调解的成功与否取决于三个因素：纠纷当事人是否愿意调解，纠纷当事人是否愿意接受调解方案，以及调解人的调解水平。

（四）仲裁

仲裁与调解类似，都是在第三方的参与下实现纠纷解决。所谓仲裁，是指当事人将纠纷提交仲裁机构居中裁决的纠纷解决方式。仲裁具有自愿性、独立性、一裁终局性等基本特征。但相较调解而言，仲裁更为程式化和专门化，仲裁结果具有强制执行效力。仲裁具有严格的范围限制，平等主体的公民、法人和其他组织之间发生的合同纠纷和其他财产权益纠纷，可以仲裁。婚姻、收养、监护、抚养、继承纠纷和依法应当由行政机关处理的行政争议等两大类纠纷不能仲裁。仲裁采取自愿原则。只有当事人在纠纷发生前或者纠纷发生后达成仲裁协议，约定明确的仲裁事项和仲裁机构，该纠纷才能被仲裁机构受理。在现代社会，仲裁裁决结果具有强制执行效力。我国《仲裁法》第 62 条规定：当事人应当履行裁决。一方当事人不履行裁决的，另一方当事人可以依照民事诉讼法的有关规定向人民法院申请执行。受申请的人民法院应当执行。

（五）诉讼

诉讼是通过国家设立的法庭，强制解决纠纷的方式。纠纷发生后，如果当事人之间无法通过回避、协商、调解和仲裁等方式解决纠纷，那么就必须借助国家机器，对纠纷作出终局裁判。由于司法是公平正义的最后一道防线（不是唯一的防线）。因此，相比其他纠纷解决方式，诉讼具有鲜明的特点——消极性、中立性、程序性、强制性。国家一般不会主动介入当事人之间的纠纷，而是鼓励当事人采取多元化的方式解决纠纷。只要当事人主动向法院提起诉讼，法院才能受理纠纷，对案件进行审理并做出裁判。法院在审理过程中必须保持客观中立，不偏不倚。在诉讼过程中，当事人和法官都必须严格遵守诉讼程序和诉讼制度，以确保实现公平正义。当事人需要对自己主张的事实提供证据加以证明，法官“以事实为依据，法律为准绳”做出裁判。法院通过强制执行程序保证法院生效裁判得到履行。诉讼是非常专业的纠纷解决方式，涉及大量的实体法律知识和诉讼法律知识，如果当事人缺乏相应的法律知识，需要向专门的法律服务人员寻求帮助。

二、电子商务纠纷解决的特点

与传统的纠纷相比，电子商务纠纷的场景发生了变化，从线下迁移到线上。因此，在纠纷解决上既与传统的纠纷解决具有相似的地方，也有自身的一些特点。

（一）在线化

由于电子商务纠纷在线上发生，国家机关鼓励通过在线的方式解决纠纷。首先，电子商务的经营者应当依托电子商务平台建立便捷、有效的纠纷解决机制。当电子商务纠纷发生后，该机制能够快速做出反应，及时在线解决纠纷，避免纠纷向线下蔓延。其次，最高人民法院先后建立了杭州、广州、北京互联网法院，并制定《最高人民法院关于互联网法院审理案件若干问题的规定》，当事人在线提交诉讼材料、法院在线庭审、在线送达、在线组织证据交换、在线视频开庭、电子送达诉讼文书。

（二）多元化

电子商务纠纷也采用多元化的解决方式。当事人之间首先可以协商解决，协商解决不成，利益受损方可以向电子商务平台经营者投诉和举报，启动电子商务平台纠纷解决机制。如果电子商务平台无法解决纠纷，则将该纠纷传递至行政机关，由主管部门通过行政手段进行解决。当然，当事人可以直接选择向法院提起诉讼，也可以穷尽诉讼之外的所有纠纷解决手段后向法院提起诉讼。

（三）便捷化

由于电子商务交易跨越时空、参与交易的主体众多，必须建立便捷的纠纷解决方式尽快解决纠纷，降低纠纷解决成本。目前，大多数的电子商务平台经营者都建有专门的纠纷解决平台和机制，可以第一时间对发生在电子商务平台上的纠纷进行解决。即便纠纷需要公权力的介入，国家层面也根据电子商务的发展现状与趋势建立了相应的纠纷解决机制（比如互联网法院），确保电子商务纠纷可以得到高效解决。

三、电子商务平台在纠纷解决中的义务

电子商务领域的纠纷解决与传统的纠纷解决有较大的差异。传统意义上的纠纷，一般首先由纠纷当事人自行协商解决，当事人无法自行解决纠纷时，再请求纠纷当事人均信任的具有一定权威的第三方进行调处。只有双方冲突激烈，完全无法通过协商或者调解的方式解决时，当事人可以向法院提起诉讼，请求法院对纠纷进行裁决。《电子商务法》第58条规定：国家鼓励电子商务平台经营者建立有利于电子商务发展和消费者权益保护的商品、服务质量担保机制。在电子商务纠纷的场景内，电子商务平台具有“第一责任人”地位。

（一）电子商务平台具有权益维护的义务

根据《电子商务法》第58条第2款的规定：电子商务平台经营者与平台内经营者协议设立消费者权益保证金的，双方应当就消费者权益保证金的提取数额、管理、使用和退还办法等作出明确约定。电子商务平台通过设立消费者权益保证金，促进经营者诚信经营，避免消费者的权益受到损害。该条第三款规定：消费者要求电子商务平台经营者承担先行赔偿责任以及电子商务平台经营者赔偿后向平台内经营者的追偿，适用《中华人民共和国消费者权益保护法》的有关规定。在电子商务平台纠纷中，消费者的权益优先。一旦平台内的经营者侵害了消费者的合法权益未能及时赔偿，电子商务平台必须承担先行赔偿责任，然后再向平台经营者追偿。

（二）电子商务平台具有预防纠纷的义务

电子商务平台应当积极采取措施，及时进行信息沟通，预防纠纷发生。由于电子商务平台经营者众多，消费者和经营者进行线上交易，不可避免地存在信息不对称、沟通不畅等问题。电子商务平台必须认真对待消费者的投诉和举报，预防纠纷的发生和进一步激化。《电子商务法》第59条规定：电子商务经营者应当建立便捷、有效的投诉、举报机制，公开投诉、举报方式等信息，及时受理并处理投诉、举报。电商平台除了为经营者和消费者提供优良的交易平台外，更要从技术层面提供便捷、有效的投诉、举报机制，及时反馈并处理相关投诉举报，维护电子商务平台正常的运营秩序，减少纠纷发生，或者将即将发生的纠纷解决在萌芽状态，避免矛盾激化，减轻损失。

（三）电子商务平台具有纠纷解决的义务

《电子商务法》第63条规定：电子商务平台经营者可以建立争议在线解决机制，制定并公示争议解决规则，根据自愿原则，公平、公正地解决当事人的争议。电子商务平台必须为消费者提供安全的服务平台，一旦发生纠纷，电子商务平台还必须积极履行纠纷解决的责任。电子商务平台应当根据自身的特点和需要，建设相应的在线纠纷解决机制，确保电子商务平台上发生的纠纷能在平台内自行解决，避

免纠纷扩大化，溢出平台向社会蔓延，增加纠纷解决的成本。因此，电子商务平台应当建立自己的纠纷解决机制，对纠纷进行评估，查明纠纷发生的原因、侵权的事实、受损状况等，并提出纠纷解决的方案。国内的阿里巴巴、京东等知名电商平台均建立了在线纠纷解决规则。

（四）电子商务平台具有配合纠纷解决的义务

当纠纷解决超出了电子商务平台的解决能力，那么电子商务平台必须为被侵权人和其他纠纷解决平台、解决机制提供必要的协助。《电子商务法》第 62 条规定：在电子商务争议处理中，电子商务经营者应当提供原始合同和交易记录。因电子商务经营者丢失、伪造、篡改、销毁、隐匿或者拒绝提供前述资料，致使人民法院、仲裁机构或者有关机关无法查明事实的，电子商务经营者应当承担相应的法律责任。电子商务平台的经营者不但要承担妥善保管原始合同与交易记录等电子资料的义务，一旦纠纷发生后，电子商务平台还应当根据人民法院、仲裁机构等纠纷解决机构的要求提供客观真实的电子资料，以利于纠纷的公正解决。如果电子商务平台未尽保管义务或文件提交义务，导致纠纷事实无法查明，电子商务平台需承担法律责任。

（五）电子商务纠纷解决以消费者利益优先

《电子商务法》第 61 条规定：消费者在电子商务平台购买商品或者接受服务，与平台内经营者发生争议时，电子商务平台经营者应当积极协助消费者维护合法权益。由于电子商务平台上商家与经营者控制着交易信息，处于强势地位，因此，在纠纷发生后，电子商务纠纷解决机制以维护相对弱势方的消费者利益为先。

第二节　在线非诉讼纠纷解决机制

课程思政主题：和谐电商，法治先行

案例主题：以定制印刷制品案例探讨消费者权益保护与调解机制

基于电子商务本身的特点，因此电子商务纠纷解决机制需要更为高效、公平、便捷。因此，非诉讼纠纷解决机制成为解决电子商务纠纷的首选。在线的非诉讼纠纷解决机制被称为 ODR（Online Disput Resolution），主要包括在线和解（Online Negotiation）、在线调解（Online Mediation）、在线仲裁（Online Arbitration）等

方式。

一、在线和解

在线和解是指纠纷当事人在没有第三方参与下，借助网络自行就所发生的纠纷进行协商、谈判，提出解决方案。

（一）在线和解的特征

（1）主体特征。在线和解依赖当事人自行提出解决方案，无第三方的参与。当然，所谓的第三人是指被纠纷当事人共同认可并邀请参与解决纠纷的人。在实践中，存在着一方当事人自行邀请参与和解的人，这类人不属于和解意义上的第三人，可以被看作纠纷当事人的一部分。

（2）工具特征。顾名思义，在线和解必须借助在线工具。在线工具包括但不限于电子邮件、微信、视频设备、电子公告板等。当事人借助网络传递信息和解决方案。如果当事人通过在线工具约定具体的时间地点，将协商和谈判转至线下，那么就导致和解场景的变化，面对面地协商，就不是在线和解。

（3）方案特征。和解方案来自当事人之间的自行磋商，而没有居中的第三人为纠纷当事人提供选择方案。正如前文所述，一方当事人会在和解过程中邀请自己信任的人参与和解过程，站在自己的立场上帮助设计和解方案，由采纳该方案的一方当事人向对方提出。

（4）效力特征，当事人之间的和解是双方意思自治的产物，没有国家强制力量的介入，因此，纠纷当事人所达成的和解结果并无强制执行力，当事人可以反悔。

（二）在线和解的类型

按照纠纷解决工具所发挥的作用，可以将在线和解划分为被动型在线和解与主动型在线和解。

（1）被动型在线和解。当事人通过在线平台所提供的电子邮件、电子公告板、视频设备、通话系统等各种技术工具，实现资讯和信息交换，形成纠纷解决方案。被动型纠纷在线解决平台是传统和解形式在网络上的延伸。传统的和解需要纠纷当事人面对面交流，但被动型在线和解突破时空的局限，纠纷当事人不必在同一时间地点才能实现信息的有效交换。概言之，被动型的在线和解平台只为纠纷当事人提供通信工具，此外不再实质参与当事人之间的纠纷解决。

（2）主动型在线和解。随着信息技术的发展，有的电商平台开发了主动型的在线和解技术。与被动型的在线和解相比，除了提供信息传递所使用的电子邮件、电子公告板、视频设备和通话系统外，还可以根据当事人的纠纷类型进行简单的方案设计。比如，一些涉及价款支付的纠纷，当事人通过输入相关的案件事实，在线和解系统会按照一定的标准计算出支付金额供当事人参考。尽管主动型的在线和解可以辅助当事人对和解方案进行设计，但是否采用依然取决于当事人。

事实上，由于和解具有非常大的随机性，当事人也许并不需要借助特别的在线和解系统，他们只需要能够有效传递信息的通信系统即可以实现在线和解。

二、在线调解

在线调解是指纠纷当事人在第三方的参与主持下，依托信息技术平台，通过远程方式传递信息，磋商纠纷解决方案，并最终实现纠纷化解的方式。

（一）在线调解的特征

在线调解是传统调解从线下向线上延伸的产物，也是信息社会发展的必然结果。在线调解具有如下特征：

（1）自愿。是否采用调解的方式结案，当事人自愿选择。当事人的自愿选择包括三个方面的内容。一是自愿选择调解的方式解决纠纷，二是自愿接受调解方案，三是自愿履行调解方案。

（2）主体。线上调解除了纠纷当事人外还必须有作为调解人的第三方参与。调解人必须获得双方当事人的认可，并且双方当事人邀请进入在线纠纷解决程序。如果得不到任何一方当事人的认可，或者在调解过程中，一方当事人表示不再接受该调解人的调解，那么该第三人丧失调解人资格。

（3）方案。相较于在线和解，在线调解的方案来源更加广泛。既可以由纠纷当事人自行提出，也可以由调解人提出。在实践中，纠纷方案的提出主体并非泾渭分明。任何一方提出的方案都存在被修正的可能性。比如乙方当事人提出方案后，另一方当事人并不同意，调解人也许通过劝说或者修正方案的形式，让纠纷各方达成调解意见。

（4）效力。一般而言在线调解方案并不具有强制执行力。当事人可以选择履行也可以选择不履行。为了节约纠纷解决资源，维护社会诚信，通过某些主体或者机构参与调解达成的调解协议必须被履行，否则可以申请人民法院强制执行。比如在诉讼中形成的调解，或者虽不是诉讼过程中形成的调解，但调解协议经司法确认后，也具有强制执行效力。

（二）在线调解的流程

在线调解一般是在线和解失败的后续纠纷解决手段，当事人也可以不经在线和解而直接提起在线调解。虽然在线调解平台各不相同，但是它们的工作原理和运行流程均大同小异。

（1）注册。纠纷当事人选定在线调解平台，并在该平台实名注册。

（2）申请。请求解决纠纷的当事人登录在线调解平台，按照该平台的指引填写电子表格，提交调解申请书。在线调解所调解的资料，必须明确申请人和被申请人的名称、身份信息、地址、邮政编码、联系电话、电子邮箱等；写明纠纷发生的基本情况，用于证明纠纷事实的证据材料，申请人的调解请求。

（3）送达。在线调解平台将申请人提交的信息以电子邮件或短信形式通知对方当事人。对方当事人根据在线调解平台的提示查阅相关文件。如果对方当事人同意调解，那么在线调解平台则开展调解准备工作。如果对方当事人不同意调解，那么调解程序终结。

（4）选择调解员。纠纷各方当事人选择彼此认同的调解员。一般而言，如果纠纷各方当事人在一定期限内无法选出调解员，那么在线调解平台会直接为纠纷当事人指定调解员。

（5）调解。纠纷当事人应当遵守诚实信用原则，按时参与在线调解。调解员了解纠纷经过后，对纠纷进行调解，引导当事人提出解决方案，或者执行提出解决方案。

（6）限制。任何一方当事人在调解中发表的意见和建议、对某些事实的承认、对某些请求的放弃均不能做成与本案相关的任何仲裁或者诉讼中的证据。

（7）终结。有三种情况会导致调解终结。一是在线调解过程中达成调解意见；二是调解员认为纠纷当事人无法达成调解意见，以特定形式宣布放弃调解，终结程序；三是任何一方纠纷当事人以特定形式向调解员声明拒绝调解。

三、在线仲裁

为顺应电子商务的发展，部分仲裁机构已经从线下走到线上，为当事人提供更为快捷的仲裁服务。中国国际经济贸易仲裁委员会于 2009 年 5 月发布施行《网上仲裁规则》，深圳仲裁委员会于 2017 年启动“云上仲裁”。但目前的网上仲裁仍然局限于机构仲裁。比如，贸仲《网上仲裁规则》第 5 条规定，“当事人约定按照本规则进行仲裁但未约定仲裁机构的，均视为同意将争议提交仲裁委员会仲裁”。《深圳仲裁委员会网络仲裁规则》第 3 条规定，“当事人约定按照本规则进行仲裁但未约定仲裁机构的，视为同意将争议提交深圳仲裁委员会仲裁”。

（一）在线仲裁的特征

除了仲裁的工具和场景发生变化，在线仲裁和传统仲裁并没有实质的区别，其主要特点如下：

（1）自愿。纠纷能否提交仲裁庭仲裁取决于当事人是否约定仲裁条款。只有经各方当事人在纠纷发生前或者发生后明确约定仲裁事项和仲裁机构的纠纷，才可以被提交至约定的仲裁机构进行仲裁。

（2）中立。仲裁庭必须保持客观中立，通过对当事人提交的证据进行评价，最后做出公正的裁决。如果存在以下情形：仲裁庭的组成或者仲裁的程序违反法定程序，以及仲裁员在仲裁该案时有索贿受贿，徇私舞弊，枉法裁决行为。当事人可以向人民法院申请撤销仲裁裁决。

(3) 一裁终局。仲裁实行一裁终局的制度。裁决作出后，当事人就同一纠纷再申请仲裁或者向人民法院起诉的，仲裁委员会或者人民法院不予受理。裁决被人民法院依法裁定撤销或者不予执行的，当事人就该纠纷可以根据双方重新达成的仲裁协议申请仲裁，也可以向人民法院起诉。

(4) 效力。仲裁裁决作出后，当事人应当履行，当事人不履行的，另一方当事人可以向有管辖权的人民法院申请强制执行。

(二) 在线仲裁的流程

以《中国国际经济贸易仲裁委员会网上仲裁规则（2009 年修订）》为例，简要介绍在线仲裁的基本流程。

1. 当事人约定仲裁协议

仲裁协议系指当事人在合同中约定的仲裁条款，或者以其他方式达成的提交仲裁的书面协议。仲裁协议应当采取书面形式。书面形式包括合同书、信件、电报、电传、传真、电子数据交换和电子邮件等可以有形地表现所载内容的形式。

2. 申请

申请人提出仲裁申请应当符合下列要求：(1) 按照仲裁委员会设定并在仲裁委员会网上争议解决中心网站上公布的“仲裁申请书格式”及“仲裁申请书提交指南”的要求向仲裁委员会提交由申请人及/或申请人授权的代理人签名及/或盖章的仲裁申请书。仲裁申请书应写明：①申请人和被申请人的名称、住所及其通信方式，包括邮政编码、电话、传真号码、电子邮件或其他电子通信方式；②申请人首选的通信方式；③申请仲裁所依据的仲裁协议；④仲裁请求；⑤案情和争议要点；⑥仲裁请求所依据的事实和理由。(2) 在提交仲裁申请书时，附具申请人请求所依据事实的证明文件。(3) 按照仲裁委员会制定的《网上仲裁案件仲裁费用表》的规定预缴仲裁费。

3. 受理

仲裁委员会秘书局收到仲裁申请书之日起 5 日内，认为符合受理条件的，应当受理，并书面通知当事人；认为不符合受理条件的，应当书面通知当事人不予受理，并说明理由。

4. 送达

仲裁委员会秘书局向被申请人发出受理案件的仲裁通知，应当载明可在线查阅本规则、仲裁委员会仲裁规则和仲裁委员会仲裁员名册的网址/网页；根据案件的具体情况，也可以随副本规则、仲裁委员会仲裁规则和仲裁委员会仲裁员名册。

5. 审理

仲裁庭由一名或三名仲裁员组成。除非当事人另有约定或者本规则另有规定，仲裁庭由三名仲裁员组成。开庭审理的案件，仲裁庭应当采用以网络视频会议及其他电子或者计算机通讯形式所进行的网上开庭方式；根据案件的具体情况，仲裁庭也可以决定采用常规的现场开庭方式。

6. 裁决

仲裁庭应当在组庭之日起 4 个月内作出仲裁裁决。根据仲裁庭的要求，仲裁委员会主任如认为确有必要和确有正当理由的，可以延长该期限。

第三节　在线诉讼的纠纷解决

随着电子商务和互联网经济的发展，传统的线下法院越来越不能适应纠纷解决的需要。特别是在北京、杭州和广州等经济发达地区，对在线诉讼的呼声越来越高。2017 年开始，经最高人民法院批复，先后设立了杭州、北京、广州三家互联网法院，专门负责互联网案件审理。

一、解决电子商务纠纷的专门法院

我国三家互联网法院均处于对在线诉讼有迫切需求的经济发达地区。

（1）杭州互联网法院。2017 年 8 月 18 日，根据中央全面深化改革领导小组审议通过的方案，杭州互联网法院挂牌成立，集中审理浙江省杭州市辖区内基层人民法院有管辖权的六类涉互联网一审民事、行政案件。杭州互联网法院通过制度创新和信息技术应用，打破时空限制，实现全流程在线办案，方便群众诉讼，提高审判效能。登录杭州互联网法院诉讼平台，当事人通过勾选和填充表单式的结构化选项，5 分钟内即可完成起诉立案申请。立案后，系统自动生成相关法律文书并加盖法院公章，以短信、语音、电子邮件等电子方式进行送达。在举证及质证环节，系统会自动提示证据交换动态，便于当事人利用空余时间完成诉讼。庭审以视频方式进行，当事人只需一台电脑或者手机，足不出户便可参与庭审。庭审时，电子证据通过诉讼平台在线展示，双方围绕争议焦点进行调查和辩论，语音识别系统实时生成电子笔录，大大缩短了庭审时间。①

2. 北京互联网法院。北京互联网法院成立于 2018 年 9 月 9 日，集中管辖北京市辖区内应当由基层人民法院受理的第一审特定类型互联网案件。法院按

---

①　参见杭州互联网法院简介［EB/OL］. 杭州互联网法院网站，http：//hztl. zjcourt. cn/col/col1225177/index. html.

照“网上案件网上审理”的基本思路，通过全流程一体化在线服务平台，实现案件起诉、调解、立案、送达、庭审、宣判、执行、上诉等诉讼环节的在线进行。①

3. 广州互联网法院。2018 年 9 月 28 日，广州互联网法院正式挂牌成立。广州互联网法院按广州市城区基层人民法院设置，由广州市管理，对广州市人民代表大会常务委员会负责，接受广州市中级人民法院的监督和指导，集中管辖广州市辖区内应当由基层人民法院受理的 11 类互联网案件。②

二、互联网法院的管辖

互联网法院的案件管辖和级别管辖均由最高人民法院统一规定。

（一）互联网法院管辖范围

根据《最高人民法院关于互联网法院审理案件若干问题的规定》，三级互联网法院主要管辖十一类互联网纠纷案件：（1）通过电子商务平台签订或者履行网络购物合同而产生的纠纷；（2）签订、履行行为均在互联网上完成的网络服务合同纠纷；（3）签订、履行行为均在互联网上完成的金融借款合同纠纷、小额借款合同纠纷；（4）在互联网上首次发表作品的著作权或者邻接权权属纠纷；（5）在互联网上侵害在线发表或者传播作品的著作权或者邻接权而产生的纠纷；（6）互联网域名权属、侵权及合同纠纷；（7）在互联网上侵害他人人身权、财产权等民事权益而产生的纠纷；（8）通过电子商务平台购买的产品，因存在产品缺陷，侵害他人人身、财产权益而产生的产品责任纠纷；（9）检察机关提起的互联网公益诉讼案件；（10）因行政机关作出互联网信息服务管理、互联网商品交易及有关服务管理等行政行为而产生的行政纠纷；（11）上级人民法院指定管辖的其他互联网民事、行政案件。

需要注意的是，杭州互联网法院除了审理“涉网案件”外，还受理下列四类案件：（1）知识产权案件，杭州市江干区、上城区、下沙经济技术开发区、富阳区、临安区、建德市、淳安县、桐庐县辖区诉讼标的额在人民币 500 万元以下的除专利、植物新品种、集成电路布图设计、技术秘密、计算机软件、涉及驰名商标认定和垄断纠纷案件之外的一般知识产权民事案件；（2）行政案件，杭州市、区（县、县级市）两级人民政府作为复议机关做共同被告的缘由其他基层人民法院管辖的一审行政诉讼案件。（3）民事案件：①指定管辖案件：一是在杭州轨道交通

① 参见北京互联网法院简介［EB/OL］. 北京互联网法院网站，https：//www.bjinternetcourt. gov. cn/.

② 参见广州互联网法院简介［EB/OL］. 广州互联网法院网站，https：//www.gzinternetcourt. gov. cn/article-detail-29. html.

运营区域内发生的民事案件；二是在杭州市高架道路内发生的道路交通事故引发的人身、财产损害赔偿纠纷案件；三是杭州市城区内（包括萧山区、余杭区和经济技术开发区）发生的运输合同纠纷案件等。②专门管辖案件：涉及铁路运输、铁路安全、铁路财产的民事案件。（4）刑事案件：同级铁路运输检察院提起公诉的刑事案件及自诉人提起的有关自诉案件。

（二）互联网的级别管辖

当事人对北京互联网法院作出的判决、裁定提起上诉的案件，由北京市第四中级人民法院审理，但互联网著作权权属纠纷和侵权纠纷、互联网域名纠纷的上诉案件，由北京知识产权法院审理。当事人对广州互联网法院作出的判决、裁定提起上诉的案件，由广州市中级人民法院审理，但互联网著作权权属纠纷和侵权纠纷、互联网域名纠纷的上诉案件，由广州知识产权法院审理。当事人对杭州互联网法院作出的判决、裁定提起上诉的案件，由杭州市中级人民法院审理。

三、互联网法院诉讼流程

互联网法院建设互联网诉讼平台（以下简称诉讼平台），作为法院办理案件和当事人及其他诉讼参与人实施诉讼行为的专用平台。通过诉讼平台作出的诉讼行为，具有法律效力。互联网法院审理案件所需涉案数据，电子商务平台经营者、网络服务提供商、相关国家机关应当提供，并有序接入诉讼平台，由互联网法院在线核实、实时固定、安全管理。诉讼平台对涉案数据的存储和使用，应当符合《中华人民共和国网络安全法》等法律法规的规定。互联网法院的基本流程如下：

（一）当事人注册

当事人及其他诉讼参与人使用诉讼平台实施诉讼行为的，应当通过证件证照比对、生物特征识别或者国家统一身份认证平台认证等在线方式完成身份认证，并取得登录诉讼平台的专用账号。使用专用账号登录诉讼平台所作出的行为，视为被认证人本人行为，但因诉讼平台技术原因导致系统错误，或者被认证人能够证明诉讼平台账号被盗用的除外。

（二）受理

互联网法院在线接收原告提交的起诉材料，并于收到材料后7日内，在线作出以下处理：（1）符合起诉条件的，登记立案并送达案件受理通知书、诉讼费交纳通知书、举证通知书等诉讼文书。（2）提交材料不符合要求的，及时发出补正通知，并于收到补正材料后次日起重新计算受理时间；原告未在指定期限内按要求补正的，起诉材料作退回处理。（3）不符合起诉条件的，经释明后，原告无异议的，起诉材料作退回处理；原告坚持继续起诉的，依法作出不予受理裁定。

互联网法院受理案件后，可以通过原告提供的手机号码、传真、电子邮箱、即时通信账号等，通知被告、第三人通过诉讼平台进行案件关联和身份验证。被告、第三人应当通过诉讼平台了解案件信息，接收和提交诉讼材料，实施诉讼行为。

(三) 证据提交

互联网法院组织在线证据交换的，当事人应当将在线电子数据上传、导入诉讼平台，或者将线下证据通过扫描、翻拍、转录等方式进行电子化处理后上传至诉讼平台进行举证，也可以运用已经导入诉讼平台的电子数据证明自己的主张。

当事人及其他诉讼参与人通过技术手段将身份证明、营业执照副本、授权委托书、法定代表人身份证明等诉讼材料，以及书证、鉴定意见、勘验笔录等证据材料进行电子化处理后提交的，经互联网法院审核通过后，视为符合原件形式要求。对方当事人对上述材料真实性提出异议且有合理理由的，互联网法院应当要求当事人提供原件。

(四) 开庭

互联网法院采取在线视频方式开庭。存在确需当庭查明身份、核对原件、查验实物等特殊情形的，互联网法院可以决定在线下开庭，但其他诉讼环节仍应当在线完成。

互联网法院可以视情况决定采取下列方式简化庭审程序：(1) 开庭前已经在线完成当事人身份核实、权利义务告知、庭审纪律宣示的，开庭时可以不再重复进行；(2) 当事人已经在线完成证据交换的，对于无争议的证据，法官在庭审中说明后，可以不再举证、质证；(3) 经征得当事人同意，可以将当事人陈述、法庭调查、法庭辩论等庭审环节合并进行。对于简单民事案件，庭审可以直接围绕诉讼请求或者案件要素进行。

(五) 送达

经当事人同意，互联网法院应当通过中国审判流程信息公开网、诉讼平台、手机短信、传真、电子邮件、即时通信账号等电子方式送达诉讼文书及当事人提交的证据材料等。当事人未明确表示同意，但已经约定发生纠纷时在诉讼中适用电子送达的，或者通过回复收悉、作出相应诉讼行为等方式接受已经完成的电子送达，并且未明确表示不同意电子送达的，可以视为同意电子送达。经告知当事人权利义务，并征得其同意，互联网法院可以电子送达裁判文书。当事人提出需要纸质版裁判文书的，互联网法院应当提供。

互联网法院进行电子送达，应当向当事人确认电子送达的具体方式和地址，并告知电子送达的适用范围、效力、送达地址变更方式以及其他需告知的送达事项。受送达人未提供有效电子送达地址的，互联网法院可以将能够确认为受送达人本人的近 3 个月内处于日常活跃状态的手机号码、电子邮箱、即时通信账号等常用电子地址作为优先送达地址。

四、国内其他地区电子商务纠纷的诉讼解决

根据《最高人民法院关于互联网法院审理案件若干问题的规定》，三家互联网法院的管辖范围分别限于法院所在地。至于国内其他地方所发生的电子商务纠纷，则根据电子商务的纠纷类型，按照《民事诉讼法》的一般规定确定管辖法院。电子商务纠纷的案件类型主要为合同纠纷、侵权纠纷。

（一）电子商务合同纠纷案件管辖权

《民事诉讼法》第 24 条规定，因合同纠纷提起的诉讼，由被告住所地或者合同履行地人民法院管辖。但该条只是初步确定了地域管辖，级别管辖问题并未得到解决。《最高人民法院关于调整高级人民法院和中级人民法院管辖第一审民事案件标准的通知》（法发［2019］14 号）依照诉讼标的对级别管辖进行了明确。中级人民法院管辖第一审民事案件的诉讼标的额上限原则上为 50 亿元（人民币）。高级人民法院管辖诉讼标的额 50 亿元（人民币）以上（包含本数）或者其他在本辖区有重大影响的第一审民事案件。

（二）电商侵权案件管辖权

《民事诉讼法》第 29 条规定，因侵权行为提起的诉讼，由侵权行为地或者被告住所地人民法院管辖。至于级别管辖问题，仍然参照《最高人民法院关于调整高级人民法院和中级人民法院管辖第一审民事案件标准的通知》（法发［2019］14 号）执行。

但由于网络侵权案件较为复杂，涉及大量的专业知识，因此其管辖具有一定的特殊性。《最高人民法院关于调整地方各级人民法院管辖第一审知识产权民事案件标准的通知》规定，除应当由最高人民法院指定具有一般知识产权民事案件管辖权的基层人民法院管辖的以外，均由中级人民法院管辖。

五、涉外电子商务纠纷的诉讼管辖

《最高人民法院关于适用〈中华人民共和国民事诉讼法〉的解释》（以下简称《民诉法解释》）第 520 条规定，“有下列情形之一，人民法院可以认定为涉外民事案件：（一）当事人一方或者双方是外国人、无国籍人、外国企业或者组织的；（二）当事人一方或者双方的经常居所地在中华人民共和国领域外的；（三）标的物在中华人民共和国领域外的；（四）产生、变更或者消灭民事关系的法律事实发生在中华人民共和国领域外的；（五）可以认定为涉外民事案件的其他情形。《民诉法解释》第 549 条规定，人民法院审理涉及香港、澳门特别行政区和台湾地区的民事诉讼案件，可以参照适用涉外民事诉讼程序的特别规定”。

（一）涉外电子商务的地域管辖

涉外电子商务纠纷有三种地域管辖模式：协议管辖、专属管辖和特殊地域

管辖。

(1) 协议管辖。《民诉法解释》第529条规定，涉外合同或者其他财产权益纠纷的当事人，可以书面协议选择被告住所地、合同履行地、合同签订地、原告住所地、标的物所在地、侵权行为地等与争议有实际联系地点的外国法院管辖。

(2) 专属管辖。根据《民事诉讼法》第34条和第273条规定，属于中华人民共和国法院专属管辖的案件，当事人不得协议选择外国法院管辖，但协议选择仲裁的除外。《民事诉讼法》第33条规定的专属管辖为：①因不动产纠纷提起的诉讼，由不动产所在地人民法院管辖；②因港口作业中发生纠纷提起的诉讼，由港口所在地人民法院管辖；③因继承遗产纠纷提起的诉讼，由被继承人死亡时住所地或者主要遗产所在地人民法院管辖。《民事诉讼法》第273条规定，因在中华人民共和国履行中外合资经营企业合同、中外合作经营企业合同、中外合作勘探开发自然资源合同发生纠纷提起的诉讼，由中华人民共和国人民法院管辖。

(3) 特殊地域管辖。《民事诉讼法》第272条规定，因合同纠纷或者其他财产权益纠纷，对在中华人民共和国领域内没有住所的被告提起的诉讼，如果合同在中华人民共和国领域内签订或者履行，或者诉讼标的物在中华人民共和国领域内，或者被告在中华人民共和国领域内有可供扣押的财产，或者被告在中华人民共和国领域内设有代表机构，可以由合同签订地、合同履行地、诉讼标的物所在地、可供扣押财产所在地、侵权行为地或者代表机构住所地人民法院管辖。

(二) 涉外电子商务的级别管辖

(1) 法院范围。根据《最高人民法院关于涉外民商事案件诉讼管辖若干问题的规定》，部分基层人民法院、部分中级人民法院，以及所有的高级人民法院对第一审涉外民商事案件拥有管辖权。具体而言：①国务院批准设立的经济技术开发区人民法院；②省会、自治区首府、直辖市所在地的中级人民法院；③经济特区、计划单列市中级人民法院；④最高人民法院指定的其他中级人民法院；⑤高级人民法院。上述中级人民法院的区域管辖范围由所在地的高级人民法院确定。

另外，根据我国《民事诉讼法》第19条规定，中级人民法院管辖重大涉外一审民事案件。《民诉法解释》第19条规定，所谓重大涉外案件，包括争议标的额大的案件、案情复杂的案件，或者一方当事人人数众多等具有重大影响的案件。这说明，非重大的涉外民商事案件仍由特定的基层人民法院管辖。

(2) 案件范围。只有下列涉外案件适用《最高人民法院关于涉外民商事案件诉讼管辖若干问题的规定》第三条限定了管辖的案件范围：①涉外合同和侵权纠纷案件；②信用证纠纷案件；③申请撤销、承认与强制执行国际仲裁裁决的案件；④审查有关涉外民商事仲裁条款效力的案件；⑤申请承认和强制执行外国法院民商事判决、裁定的案件。

发生在与外国接壤的边境省份的边境贸易纠纷案件，涉外房地产案件和涉外知识产权案件，不适用本规定。也即，与其他涉外民商事案件一样适用民事诉讼法第18条的规定。

第四节　电子证据

由于电子商务纠纷发生在电子商务平台上，证明案件事实的证据也主要基于电子商务平台产生，因而与传统的证据有着较为显著的差异。我国民事诉讼法意义上的证据包括八类（第63条）：（1）当事人的陈述；（2）书证；（3）物证；（4）视听资料；（5）电子数据；（6）证人证言；（7）鉴定意见；（8）勘验笔录。证据必须查证属实，才能作为认定事实的根据。电子数据即是电子证据。

一、电子证据概述

我国的证据分类并非基于严格的类型学或者逻辑体系，而是采取实用主义进路，以解决实务困境。尽管实务界对电子证据进行了最大努力的罗列，但难以追赶实践的急速变化。最高人民法院民诉法司法解释第116条将电子数据定义为，指通过电子邮件、电子数据交换、网上聊天记录、博客、微博客、手机短信、电子签名、域名等形成或者存储在电子介质中的信息。存储在电子介质中的录音资料和影像资料，适用电子数据的规定。这一定义从最宽泛的角度说明电子证据的内涵与外延。凡是可以“电子化”的数据均可称为电子证据。

在学界，“电子证据”的定义更是不一而足，大致有三种不同的观点。一种观点为电子数据论，凡是以电子数据表现出来的证据都是电子证据。电子证据是存储或转换为电子形式的数据，并且能够被用于证明某个案件事实。电子数据区别于其他证据形态的特点在于其“数据”的形态，从逻辑上看，与电子证据相对应的应当是非数据类形态的证据。另一种观点为电子特征论，也即从电子证据在信息系统的特征加以把握。电子证据难以做出精准的界定，应该从电子证据的系统性、稳定性和多元性原理进行理解。第三种为对比论，通过与传统证据的对比来把握电子证据。电子证据是一种证据种类，本身很难做出明确的定义。电子数据（电子证据）是一个概括性的统称，在此概念之下，其表现形式纷繁复杂，极具衍生性与扩展性。与传统的实物证据（如书证 、物证等）相比较，电子数据（电子证据）具有数字性、巨量性、隐蔽性、易变性、脆弱性和载体多样性等特点。

上述各观点分别从电子证据的外在表现形式、产生方式、存储环境、运行原理，以及与传统证据的区别等角度进行描述和界定。在诉讼中，凡是以电子介质呈现的证据就是电子证据吗？一份纸质合同被扫描为图片也可以成为电子证据吗？答案显然是否定的。

2016年，最高人民法院、最高人民检察院、公安部联合印发《关于办理刑事案件收集提取和审查判断电子数据若干问题的规定》（以下简称“两高一部”电子数据规定）对电子证据的内涵和外延做了更为具体详细的规定。电子数据是案件发生过程中形成的，以数字化形式存储、处理、传输的，能够证明案件事实的数据。这一定义表明，电子证据是指以电子方式表现的能够反映事实发展情况的材料。笔者认为，电子证据必须从两个方面予以界定：首先，电子证据必须是以电子介质的方式表现出来，人类感官无法直接读取，必须借助媒介工具才能获知的材料。其次，电子证据必须来源于事件过程，而不是事件发生后对相关材料的再电子化。所谓电子证据，就是在案件发生过程中生成的电子资料，这种电子资料本身能够反映某个事实的发生、发展。

二、电子证据的范围

《最高人民法院关于民事诉讼证据的若干规定》（以下简称证据规定）第十四条规定，电子数据包括下列信息、电子文件：（1）网页、博客、微博客等网络平台发布的信息；（2）手机短信、电子邮件、即时通信、通信群组等网络应用服务的通信信息；（3）用户注册信息、身份认证信息、电子交易记录、通信记录、登录日志等信息；（4）文档、图片、音频、视频、数字证书、计算机程序等电子文件；（5）其他以数字化形式存储、处理、传输的能够证明案件事实的信息。

三、电子证据的提交与收集

《民事诉讼法》第67条规定，当事人对自己提出的主张，有责任提供证据。当事人及其诉讼代理人因客观原因不能自行收集的证据，或者人民法院认为审理案件需要的证据，人民法院应当调查收集。人民法院应当按照法定程序，全面地、客观地审查核实证据。

（1）当事人自行提交证据。电子商务纠纷发生后，当事人本人是距离纠纷最近的人，在证据的收集上具有天然优势。《证据规定》第15条第2款规定，当事人以电子数据作为证据的，应当提供原件。电子数据的制作者制作的与原件一致的副本，或者直接来源于电子数据的打印件或其他可以显示、识别的输出介质，视为电子数据的原件。

（2）申请法院收集证据。《证据规定》第20条规定，当事人及其诉讼代理人申请人民法院调查收集证据，应当在举证期限届满前提交书面申请。申请书应当载明被调查人的姓名或者单位名称、住所地等基本情况、所要调查收集的证据名称或者内容、需要由人民法院调查收集证据的原因及其要证明的事实以及明确的线索。

人民法院调查收集视听资料、电子数据，应当要求被调查人提供原始载体。提供原始载体确有困难的，可以提供复制件。提供复制件的，人民法院应当在调查笔录中说明其来源和制作经过。人民法院调查收集可能需要鉴定的证据，应当遵守相关技术规范，确保证据不被污染。

四、电子证据的保全

《民事诉讼法》第 84 条规定，在证据可能灭失或者以后难以取得的情况下，当事人可以在诉讼过程中向人民法院申请保全证据，人民法院也可以主动采取保全措施。因情况紧急，在证据可能灭失或者以后难以取得的情况下，利害关系人可以在提起诉讼或者申请仲裁前向证据所在地、被申请人住所地或者对案件有管辖权的人民法院申请保全证据。

（1）保全的申请。当事人申请证据保全的，可以在举证期限届满前书面提出。根据民事证据规定第 25 条，当事人或者利害关系人根据民事诉讼法第 81 条的规定申请证据保全的，申请书应当载明需要保全的证据的基本情况、申请保全的理由以及采取何种保全措施等内容。

（2）保全的担保。证据保全可能对他人造成损失的，人民法院应当责令申请人提供相应的担保。申请证据保全错误造成财产损失，当事人请求申请人承担赔偿责任的，人民法院应予支持。

（3）保全措施。根据当事人的申请和具体情况，人民法院可以采取查封、扣押、录音、录像、复制、鉴定、勘验等方法进行证据保全，并制作笔录。

五、质证与证据的审查判断

证据应当在法庭上出示，由当事人互相质证。未经当事人质证的证据，不得作为认定案件事实的根据。涉及国家秘密、商业秘密、个人隐私或者法律规定应当保密的证据，不得公开质证。

（1）质证的范围。《民事诉讼法司法解释》第 104 条规定，人民法院应当组织当事人围绕证据的真实性、合法性以及与待证事实的关联性进行质证，并针对证据有无证明力和证明力大小进行说明和辩论。能够反映案件真实情况、与待证事实相关联、来源和形式符合法律规定的证据，应当作为认定案件事实的根据。

（2）证据的审查判断。《民事诉讼法》第 105 条规定，人民法院应当按照法定程序，全面、客观地审核证据，依照法律规定，运用逻辑推理和日常生活经验法则，对证据有无证明力和证明力大小进行判断，并公开判断的理由和结果。《证据规定》第 90 条规定，存有疑点的视听资料、电子数据不能单独作为认定案件事实的根据。

（3）电子数据的判断方式。《证据规定》第 93 条规定，人民法院对于电子数据的真实性，应当结合下列因素综合判断：①电子数据的生成、存储、传输所依赖的计算机系统的硬件、软件环境是否完整、可靠；②电子数据的生成、存储、传输所依赖的计算机系统的硬件、软件环境是否处于正常运行状态，或者不处于正常运行状态时对电子数据的生成、存储、传输是否有影响；③电子数据的生成、存储、传输所依赖的计算机系统的硬件、软件环境是否具备有效地防止出错的监测、核查手段；④电子数据是否被完整地保存、传输、提取，保存、传输、提取的方法是否可靠；⑤电子数据是否在正常的往来活动中形成和存储；⑥保存、传输、提取电子数据的主体是否适当；⑦影响电子数据完整性和可靠性的其他因素。人民法院认为有必要的，可以通过鉴定或者勘验等方法，审查判断电子数据的真实性。

（4）可以直接认定的电子证据。《证据规定》第94条规定，电子数据存在下列情形的，人民法院可以确认其真实性，但有足以反驳的相反证据的除外：①由当事人提交或者保管的于己不利的电子数据；②由记录和保存电子数据的中立第三方平台提供或者确认的；③在正常业务活动中形成的；④以档案管理方式保管的；⑤以当事人约定的方式保存、传输、提取的。电子数据的内容经公证机关公证的，人民法院应当确认其真实性，但有相反证据足以推翻的除外。

【案例阅读】

尚客圈（北京）文化传播有限公司诉为你读诗（北京）科技有限公司、首善（北京）文化产业有限公司擅自使用知名服务特有名称纠纷案①

案件事实：2013年6月，尚客圈（北京）文化传播有限公司（以下简称尚客圈公司）联合北京青年报社等发起“为你读诗”公益诗歌艺术活动；同时尚客圈公司创建微信公众号“为你读诗”，每天以配乐加朗读的形式推送一期读诗作品，同时以视频的形式展现所朗诵内容的字幕。另外，每期读诗作品中还配有图文，包括对诗歌及作者、朗诵者的介绍，所诵读诗歌的文字内容等。截至2014年9月16日，尚客圈公司共发布473期节目，诗歌朗读者含各行业精英与明星。因参与诗歌朗诵者的名人效应，自2013年7月至2014年9月，新华网、网易读书频道、光明网、北京青年报、人民日报海外版、新浪网、中国新闻网等媒体对参与朗诵诗歌者的朗诵活动以及微信公众号“为你读诗”进行了报道。截至本案起诉，微信公众号“为你读诗”的关注者数量显示已达136万余人，热门作品显示日均阅读和点播量超10万次。微信公众号“为你读诗”中作品在腾讯视频栏目下显示累积播放量超过1亿次。2014

① 参见最高人民法院发布第一批涉互联网典型案例［N］. 人民法院报，2018-08-17：4.

年9月16日，首善（北京）音乐创意有限公司在苹果应用商店推出为你读诗App，其于2015年6月23日更名为为你读诗（北京）科技有限公司（以下简称为你读诗公司）。2015年1月1日，首善（北京）文化产业有限公司（以下简称首善文化公司）创建名为"为你读诗官方客户端"的微信公众号。为你读诗App的功能包括诗歌朗诵录制、配音、上传分享及收听他人的诗歌朗诵作品。"为你读诗官方客户端"的微信公众号主要用于发布相关信息。尚客圈公司诉至法院，请求法院判令为你读诗公司立即撤销在苹果应用商店、安卓市场中发布的为你读诗App或停止在该App上使用为你读诗的名称、变更公司名称、不得在公司名称中使用为你读诗作为字号，变更为你读诗App软件的著作权登记名称、不得在软件著作权登记中将其软件名称登记为为你读诗；判令被告首善文化公司立即撤销微信公众号为你读诗客户端或停止在该公众号中使用为你读诗的名称、注销为你读诗客户端的新浪微博账号或停止在该新浪微博账号中使用为你读诗的名称；判令二被告立即停止擅自使用为你读诗名称的不正当竞争行为、赔偿经济损失。

北京市朝阳区人民法院做出（2015）朝民（知）初字第46540号民事判决：（一）被告为你读诗（北京）科技有限公司立即停止在其涉案手机软件名称上使用为你读诗字样；（二）被告为你读诗（北京）科技有限公司立即停止在其企业名称中使用为你读诗字样；（三）被告首善（北京）文化产业有限公司立即停止在其涉案微信公众号名称中使用为你读诗字样；（四）被告为你读诗（北京）科技有限公司、首善（北京）文化产业有限公司于本判决生效之日起七日内连带赔偿原告尚客圈（北京）文化传播有限公司损失人民币二十万元整；（五）驳回原告尚客圈（北京）文化传播有限公司其他诉讼请求。一审宣判后，为你读诗公司和首善文化公司提出上诉。北京知识产权法院作出（2016）京73民终75号民事判决：驳回上诉，维持原判。

法院观点：法院生效判决认为，首先，为你读诗公司、首善文化公司与尚客圈公司具有竞争关系。为你读诗公司、首善文化公司与尚客圈公司提供的服务都是以移动客户端如手机为载体，服务对象都是移动平台用户，服务内容都是与诗歌有关的主题，故为你读诗公司和首善文化公司与尚客圈公司提供的是类似的服务，构成竞争关系，应受反不正当竞争法的调整。其次，尚客圈公司的微信公众号"为你读诗"构成知名服务特有的名称。根据查明的事实可以认定在被控侵权行为发生时，尚客圈公司的"为你读诗"微信公众号服务在我国已具有一定的市场知名度，属于相关公众所知悉的服务。最后，为你读诗公司和首善文化公司的被诉行为构成不正当竞争。根据相关法律规定，所述混淆或误认是指发生混淆或者误认的可能性，而不需要实际发生混淆或误认，且不以实际发生损害后果为前提。为你读诗 App 和“为你读诗”微信公众号的名称完全相同，二者均是以移动客户端如手机为载体，且“为你读诗”微信公众号提供的核心服务为朗诵诗歌供订阅者收听，可完全被为你读诗 App 提供的服务所涵盖，上述情形使得相关公众在接受为你读诗 App、“为你读诗官方客户端”微信公众号的服务时，容易认为该服务系由尚客圈公司提供，从而产生混淆或误认。

◎ 思考与讨论

1. 电子商务纠纷发生后，都有哪些解决方式？

2. 电子商务平台在纠纷解决中的作用是什么？

3. 简述互联网法院的诉讼流程。

4. 涉外电子商务纠纷诉讼的地域管辖方式是什么？

5. 试比较民诉法司法解释和“两高一部”电子数据规定关于电子证据（电子数据）的概念，谈谈哪种定义更合理？

第十章 电子商务行政监管

【学习目的】

了解电子商务消费者权益保护、电子商务经营者不正当竞争行为的监管、产品质量监管机制、消费者个人信息安全的监管机制以及电子商务行政监管的制度。

【知识结构】

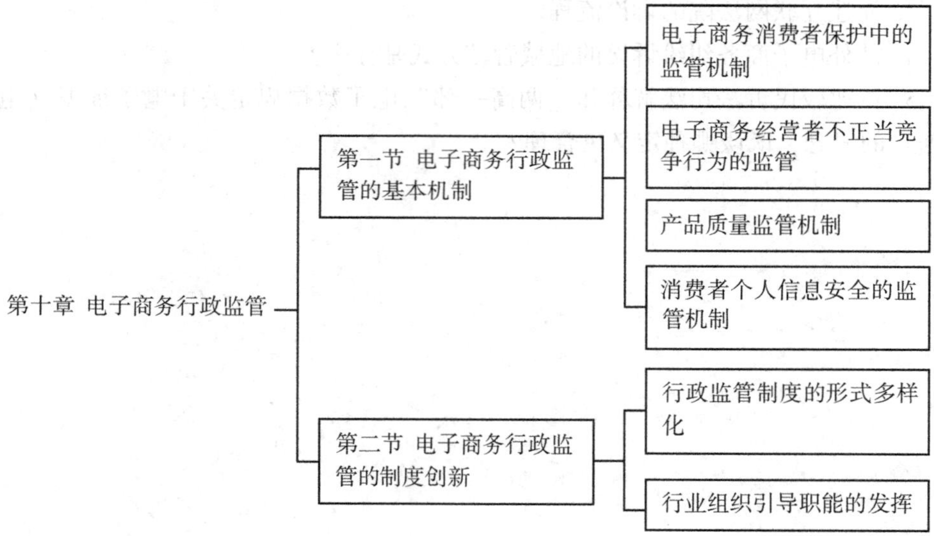

【导语】

电子商务不仅关乎平等的消费者与经营者间的人身与财产关系，还关系到不特定公众生命健康财产安全等公共利益。由此电子商务活动不仅是民法调整对象，也是行政法的调整对象。在行政法律关系当中，行政监管者对于电子商务活动者的行为起着监管作用。行政监管是行政管理活动的一个重要组成部分。为保证行政监管的合法性和有效性，行政主体需遵循如下原则：第一，合法性原则。行政监管者行为合法，这是其主体从事行政监管的必要条件。这种合法性主要体现在行政监管主体的合法。第二，经常性原则。行政监管作为行政主体经常从事的活动，存在于电子商务的全过程。第三，合理性原则。作为具体行政行为的一种，对于电子商务经营者的行政监管应当具有合理性，属于实质行政法治的范畴，尤其适用于裁量性行政活动。其中最低限度的理性，是指行政决定应当具有一个有正常理智的普通人所能达到的合理与适当，并且能够符合科学公理和社会公德。第四，平等性原则。依法对电子商务活动者进行监督，法律面前一律平等，是社会主义行政监管的基础。不论是电子商务经营者还是平台经营者，在接受监管时权利、义务一律对等，不存在不受监管的特权。

第一节　电子商务行政监管的基本机制

课程思政主题：坚守法治信仰，提升电子商务行政监管能力，助力网络强国建设

案例主题：以虚假流量案件为例探讨电子商务监管与法治意识的培养

一、电子商务消费者权益保护中的监管机制

根据《中华人民共和国消费者权益保护法》等法律规范，国家监管电子商务经营者的行为来保护消费者权益时，既应当遵循法律、法规、规章和强制性标准，又应当听取消费者和消费者协会等组织的意见。各级人民政府应当加强领导，组织、协调、督促有关行政部门做好保护消费者合法权益的工作，落实保护消费者合法权益的职责。各级人民政府应当加强监督，预防危害消费者人身、财产安全行为的发生，及时制止危害消费者人身、财产安全的行为。各级人民政府工商行政管理部门和其他有关行政部门应当依照法律、法规的规定，在各自的职责范围内，采取措施，保护消费者的合法权益。有关行政部门应当听取消费者和消费者协会等组织对经营者交易行为、商品和服务质量问题的意见，及时调查处理。

为确保电子商务经营者提供的产品符合人身财产安全标准，有关行政部门在各自的职责范围内，应当定期或者不定期对经营者提供的商品和服务进行抽查检验，并及时向社会公布抽查检验结果。有关行政部门发现并认定经营者提供的商品或者服务存在缺陷，有危及人身、财产安全危险的，应当立即责令经营者采取停止销售、警示、召回、无害化处理、销毁、停止生产或者服务等措施。有关国家机关应当依照法律、法规的规定，惩处经营者在提供商品和服务中侵害消费者合法权益的违法犯罪行为。

人民法院应当采取措施，方便消费者提起诉讼。对符合《中华人民共和国民事诉讼法》起诉条件的消费者权益争议，必须受理，及时审理。经营者提供商品或者服务有下列情形之一的，应当依照其他有关法律、法规的规定，承担民事责任：（1）商品或者服务存在缺陷的；（2）不具备商品应当具备的使用性能而出售时未做说明的；（3）不符合在商品或者其包装上注明采用的商品标准的；（4）不符合商品说明、实物样品等方式表明的质量状况的；（5）生产国家明令淘汰的商品或者销售失效、变质的商品的；（6）销售的商品数量不足的；（7）服务的内容和费用违反约定的；（8）对消费者提出的修理、重作、更换、退货、补足商品数量、退还货款和服务费用或者赔偿损失的要求，故意拖延或者无理拒绝的；（9）法律、法规规定的其他损害消费者权益的情形。经营者对消费者未尽到安全保障义务，造成消费者损害的，应当承担侵权责任。

电子商务经营者提供商品或者服务，造成消费者或者其他受害人人身伤害的，应当赔偿医疗费、护理费、交通费等为治疗和康复支出的合理费用，以及因误工减少的收入；造成残疾的，还应当赔偿残疾生活辅助费和残疾赔偿金；造成死亡的，还应当赔偿丧葬费和死亡赔偿金。经营者侵害消费者的人格尊严、侵犯消费者人身自由或者侵害消费者个人信息依法得到保护的权利的，应当停止侵害、恢复名誉、消除影响、赔礼道歉，并赔偿损失。经营者有侮辱诽谤、搜查身体、侵犯人身自由等侵害消费者或者其他受害人人身权益的行为，造成严重精神损害的，受害人可以要求精神损害赔偿。经营者提供商品或者服务，造成消费者财产损害的，应当依照法律规定或者当事人约定承担修理、重作、更换、退货、补足商品数量、退还货款和服务费用或者赔偿损失等民事责任。

国家对于电子商务经营者的监管还存在于交易环节中。经营者以预收款方式提供商品或者服务的，应当按照约定提供。未按照约定提供的，应当按照消费者的要求履行约定或者退回预付款；并应当承担预付款的利息、消费者必须支付的合理费用。依法经有关行政部门认定为不合格的商品，消费者要求退货的，经营者应当负责退货。经营者提供商品或者服务有欺诈行为的，应当按照消费者的要求增加赔偿其受到的损失，增加赔偿的金额为消费者购买商品的价款或者接受服务的费用的三倍；增加赔偿的金额不足五百元的，为五百元。法律另有规定的，依照其规定。经营者明知商品或者服务存在缺陷，仍然向消费者提供，造成消费者或者其他受害人死亡或者健康严重损害的，受害人有权要求经营者依照《中华人民共和国消费者权益保护法》第49条、第51条等法律规定赔偿损失，并有权要求所受损失二倍以下的惩罚性赔偿。

经营者有下列情形之一，除承担相应的民事责任外，其他有关法律、法规对处罚机关和处罚方式有规定的，依照法律、法规的规定执行；法律、法规未做规定的，由工商行政管理部门或者其他有关行政部门责令改正，可以根据情节单处或者并处警告、没收违法所得、处以违法所得一倍以上十倍以下的罚款，没有违法所得的，处以五十万元以下的罚款；情节严重的，责令停业整顿、吊销营业执照：（1）提供的商品或者服务不符合保障人身、财产安全要求的；（2）在商品中掺杂、掺假，以假充真，以次充好，或者以不合格商品冒充合格商品的；（3）生产国家明令淘汰的商品或者销售失效、变质的商品的；（4）伪造商品的产地，伪造或者冒用他人的厂名、厂址，篡改生产日期，伪造或者冒用认证标志等质量标志的；（5）销售的商品应当检验、检疫而未检验、检疫或者伪造检验、检疫结果的；（6）对商品或者服务做虚假或者引人误解的宣传的；（7）拒绝或者拖延有关行政部门责令对缺陷商品或者服务采取停止销售、警示、召回、无害化处理、销毁、停止生产或者服务等措施的；（8）对消费者提出的修理、重作、更换、退货、补足商品数量、退还货款和服务费用或者赔偿损失的要求，故意拖延或者无理拒绝的；（9）侵害消费者人格尊严、侵犯消费者人身自由或者侵害消费者个人信息依法得到保护的权利的；（10）法律、法规规定的对损害消费者权益应当予以处罚的其他情形。为保护消费者的知情权，经营者有前款规定情形的，除依照法律、法规规定予以处罚外，处罚机关应当记入信用档案，向社会公布。

经营者违反法律规定提供商品或者服务，侵害消费者合法权益，构成犯罪的，依法追究刑事责任。经营者违反法律规定，应当承担民事赔偿责任和缴纳罚款、罚金，其财产不足以同时支付的，先承担民事赔偿责任。经营者对行政处罚决定不服的，可以依法申请行政复议或者提起行政诉讼。以暴力、威胁等方法阻碍有关行政部门工作人员依法执行职务的，依法追究刑事责任；拒绝、阻碍有关行政部门工作人员依法执行职务，未使用暴力、威胁方法的，由公安机关依照《中华人民共和国治安管理处罚法》的规定处罚。国家机关工作人员玩忽职守或者包庇经营者侵害消费者合法权益的行为的，由其所在单位或者上级机关给予行政处分；情节严重，构成犯罪的，依法追究刑事责任。

二、电子商务经营者不正当竞争行为的监管

根据《中华人民共和国反不正当竞争法》与《中华人民共和国反垄断法》等规范，电子商务经营者因获取利润，可能违反公平竞争原则扰乱市场竞争秩序甚至导致垄断。对此监督检查部门调查涉嫌不正当竞争行为，可以采取下列措施：（1）进入涉嫌不正当竞争行为的经营场所进行检查；（2）询问被调查的经营者、利害关系人及其他有关单位、个人，要求其说明有关情况或者提供与被调查行为有关的其他资料；（3）查询、复制与涉嫌不正当竞争行为有关的协议、账簿、单据、文件、记录、业务函电和其他资料；（4）查封、扣押与涉嫌不正当竞争行为有关的财物；（5）查询涉嫌不正当竞争行为的经营者的银行账户。采取前款规定的措施，应当向监督检查部门主要负责人书面报告，并经批准。采取前款第四项、第五项规

定的措施，应当向设区的市级以上人民政府监督检查部门主要负责人书面报告，并经批准。监督检查部门调查涉嫌不正当竞争行为，应当遵守《中华人民共和国行政强制法》和其他有关法律、行政法规的规定，并应当将查处结果及时向社会公开。

监督检查部门调查涉嫌不正当竞争行为，被调查的经营者、利害关系人及其他有关单位、个人应当如实提供有关资料或者情况。监督检查部门及其工作人员对调查过程中知悉的商业秘密负有保密义务。对涉嫌不正当竞争行为，任何单位和个人有权向监督检查部门举报，监督检查部门接到举报后应当依法及时处理。监督检查部门应当向社会公开受理举报的电话、信箱或者电子邮件地址，并为举报人保密。对实名举报并提供相关事实和证据的，监督检查部门应当将处理结果告知举报人。

电子商务经营者违反该法规定，给他人造成损害的，应当依法承担民事责任。经营者的合法权益受到不正当竞争行为损害的，可以向人民法院提起诉讼。因不正当竞争行为受到损害的经营者的赔偿数额，按照其因被侵权所受到的实际损失确定；实际损失难以计算的，按照侵权人因侵权所获得的利益确定。经营者恶意实施侵犯商业秘密行为，情节严重的，可以在按照上述方法确定数额的一倍以上五倍以下确定赔偿数额。赔偿数额还应当包括经营者为制止侵权行为所支付的合理开支。经营者违反《中华人民共和国反不正当竞争法》第 6 条、第 9 条规定，权利人因被侵权所受到的实际损失、侵权人因侵权所获得的利益难以确定的，由人民法院根据侵权行为的情节判决给予权利人五百万元以下的赔偿。

经营者违反《中华人民共和国反不正当竞争法》第 6 条规定实施混淆行为的，由监督检查部门责令停止违法行为，没收违法商品。违法经营额五万元以上的，可以并处违法经营额五倍以下的罚款；没有违法经营额或者违法经营额不足五万元的，可以并处二十五万元以下的罚款。情节严重的，吊销营业执照。经营者登记的企业名称违反该法第 6 条规定的，应当及时办理名称变更登记；名称变更前，由原企业登记机关以统一社会信用代码代替其名称。经营者违反该法第 7 条规定贿赂他人的，由监督检查部门没收违法所得，处十万元以上三百万元以下的罚款。情节严重的，吊销营业执照。

经营者违反《中华人民共和国反不正当竞争法》第 8 条规定对其商品作虚假或者引人误解的商业宣传，或者通过组织虚假交易等方式帮助其他经营者进行虚假或者引人误解的商业宣传的，由监督检查部门责令停止违法行为，处二十万元以上一百万元以下的罚款；情节严重的，处一百万元以上二百万元以下的罚款，可以吊销营业执照。经营者违反该法第 8 条规定，属于发布虚假广告的，依照《中华人民共和国广告法》的规定处罚。

经营者以及其他自然人、法人和非法人组织违反《中华人民共和国反不正当竞争法》第 9 条规定侵犯商业秘密的，由监督检查部门责令停止违法行为，没收违法所得，处十万元以上一百万元以下的罚款；情节严重的，处五十万元以上五百万元以下的罚款。经营者违反该法第十条规定进行有奖销售的，由监督检查部门责令停止违法行为，处五万元以上五十万元以下的罚款。经营者违反该法第十一条规定损害竞争对手商业信誉、商品声誉的，由监督检查部门责令停止违法行为、消除影响，处十万元以上五十万元以下的罚款；情节严重的，处五十万元以上三百万元以下的罚款。经营者违反该法第十二条规定妨碍、破坏其他经营者合法提供的网络产品或者服务正常运行的，由监督检查部门责令停止违法行为，处十万元以上五十万元以下的罚款；情节严重的，处五十万元以上三百万元以下的罚款。经营者违反该法规定从事不正当竞争，有主动消除或者减轻违法行为危害后果等法定情形的，依法从轻或者减轻行政处罚；违法行为轻微并及时纠正，没有造成危害后果的，不予行政处罚。

经营者违反《中华人民共和国反不正当竞争法》规定从事不正当竞争，受到行政处罚的，由监督检查部门记入信用记录，并依照有关法律、行政法规的规定予以公示。经营者违反该法规定，应当承担民事责任、行政责任和刑事责任，其财产不足以支付的，优先用于承担民事责任。妨害监督检查部门依照该法履行职责，拒绝、阻碍调查的，由监督检查部门责令改正，对个人可以处五千元以下的罚款，对单位可以处五万元以下的罚款，并可以由公安机关依法给予治安管理处罚。当事人对监督检查部门作出的决定不服的，可以依法申请行政复议或者提起行政诉讼。监督检查部门的工作人员滥用职权、玩忽职守、徇私舞弊或者泄露调查过程中知悉的商业秘密的，依法给予处分。

"举证之所在，败诉之所在。"不论在电子商务执法还是司法中，对于相关不正当竞争及垄断行为的举证都至关重要。由此根据《中华人民共和国反不正当竞争法》等规定，在侵犯商业秘密的民事审判程序中，商业秘密权利人提供初步证据，证明其已经对所主张的商业秘密采取保密措施，且合理表明商业秘密被侵犯，涉嫌侵权人应当证明权利人所主张的商业秘密不属于该法规定的商业秘密。商业秘密权利人提供初步证据合理表明商业秘密被侵犯，且提供以下证据之一的，涉嫌侵权人应当证明其不存在侵犯商业秘密的行为：（1）有证据表明涉嫌侵权人有渠道或者机会获取商业秘密，且其使用的信息与该商业秘密实质上相同；（2）有证据表明商业秘密已经被涉嫌侵权人披露、使用或者有被披露、使用的风险；（3）有他证据表明商业秘密被涉嫌侵权人侵犯。

三、产品质量监管机制

电子商务法律关系的客体主要包括产品与服务，其中产品与消费者的人身财产关系最为密切。近年来，产品领域的公害案件频发。对此我国于 2018 年修订了《中华人民共和国产品质量法》，该法对于电子商务领域的产品质量监管问题做了规定。根据该法第12条，产品质量应当检验合格，不得以不合格产品冒充合格产品。可能危及人体健康和人身、财产安全的工业产品，必须符合保障人体健康和人身、财产安全的国家标准、行业标准；未制定国家标准、行业标准的，必须符合保障人体健康和人身、财产安全的要求。禁止生产、销售不符合保障人体健康和人身、财产安全的标准和要求的工业产品。具体管理办法由国务院规定。国家根据国际通用的质量管理标准，推行企业质量体系认证制度。企业根据自愿原则可以向国务院市场监督管理部门认可的或者国务院市场监督管理部门授权的部门认可的认证机构申请企业质量体系认证。经认证合格的，由认证机构颁发企业质量体系认证证书。国家参照国际先进的产品标准和技术要求，推行产品质量认证制度。企业根据自愿原则可以向国务院市场监督管理部门认可的或者国务院市场监督管理部门授权的部门认可的认证机构申请产品质量认证。经认证合格的，由认证机构颁发产品质量认证证书，准许企业在产品或者其包装上使用产品质量认证标志。

国家对产品质量实行以抽查为主要方式的监督检查制度，对可能危及人体健康和人身、财产安全的产品，影响国计民生的重要工业产品以及消费者、有关组织反映有质量问题的产品进行抽查。抽查的样品应当在市场上或者企业成品仓库内的待销产品中随机抽取。监督抽查工作由国务院市场监督管理部门规划和组织。县级以上地方市场监督管理部门在本行政区域内也可以组织监督抽查。法律对产品质量的监督检查另有规定的，依照有关法律的规定执行。国家监督抽查的产品，地方不得另行重复抽查；上级监督抽查的产品，下级不得另行重复抽查。根据监督抽查的需要，可以对产品进行检验。检验抽取样品的数量不得超过检验的合理需要，并不得向被检查人收取检验费用。监督抽查所需检验费用按照国务院规定列支。生产者、销售者对抽查检验的结果有异议的，可以自收到检验结果之日起十五日内向实施监督抽查的市场监督管理部门或者其上级市场监督管理部门申请复检，由受理复检的市场监督管理部门作出复检结论。对依法进行的产品质量监督检查，生产者、销售者不得拒绝。依照《中华人民共和国产品质量法》规定进行监督抽查的产品质量不合格的，由实施监督抽查的市场监督管理部门责令其生产者、销售者限期改正。逾期不改正的，由省级以上人民政府市场监督管理部门予以公告；公告后经复查仍不合格的，责令停业，限期整顿；整顿期满后经复查产品质量仍不合格的，吊销营业执照。监督抽查的产品有严重质量问题的，依照该法第五章的有关规定处罚。

县级以上市场监督管理部门根据已经取得的违法嫌疑证据或者举报，对涉嫌违反该法规定的行为进行查处时，可以行使下列职权：（1）对当事人涉嫌从事违反该法的生产、销售活动的场所实施现场检查；（2）向当事人的法定代表人、主要负责人和其他有关人员调查、了解与涉嫌从事违反该法的生产、销售活动有关的情况；（3）查阅、复制当事人有关的合同、发票、账簿以及其他有关资料；（4）对有根据认为不符合保障人体健康和人身、财产安全的国家标准、行业标准的产品或者有其他严重质量问题的产品，以及直接用于生产、销售该项产品的原辅材料、包装物、生产工具，予以查封或者扣押。产品质量检验机构必须具备相应的检测条件和能力，经省级以上人民政府市场监督管理部门或者其授权的部门考核合格后，方可承担产品质量检验工作。法律、行政法规对产品质量检验机构另有规定的，依照有关法律、行政法规的规定执行。从事产品质量检验、认证的社会中介机构必须依法设立，不得与行政机关和其他国家机关存在隶属关系或者其他利益关系。产品质量检验机构、认证机构必须依法按照有关标准，客观、公正地出具检验结果或者认证证明。产品质量认证机构应当依照国家规定对准许使用认证标志的产品进行认证后的跟踪检查；对不符合认证标准而使用认证标志的，要求其改正；情节严重的，取消其使用认证标志的资格。消费者有权就产品质量问题，向产品的生产者、销售者查询；向市场监督管理部门及有关部门申诉，接受申诉的部门应当负责处理。

为强化产品质量监管中的消费者权益保护，保护消费者权益的社会组织可以就消费者反映的产品质量问题建议有关部门负责处理，支持消费者对因产品质量造成的损害向人民法院起诉。国务院和省、自治区、直辖市人民政府的市场监督管理部门应当定期发布其监督抽查的产品的质量状况公告。市场监督管理部门或者其他国家机关以及产品质量检验机构不得向社会推荐生产者的产品；不得以对产品进行监制、监销等方式参与产品经营活动。生产、销售不符合保障人体健康和人身、财产安全的国家标准、行业标准的产品的，责令停止生产、销售，没收违法生产、销售的产品，并处违法生产、销售产品（包括已售出和未售出的产品，下同）货值金额等值以上三倍以下的罚款；有违法所得的，并处没收违法所得；情节严重的，吊销营业执照；构成犯罪的，依法追究刑事责任。在产品中掺杂、掺假，以假充真，以次充好，或者以不合格产品冒充合格产品的，责令停止生产、销售，没收违法生产、销售的产品，并处违法生产、销售产品货值金额百分之五十以上三倍以下的罚款；有违法所得的，并处没收违法所得；情节严重的，吊销营业执照；构成犯罪的，依法追究刑事责任。

根据《中华人民共和国产品质量法》等法律规范，生产国家明令淘汰的产品的，销售国家明令淘汰并停止销售的产品的，责令停止生产、销售，没收违法生产、销售的产品，并处违法生产、销售产品货值金额等值以下的罚款；有违法所得的，并处没收违法所得；情节严重的，吊销营业执照。销售失效、变质的产品的，责令停止销售，没收违法销售的产品，并处违法销售产品货值金额两倍以下的罚款；有违法所得的，并处没收违法所得；情节严重的，吊销营业执照；构成犯罪的，依法追究刑事责任。伪造产品产地的，伪造或者冒用他人厂名、厂址的，伪造或者冒用认证标志等质量标志的，责令改正，没收违法生产、销售的产品，并处违法生产、销售产品货值金额等值以下的罚款；有违法所得的，并处没收违法所得；情节严重的，吊销营业执照。产品标识不符合该法第27条规定的，责令改正；有包装的产品标识不符合该法第27条第（4）项、第（5）项规定，情节严重的，责令停止生产、销售，并处违法生产、销售产品货值金额百分之三十以下的罚款；有违法所得的，并处没收违法所得。销售者销售该法第49条至第53条规定禁止销售的产品，有充分证据证明其不知道该产品为禁止销售的产品并如实说明其进货来源的，可以从轻或者减轻处罚。拒绝接受依法进行的产品质量监督检查的，给予警告，责令改正；拒不改正的，责令停业整顿；情节特别严重的，吊销营业执照。

根据《中华人民共和国产品质量法》，产品质量检验机构、认证机构伪造检验结果或者出具虚假证明的，责令改正，对单位处五万元以上十万元以下的罚款，对直接负责的主管人员和其他直接责任人员处一万元以上五万元以下的罚款；有违法所得的，并处没收违法所得；情节严重的，取消其检验资格、认证资格；构成犯罪的，依法追究刑事责任。产品质量检验机构、认证机构出具的检验结果或者证明不实，造成损失的，应当承担相应的赔偿责任；造成重大损失的，撤销其检验资格、认证资格。产品质量认证机构违反该法第21条第2款的规定，对不符合认证标准而使用认证标志的产品，未依法要求其改正或者取消其使用认证标志资格的，对因产品不符合认证标准给消费者造成的损失，与产品的生产者、销售者承担连带责任；情节严重的，撤销其认证资格。社会团体、社会中介机构对产品质量作出承诺、保证，而该产品又不符合其承诺、保证的质量要求，给消费者造成损失的，与产品的生产者、销售者承担连带责任。在广告中对产品质量做虚假宣传，欺骗和误导消费者的，依照《中华人民共和国广告法》的规定追究法律责任。对生产者专门用于生产该法第四十九条、第五十一条所列的产品或者以假充真的产品的原辅材料、包装物、生产工具，应当予以没收。

根据《中华人民共和国产品质量法》，电子商务经营者知道或者应当知道属于该法规定禁止生产、销售的产品而为其提供运输、保管、仓储等便利条件的，或者为以假充真的产品提供制假生产技术的，没收全部运输、保管、仓储或者提供制假生产技术的收入，并处违法收入百分之五十以上三倍以下的罚款；构成犯罪的，依法追究刑事责任。服务业的经营者将该法第49条至第52条规定禁止销售的产品用于经营性服务的，责令停止使用；对知道或者应当知道所使用的产品属于该法规定禁止销售的产品的，按照违法使用的产品（包括已使用和尚未使用的产品）的货值金额，依照该法对销售者的处罚规定处罚。隐匿、转移、变卖、损毁被市场监督管理部门查封、扣押的物品的，处被隐匿、转移、变卖、损毁物品货值金额等值以上三倍以下的罚款；有违法所得的，并处没收违法所得。与此同时，违反该法规定，应当承担民事赔偿责任和缴纳罚款、罚金，其财产不足以同时支付时，先承担民事赔偿责任。各级人民政府工作人员和其他国家机关工作人员有下列情形之一的，依法给予行政处分；构成犯罪的，依法追究刑事责任：（1）包庇、放纵产品生产、销售中违反该法规定行为的；（2）向从事违反该法规定的生产、销售活动的当事人通风报信，帮助其逃避查处的；（3）阻挠、干预市场监督管理部门依法对产品生产、销售中违反该法规定的行为进行查处，造成严重后果的。市场监督管理部门在产品质量监督抽查中超过规定的数量索取样品或者向被检查人收取检验费用的，由上级市场监督管理部门或者监察机关责令退还；情节严重的，对直接负责的主管人员和其他直接责任人员依法给予行政处分。

市场监督管理部门或者其他国家机关违反《中华人民共和国产品质量法》第25条的规定，向社会推荐生产者的产品或者以监制、监销等方式参与产品经营活动的，由其上级机关或者监察机关责令改正，消除影响，有违法收入的予以没收；情节严重的，对直接负责的主管人员和其他直接责任人员依法给予行政处分。产品质量检验机构有前款所列违法行为的，由市场监督管理部门责令改正，消除影响，有违法收入的予以没收，可以并处违法收入一倍以下的罚款；情节严重的，撤销其质量检验资格。市场监督管理部门的工作人员滥用职权、玩忽职守、徇私舞弊，构成犯罪的，依法追究刑事责任；尚不构成犯罪的，依法给予行政处分。以暴力、威胁方法阻碍市场监督管理部门的工作人员依法执行职务的，依法追究刑事责任；拒绝、阻碍未使用暴力、威胁方法的，由公安机关依照治安管理处罚法的规定处罚。对依照该法规定没收的产品，依照国家有关规定进行销毁或者采取其他方式处理。

四、消费者个人信息安全的监管机制

电子商务环境下，消费者个人信息安全不仅关乎消费者的隐私人格权益保护，还维系着市场的正常秩序。对于消费者个人信息安全的监管问题，《中华人民共和国网络安全法》等规范做了详细规定。根据该法，国家实行网络安全等级保护制度。网络运营者（包括电子商务平台运营者）应当按照网络安全等级保护制度的要求，履行下列安全保护义务，保障网络免受干扰、破坏或者未经授权的访问，防止网络数据泄露或者被窃取、篡改：（1）制定内部安全管理制度和操作规程，确定网络安全负责人，落实网络安全保护责任；（2）采取防范计算机病毒和网络攻击、网络侵入等危害网络安全行为的技术措施；（3）采取监测、记录网络运行状态、网络安全事件的技术措施，并按照规定留存相关的网络日志不少于六个月；（4）采取数据分类、重要数据备份和加密等措施；（5）法律、行政法规规定的其他义务。网络产品、服务应当符合相关国家标准的强制性要求。网络产品、服务的提供者不得设置恶意程序；发现其网络产品、服务存在安全缺陷、漏洞等风险时，应当立即采取补救措施，按照规定及时告知用户并向有关主管部门报告。网络产品、服务的提供者应当为其产品、服务持续提供安全维护；在规定或者当事人约定的期限内，不得终止提供安全维护。网络产品、服务具有收集用户信息功能的，其提供者应当向用户明示并取得同意；涉及用户个人信息的，还应当遵守该法和有关法律、行政法规关于个人信息保护的规定。

网络关键设备和网络安全专用产品应当按照相关国家标准的强制性要求，由具备资格的机构安全认证合格或者安全检测符合要求后，方可销售或者提供。国家网信部门会同国务院有关部门制定、公布网络关键设备和网络安全专用产品目录，并推动安全认证和安全检测结果互认，避免重复认证、检测。网络运营者为用户办理网络接入、域名注册服务，办理固定电话、移动电话等入网手续，或者为用户提供信息发布、即时通信等服务，在与用户签订协议或者确认提供服务时，应当要求用户提供真实身份信息。用户不提供真实身份信息的，网络运营者不得为其提供相关服务。国家实施网络可信身份战略，支持研究开发安全、方便的电子身份认证技术，推动不同电子身份认证之间的互认。网络运营者应当制定网络安全事件应急预案，及时处置系统漏洞、计算机病毒、网络攻击、网络侵入等安全风险；在发生危害网络安全的事件时，立即启动应急预案，采取相应的补救措施，并按照规定向有关主管部门报告。开展网络安全认证、检测、风险评估等活动，向社会发布系统漏洞、计算机病毒、网络攻击、网络侵入等网络安全信息，应当遵守国家有关规定。任何个人和组织不得从事非法侵入他人网络、干扰他人网络正常功能、窃取网络数据等危害网络安全的活动；不得提供专门用于从事侵入网络、干扰网络正常功能及防护措施、窃取网络数据等危害网络安全活动的程序、工具；明知他人从事危害网络安全的活动的，不得为其提供技术支持、广告推广、支付结算等帮助。网络运营者应当为公安机关、国家安全机关依法维护国家安全和侦查犯罪的活动提供技术支持和协助。

根据《中华人民共和国网络安全法》，国家支持网络运营者之间在网络安全信息收集、分析、通报和应急处置等方面进行合作，提高网络运营者的安全保障能力。有关行业组织建立健全本行业的网络安全保护规范和协作机制，加强对网络安全风险的分析评估，定期向会员进行风险警示，支持、协助会员应对网络安全风险。网信部门和有关部门在履行网络安全保护职责中获取的信息，只能用于维护网络安全的需要，不得用于其他用途。国家对公共通信和信息服务、能源、交通、水利、金融、公共服务、电子政务等重要行业和领域，以及其他一旦遭到破坏、丧失功能或者数据泄露，可能严重危害国家安全、国计民生、公共利益的关键信息基础设施，在网络安全等级保护制度的基础上，实行重点保护。关键信息基础设施的具体范围和安全保护办法由国务院制定。国家鼓励关键信息基础设施以外的网络运营者自愿参与关键信息基础设施保护体系。按照国务院规定的职责分工，负责关键信息基础设施安全保护工作的部门分别编制并组织实施本行业、本领域的关键信息基础设施安全规划，指导和监督关键信息基础设施运行安全保护工作。建设关键信息基础设施应当确保其具有支持业务稳定、持续运行的性能，并保证安全技术措施同步规划、同步建设、同步使用。

根据《中华人民共和国网络安全法》第 21 条等规范，关键信息基础设施的运营者应当履行下列安全保护义务：（1）设置专门安全管理机构和安全管理负责人，并对该负责人和关键岗位的人员进行安全背景审查；（2）定期对从业人员进行网络安全教育、技术培训和技能考核；（3）对重要系统和数据库进行容灾备份；（4）制定网络安全事件应急预案，并定期进行演练；（5）法律、行政法规规定的其他义务。关键信息基础设施的运营者采购网络产品和服务，可能影响国家安全的，应当通过国家网信部门会同国务院有关部门组织的国家安全审查。关键信息基础设施的运营者采购网络产品和服务，应当按照规定与提供者签订安全保密协议，明确安全和保密义务与责任。关键信息基础设施的运营者在中华人民共和国境内运营中收集和产生的个人信息和重要数据应当在境内存储。因业务需要，确需向境外提供的，应当按照国家网信部门会同国务院有关部门制定的办法进行安全评估；法律、行政法规另有规定的，依照其规定。关键信息基础设施的运营者应当自行或者委托网络安全服务机构对其网络的安全性和可能存在的风险每年至少进行一次检测评估，并将检测评估情况和改进措施报送相关负责关键信息基础设施安全保护工作的部门。国家网信部门应当统筹协调有关部门对关键信息基础设施的安全保护采取下列措施：（1）对关键信息基础设施的安全风险进行抽查检测，提出改进措施，必要时可以委托网络安全服务机构对网络存在的安全风险进行检测评估；（2）定期组织关键信息基础设施的运营者进行网络安全应急演练，提高应对网络安全事件的水平和协同配合能力；（3）促进有关部门、关键信息基础设施的运营者以及有关研究机构、网络安全服务机构等之间的网络安全信息共享；（4）对网络安全事件的应急处置与网络功能的恢复等，提供技术支持和协助。

为了维护消费者个人信息的安全，《中华人民共和国网络安全法》规定，网络运营者应当对其收集的用户信息严格保密，并建立健全用户信息保护制度。网络运营者收集、使用个人信息，应当遵循合法、正当、必要的原则，公开收集、使用规则，明示收集、使用信息的目的、方式和范围，并经被收集者同意。网络运营者不得收集与其提供的服务无关的个人信息，不得违反法律、行政法规的规定和双方的约定收集、使用个人信息，并应当依照法律、行政法规的规定和与用户的约定，处理其保存的个人信息。网络运营者不得泄露、篡改、毁损其收集的个人信息；未经被收集者同意，不得向他人提供个人信息。但是，经过处理无法识别特定个人且不能复原的除外。网络运营者应当采取技术措施和其他必要措施，确保其收集的个人信息安全，防止信息泄露、毁损、丢失。在发生或者可能发生个人信息泄露、毁损、丢失的情况时，应当立即采取补救措施，按照规定及时告知用户并向有关主管部门报告。个人发现网络运营者违反法律、行政法规的规定或者双方的约定收集、使用其个人信息的，有权要求网络运营者删除其个人信息；发现网络运营者收集、存储的其个人信息有错误的，有权要求网络运营者予以更正。网络运营者应当采取措施予以删除或者更正。任何个人和组织不得窃取或者以其他非法方式获取个人信息，不得非法出售或者非法向他人提供个人信息。

根据《中华人民共和国网络安全法》的相关规定，依法负有网络安全监督管理职责的部门及其工作人员，必须对在履行职责中知悉的个人信息、隐私和商业秘密严格保密，不得泄露、出售或者非法向他人提供。任何个人和组织应当对其使用网络的行为负责，不得设立用于实施诈骗，传授犯罪方法，制作或者销售违禁物品、管制物品等违法犯罪活动的网站、通信群组，不得利用网络发布涉及实施诈骗，制作或者销售违禁物品、管制物品以及其他违法犯罪活动的信息。网络运营者应当加强对其用户发布的信息的管理，发现法律、行政法规禁止发布或者传输的信息的，应当立即停止传输该信息，采取消除等处置措施，防止信息扩散，保存有关记录，并向有关主管部门报告。任何个人和组织发送的电子信息、提供的应用软件，不得设置恶意程序，不得含有法律、行政法规禁止发布或者传输的信息。电子信息发送服务提供者和应用软件下载服务提供者，应当履行安全管理义务，知道其用户有前款规定行为的，应当停止提供服务，采取消除等处置措施，保存有关记录，并向有关主管部门报告。网络运营者应当建立网络信息安全投诉、举报制度，公布投诉、举报方式等信息，及时受理并处理有关网络信息安全的投诉和举报。网络运营者对网信部门和有关部门依法实施的监督检查，应当予以配合。国家网信部门和有关部门依法履行网络信息安全监督管理职责，发现法律、行政法规禁止发布或者传输的信息的，应当要求网络运营者停止传输，采取消除等处置措施，保存有关记录；对来源于中华人民共和国境外的上述信息，应当通知有关机构采取技术措施和其他必要措施阻断传播。

针对群体消费者个人信息风险事件，《中华人民共和国网络安全法》中包含了监测预警与应急处置机制。根据该法，国家建立网络安全监测预警和信息通报制度。国家网信部门应当统筹协调有关部门加强网络安全信息收集、分析和通报工作，按照规定统一发布网络安全监测预警信息。负责关键信息基础设施安全保护工作的部门，应当建立健全本行业、本领域的网络安全监测预警和信息通报制度，并按照规定报送网络安全监测预警信息。国家网信部门协调有关部门建立健全网络安全风险评估和应急工作机制，制定网络安全事件应急预案，并定期组织演练。负责关键信息基础设施安全保护工作的部门应当制定本行业、本领域的网络安全事件应急预案，并定期组织演练。网络安全事件应急预案应当按照事件发生后的危害程度、影响范围等因素对网络安全事件进行分级，并规定相应的应急处置措施。网络安全事件发生的风险增大时，省级以上人民政府有关部门应当按照规定的权限和程序，并根据网络安全风险的特点和可能造成的危害，采取下列措施：（1）要求有关部门、机构和人员及时收集、报告有关信息，加强对网络安全风险的监测；（2）组织有关部门、机构和专业人员，对网络安全风险信息进行分析评估，预测事件发生的可能性、影响范围和危害程度；（3）向社会发布网络安全风险预警，发布避免、减轻危害的措施。发生网络安全事件，应当立即启动网络安全事件应急预案，对网络安全事件进行调查和评估，要求网络运营者采取技术措施和其他必要措施，消除安全隐患，防止危害扩大，并及时向社会发布与公众有关的警示信息。省级以上人民政府有关部门在履行网络安全监督管理职责中，发现网络存在较大安全风险或者发生安全事件的，可以按照规定的权限和程序对该网络的运营者的法定代表人或者主要负责人进行约谈。网络运营者应当按照要求采取措施，进行整改，消除隐患。因网络安全事件，发生突发事件或者生产安全事故的，应当依照《中华人民共和国突发事件应对法》《中华人民共和国安全生产法》等有关法律、行政法规的规定处置。因维护国家安全和社会公共秩序，处置重大突发社会安全事件的需要，经国务院决定或者批准，可以在特定区域对网络通信采取限制等临时措施。

为确保前述个人信息安全措施能有效实施，《中华人民共和国网络安全法》对于违反监管规范的电子商务经营者设定了法律责任（尤其是行政责任）。网络运营者不履行该法第 21 条、第 25 条规定的网络安全保护义务的，由有关主管部门责令改正，给予警告；拒不改正或者导致危害网络安全等后果的，处一万元以上十万元以下罚款，对直接负责的主管人员处五千元以上五万元以下罚款。关键信息基础设施的运营者不履行该法第 33 条、第 34 条、第 36 条、第 38 条规定的网络安全保护义务的，由有关主管部门责令改正，给予警告；拒不改正或者导致危害网络安全等后果的，处十万元以上一百万元以下罚款，对直接负责的主管人员处一万元以上十万元以下罚款。违反该法第二十二条第一款、第二款和第四十八条第一款规定，有下列行为之一的，由有关主管部门责令改正，给予警告；拒不改正或者导致危害网络安全等后果的，处五万元以上五十万元以下罚款，对直接负责的主管人员处一万元以上十万元以下罚款：（1）设置恶意程序的；（2）对其产品、服务存在的安全缺陷、漏洞等风险未立即采取补救措施，或者未按照规定及时告知用户并向有关主管部门报告的；（3）擅自终止为其产品、服务提供安全维护的。网络运营者违反该法第 24 条第 1 款规定，未要求用户提供真实身份信息，或者对不提供真实身份信息的用户提供相关服务的，由有关主管部门责令改正；拒不改正或者情节严重的，处五万元以上五十万元以下罚款，并可以由有关主管部门责令暂停相关业务、停业整顿、关闭网站、吊销相关业务许可证或者吊销营业执照，对直接负责的主管人员和其他直接责任人员处一万元以上十万元以下罚款。

电子商务经营者违反《中华人民共和国网络安全法》第 26 条规定，开展网络安全认证、检测、风险评估等活动，或者向社会发布系统漏洞、计算机病毒、网络攻击、网络侵入等网络安全信息的，由有关主管部门责令改正，给予警告；拒不改正或者情节严重的，处一万元以上十万元以下罚款，并可以由有关主管部门责令暂停相关业务、停业整顿、关闭网站、吊销相关业务许可证或者吊销营业执照，对直接负责的主管人员和其他直接责任人员处五千元以上五万元以下罚款。违反该法第27条规定，从事危害网络安全的活动，或者提供专门用于从事危害网络安全活动的程序、工具，或者为他人从事危害网络安全的活动提供技术支持、广告推广、支付结算等帮助，尚不构成犯罪的，由公安机关没收违法所得，处五日以下拘留，可以并处五万元以上五十万元以下罚款；情节较重的，处五日以上十五日以下拘留，可以并处十万元以上一百万元以下罚款。单位有前款行为的，由公安机关没收违法所得，处十万元以上一百万元以下罚款，并对直接负责的主管人员和其他直接责任人员依照前款规定处罚。违反该法第27条规定，受到治安管理处罚的人员，五年内不得从事网络安全管理和网络运营关键岗位的工作；受到刑事处罚的人员，终身不得从事网络安全管理和网络运营关键岗位的工作。网络运营者、网络产品或者服务的提供者违反该法第22条第3款、第41条至第43条规定，侵害个人信息依法得到保护的权利的，由有关主管部门责令改正，可以根据情节单处或者并处警告、没收违法所得、处违法所得一倍以上十倍以下罚款，没有违法所得的，处一百万元以下罚款，对直接负责的主管人员和其他直接责任人员处一万元以上十万元以下罚款；情节严重的，并可以责令暂停相关业务、停业整顿、关闭网站、吊销相关业务许可证或者吊销营业执照。违反该法第44条规定，窃取或者以其他非法方式获取、非法出售或者非法向他人提供个人信息，尚不构成犯罪的，由公安机关没收违法所得，并处违法所得一倍以上十倍以下罚款，没有违法所得的，处一百万元以下罚款。

关键信息基础设施的运营者违反《中华人民共和国网络安全法》第35条规定，使用未经安全审查或者安全审查未通过的网络产品或者服务的，由有关主管部门责令停止使用，处采购金额一倍以上十倍以下罚款；对直接负责的主管人员和其他直接责任人员处一万元以上十万元以下罚款。关键信息基础设施的运营者违反该法第37条规定，在境外存储网络数据，或者向境外提供网络数据的，由有关主管部门责令改正，给予警告，没收违法所得，处五万元以上五十万元以下罚款，并可以责令暂停相关业务、停业整顿、关闭网站、吊销相关业务许可证或者吊销营业执照；对直接负责的主管人员和其他直接责任人员处一万元以上十万元以下罚款。违反该法第46条规定，设立用于实施违法犯罪活动的网站、通信群组，或者利用网络发布涉及实施违法犯罪活动的信息，尚不构成犯罪的，由公安机关处五日以下拘留，可以并处一万元以上十万元以下罚款；情节较重的，处五日以上十五日以下拘留，可以并处五万元以上五十万元以下罚款。关闭用于实施违法犯罪活动的网站、通信群组。单位有前款行为的，由公安机关处十万元以上五十万元以下罚款，并对直接负责的主管人员和其他直接责任人员依照前款规定处罚。网络运营者违反该法第47条规定，对法律、行政法规禁止发布或者传输的信息未停止传输、采取消除等处置措施、保存有关记录的，由有关主管部门责令改正，给予警告，没收违法所得；拒不改正或者情节严重的，处十万元以上五十万元以下罚款，并可以责令暂停相关业务、停业整顿、关闭网站、吊销相关业务许可证或者吊销营业执照，对直接负责的主管人员和其他直接责任人员处一万元以上十万元以下罚款。电子信息发送服务提供者、应用软件下载服务提供者，不履行该法第 48 条第 2 款规定的安全管理义务的，依照前款规定处罚。

包括电子商务平台运营者在内的网络运营者违反《中华人民共和国网络安全法》规定，有下列行为之一的，由有关主管部门责令改正；拒不改正或者情节严重的，处五万元以上五十万元以下罚款，对直接负责的主管人员和其他直接责任人员，处一万元以上十万元以下罚款：（1）不按照有关部门的要求对法律、行政法规禁止发布或者传输的信息，采取停止传输、消除等处置措施的；（2）拒绝、阻碍有关部门依法实施的监督检查的；（3）拒不向公安机关、国家安全机关提供技术支持和协助的。发布或者传输该法第 12 条第 2 款和其他法律、行政法规禁止发布或者传输的信息的，依照有关法律、行政法规的规定处罚。有该法规定的违法行为的，依照有关法律、行政法规的规定记入信用档案，并予以公示。国家机关政务网络的运营者不履行该法规定的网络安全保护义务的，由其上级机关或者有关机关责令改正；对直接负责的主管人员和其他直接责任人员依法给予处分。网信部门和有关部门违反该法第 30 条规定，将在履行网络安全保护职责中获取的信息用于其他用途的，对直接负责的主管人员和其他直接责任人员依法给予处分。网信部门和有关部门的工作人员玩忽职守、滥用职权、徇私舞弊，尚不构成犯罪的，依法给予处分。违反该法规定，给他人造成损害的，依法承担民事责任。违反该法规定，构成违反治安管理行为的，依法给予治安管理处罚；构成犯罪的，依法追究刑事责任。境外的机构、组织、个人从事攻击、侵入、干扰、破坏等危害中华人民共和国的关键信息基础设施的活动，造成严重后果的，依法追究法律责任；国务院公安部门和有关部门并可以决定对该机构、组织、个人采取冻结财产或者其他必要的制裁措施。

第二节　电子商务行政监管的制度创新

面对消费者群体的权益被侵害等事件，我国有必要优化行政监管制度，从而提高对于此类事件的应对能力，以下是相关构想：

一、行政监管制度的形式多样化

在法经济学视野中，如何确定行政监管的形式，是正式的还是非正式的，关系到它的设立成本以及实施效果。① 对此参照其他国家与地区的既定做法，从而省去重复研究的环节以加快制度设立与实施的进程。以消费者个人信息安全监管为例，当今主要国家与地区所采用的制度形式有两种：一是由立法与司法机关等权威机构制定并强制实施正式制度，采用这一形式的主要是欧盟（如 1995 年《欧盟数据保护指令》）及其成员方（如德国联邦个人资料保护法、奥地利个人数据法）及我国台湾地区（如“电脑处理个人资料保护法”）等；二是由权威机构以外的行业组织（如网络营销行业协会等）提供自律规范以便经营者参照遵守。自律规范并非由立法机关制定，不具有强制力，因此属于非正式制度。采用此形式的主要是北美国家，如美国网络联盟 W3C 曾制定行业规范以约束网络营销商收集与利用消费者个人信息的行为，其他国家与地区也偶尔采用，如欧洲直销联盟曾制定《欧洲直销活动中使用个人数据的行为准则》。

制定法应当是个人信息权制度最主要也是最终的表现形式，理由是：第一，行政监管属于公法调整对象。根据行政合法原则，行政监管的规范需要通过明确可查知的方式为作为被监管者的电子商务经营者所知悉。无疑制定法更有利于达到这一要求；第二，根据社会学的新制度主义学派观点，制定法权威性、强制性与普遍适用性等优势是自律规范等非正式制度无法企及的，它能够为经营者与个人信息本人建立稳定的预期从而更加有效地规制其行为；第三，根据新制度经济学的制度演化理论，当制度变迁被锁定在某一路径后，除非有足够大的外在推动力，否则变迁还将沿着该路径继续。中华人民共和国成立以来制定法在我国法律体系中一直处于主导地位，立法者对名誉、肖像、姓名以及财产等利益的保护更是主要通过民法通则等正式制度来实现，因此我国权利保护进程已对制定法形成路径依赖。

然而制定法的确立难以一蹴而就。根据新制度经济学的集体行动与制度选择理论，作为公共选择行为之一的立法是多重利益协调的过程，因此它必将受到各方面监督，从立法准备到公布实施法律的历程往往漫长。尤其是我国现今对电子商务领域个人信息保护的立法研究尚处于萌芽阶段，在短时期内通过立法来满足对制度的燃眉之需是不现实的。再考虑到行业自律规范具有制定程序较简便以及适用灵活度较大的优势，我国至少在现阶段应当发挥其对个人信息处理行为中的规制作用，一来填补现有制定法的空白，二来为制定法的颁行积累经验。

二、行业组织引导职能的发挥

行政监管制度形式的多样化决定了，参与监管主体的外延应当适当扩大，发挥引导性职能的行业组织应当包括其中。行业组织是指由作为行政相对人的公民、法

① ［德］柯武刚，史曼飞．制度经济学——社会秩序与公共政策［M］．上海：商务印书馆，2000：140.